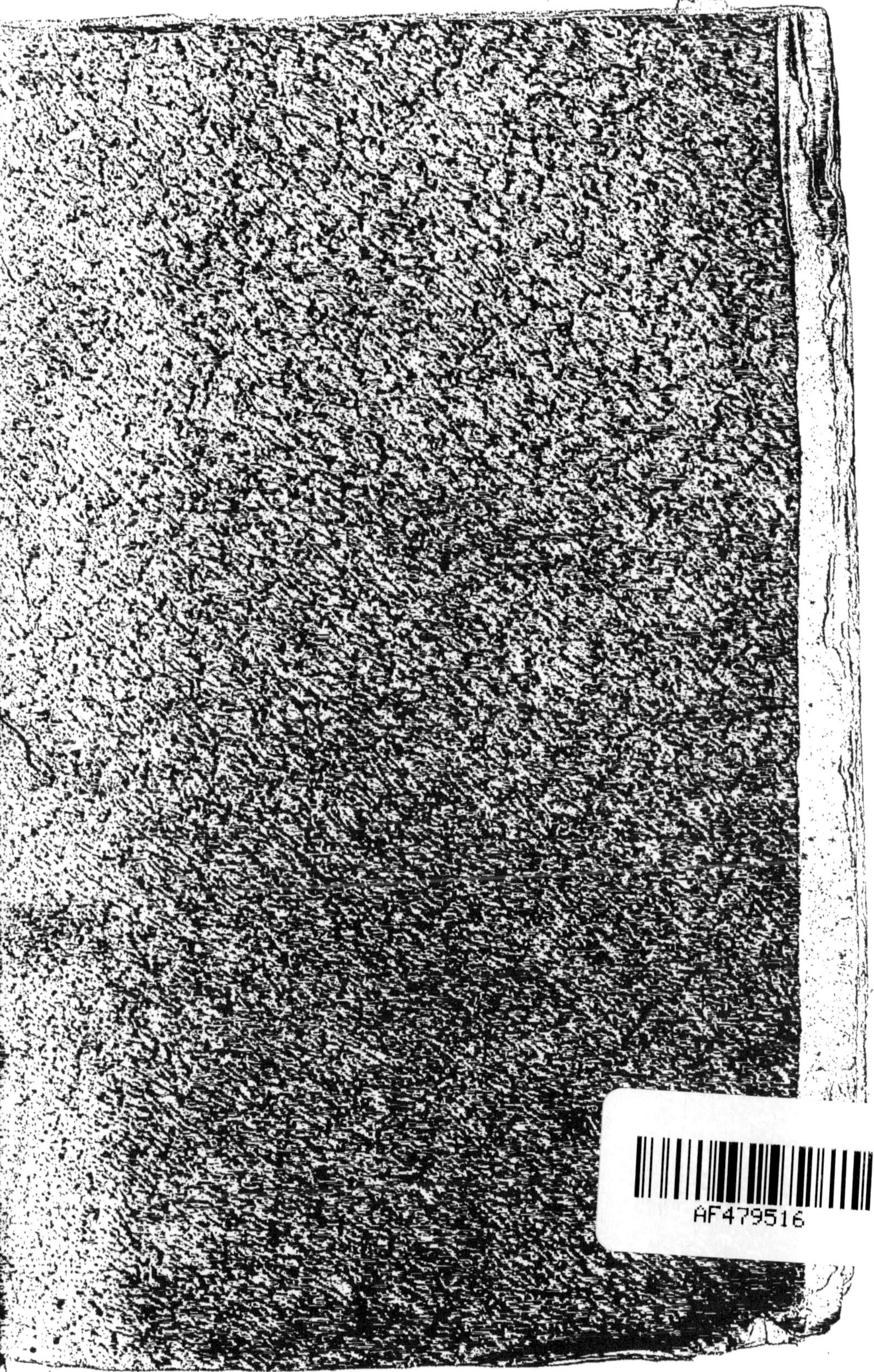

AF479516

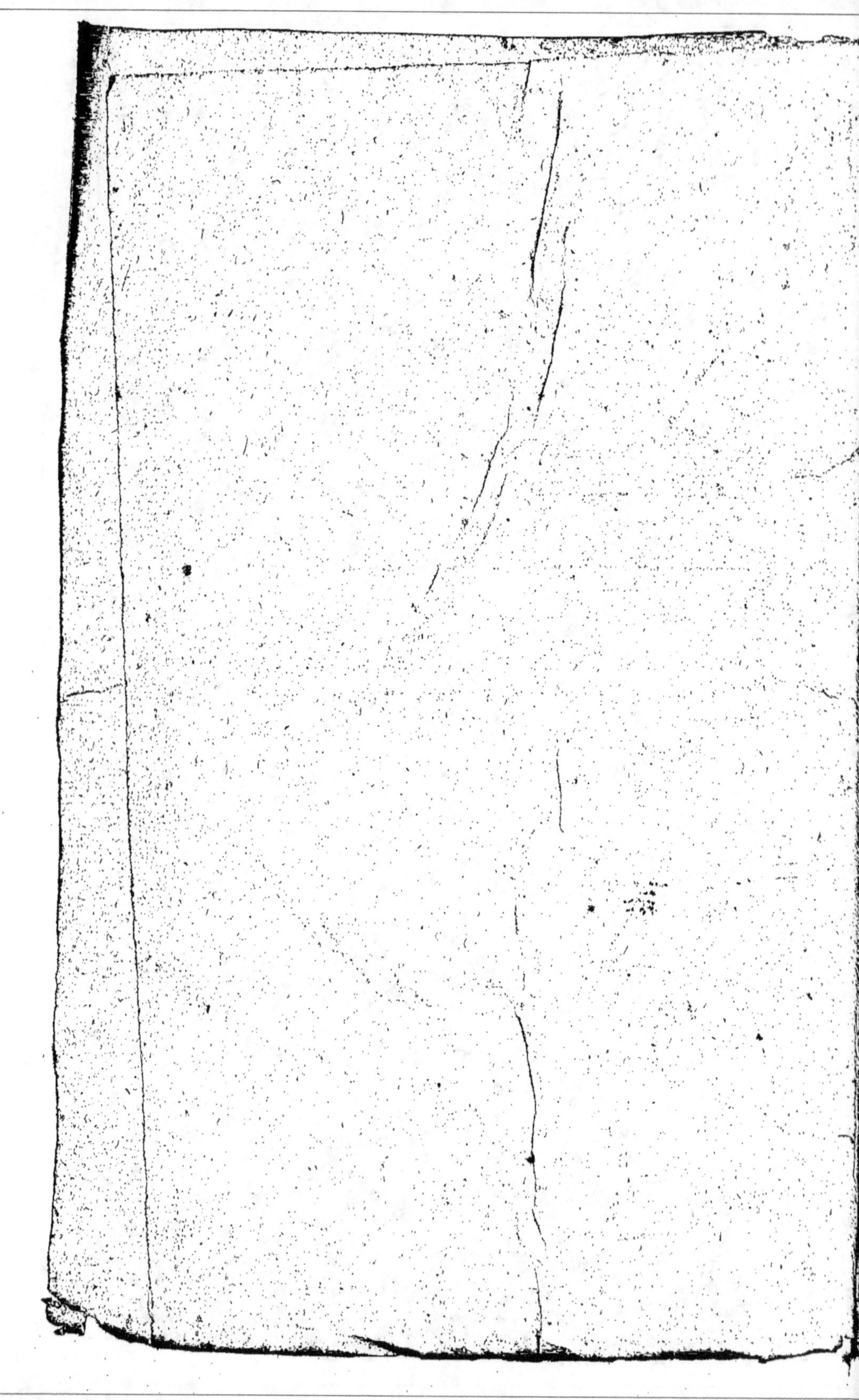

MANUEL

DES
EMPLOYÉS DES DOUANES,

CONTENANT

DEUX TRAITÉS:

L'UN

SUR LE CONTENTIEUX DE L'ADMINISTRATION;

L'AUTRE

SUR LES ACQUITS-A-CAUTION ET LE TRANSIT;

AVEC LES MODÈLES DES ACTES QU'ON RÉDIGE EN DOUANE;

OUVRAGE ÉGALEMENT UTILE AUX HOMMES DE LOI, NÉGOCIANS, COURTIERS DE COMMERCE, etc., etc.

TROISIÈME ÉDITION,

Mise en harmonie parfaite avec la loi du 28 avril 1816, celle du 27 mars 1817, et les lois antérieures non abrogées;

PAR ANGE-BENJAMIN MARIE DU MESNIL.

~~~~~~~~

A PARIS,

CHEZ ANT. BAILLEUL, Imprimeur-Libraire, Éditeur du *Journal du Commerce*, rue Sainte-Anne, n°. 71.

1817.
~~~~~~~~

IMPRIMERIE D'ANT. BAILLEUL.

CIRCULAIRE

Adressée le 15 septembre 1816, par M. LE CONSEILLER D'ÉTAT DIRECTEUR-GÉNÉRAL DES DOUANES, *aux Directeurs des Départemens.*

M. MARIE DU MESNIL a rédigé, Monsieur, un ouvrage intitulé *Manuel des Employés des Douanes*, contenant deux TRAITÉS : l'un sur le contentieux de l'Administration, l'autre sur les acquits-à-caution et le transit, avec des modèles des actes qu'on rédige en douane.

J'ai pensé que si cet Ouvrage répondait à son titre, il pourrait devenir utile aux Préposés de toutes les classes : aux uns, en leur retraçant sommairement les connaissances qu'ils ont déjà; aux autres, en leur facilitant, par les notions élémentaires qu'il contient, les moyens d'en acquérir; aux simples Préposés enfin, en les instruisant dans la rédaction des procès-verbaux, c'est-à-dire des actes les plus importans de l'Administration, puisqu'ils sont la base de toutes les procédures.

Je l'ai, en conséquence, fait examiner; et il a été reconnu que l'Auteur avait su, dans un abrégé assez succinct, indiquer les premiers principes de la Législation des douanes dans toutes ses branches, la forme de procéder dans les différentes natures d'affaires, et qu'il avait donné aussi de bons modèles de procès-verbaux.

Son Ouvrage peut donc être mis avec confiance entre les mains des Préposés.

Le Conseiller d'État Directeur-général des Douanes. Signé, ST.-CRICQ.

AVERTISSEMENT.

La seconde édition de cet ouvrage fut épuisée presque aussitôt qu'elle parut. Ce succès a surpassé mon attente ; j'ai dû m'efforcer de le justifier, en rendant cette TROISIÈME ÉDITION moins imparfaite que celles qui l'ont précédée.

Elle contient quatre nouveaux modèles d'actes ; toutes les améliorations opérées dans le système de répression de la contrebande et le transit, par la loi du 27 mars 1817 ; des développemens propres à faciliter l'application des articles de cette loi et de celle du 28 avril, qui présentent quelques difficultés; enfin, un traité sur l'impôt du sel, cette branche importante des revenus de l'Etat.

Ces additions donnent un nouveau degré d'intérêt au Manuel. MM. les Employés y trouveront toutes les instructions qui leur sont nécessaires pour remplir avec régularité les fonctions qui leur sont confiées.

AVERTISSEMENT

DE LA SECONDE ÉDITION.

Encouragé par les plus honorables suffrages, et par l'accueil que MM. les Employés de l'Administration des Douanes ont bien voulu faire à mon ouvrage, j'en aurais publié une seconde édition, quand même elle n'aurait point été nécessitée par les changemens extrêmement importans que la loi du 28 avril 1816 vient de faire éprouver à la législation des Douanes ; changemens qui rendent la première édition du Manuel presque inutile aux personnes qui en sont pourvues. J'ai augmenté celle-ci de plusieurs chapitres, de quelques modèles de procès-verbaux et d'une table supplémentaire, en sorte que ce n'est point une simple réimpression du Manuel que j'offre aujourd'hui au public, mais un ouvrage entièrement refondu, et pour ainsi dire tout nouveau. Il sera aussi utile aux Employés des bureaux maritimes et des brigades de la côte, qu'à ceux des frontières de terre.

Rassembler dans un cadre très-resserré, dégagé de tout ce qui n'est pas indispensablement nécessaire à l'instruction; exposer avec méthode, clarté et précision, le contentieux des Douanes, de manière qu'un Employé, aidé du Tarif et du Manuel, puisse toujours opérer avec sûreté et exactitude, tel est le but que je me suis proposé. J'ai redoublé de soins et d'efforts pour y parvenir; c'est au public à juger si j'ai été assez heureux pour l'atteindre.

TRAITÉ

SUR

LE CONTENTIEUX DES DOUANES.

Je traiterai dans cette première partie, 1°. des formalités, des nullités des rapports de saisies, et des saisies non fondées; 2°. de la circulation des marchandises ou denrées dans le rayon soumis à la surveillance des Préposés; du régime particulier auquel le transport de certaines marchandises est assujetti dans ce même rayon, et des entrepôts qui peuvent s'y trouver; 3°. de la poursuite de la fraude en deçà du rayon, et de la recherche dans l'intérieur des marchandises soustraites aux douanes; 4°. des déclarations en douane pour le paiement des droits; 5°. de la fraude par les frontières maritimes; et *par celles de terre*, pour les objets imposés *à moins de* 20 *francs* le quintal métrique; des importations frauduleuses tentées sur les côtes; de la contrebande *à la sortie* par mer et par terre; des *saisies de bureau;* de la procédure en premier ressort devant les juges de paix, et, en appel, devant les tribunaux civils d'arrondissement ; de la signification des juge-mens ; de la vente des marchandises saisies ; 6°. de la responsabilité des communes en matière de douanes ; 7°. de la contrebande à l'entrée par terre, faite par six individus au plus, s'ils sont à pied, et par moins de trois s'ils sont à cheval ; de la fraude des sels sur les côtes et frontières, com-mise par une réunion de trois individus ou plus ; de l'exportation par toutes les frontières des grains et farines ; de la procédure devant les Tribunaux correctionnels, et des appels de leurs jugemens ; 8°. des transactions ; 9°. de la contrebande à l'en-trée par terre, faite par plus de six hommes à pied, et par trois ou plus à cheval ; de la contrebande à main armée, et autres crimes du ressort des cours prévotales ; de la procédure devant ces Cours ; 10°. des inscriptions de faux, fausses expéditions et faux plombs ; 11°. des tabacs et des cartes à jouer ; 12°. enfin, de certains objets particuliers aux directions maritimes, comme relâches forcées, échouemens, avaries, régime des sels, salaisons, etc.

CHAPITRE PREMIER.

Des formalités, des nullités des rapports et des saisies non fondées.

SECTION PREMIÈRE.

Formalités des procès-verbaux.

D'APRÈS les dix premiers articles du titre IV de la loi du 9 floréal an 7, il existe en matière de douanes quatre classes de saisies distinctes, savoir: 1°. *saisies en campagne*, qui sont celles faites sur les frontières de terre et les côtes, tant à la circulation, qu'à l'importation et à l'exportation, celles sur bâtimens non pontés, et celles qui ont lieu pour fausses déclarations, substitutions, etc. ; 2°. *saisies pour falsifications d'expéditions; 3°. saisies à domicile ; 4°. enfin, saisies à bord des bâtimens de mer pontés.*

§. Iᵉʳ. *Saisies en campagne.*

Deux Préposés des douanes ou autres citoyens français suffisent pour constater une contravention aux lois relatives aux importations, exportations et circulation. (Art. 1ᵉʳ., titre IV, loi du 9 floréal an 7.)

Ceux qui procéderont aux saisies feront conduire

dans un bureau de douanes, et, autant que les circonstances le permettront, au plus prochain du lieu de l'arrestation, les marchandises, voitures, chevaux et bateaux servant au transport; ils y rédigeront de suite leur rapport. (Art. 2.)

Les rapports énonceront la date et la cause de la saisie; la déclaration qui en aura été faite au prévenu; les noms, qualités et demeures des saisissans, et de celui chargé des poursuites; l'espèce, poids ou nombre des objets saisis; la présence de la partie à leur description, ou la sommation qui lui aura été faite d'y assister; le nom et la qualité du gardien; le lieu de la rédaction du rapport, et l'heure de sa clôture. (Art. 3.)

Il sera offert main-levée, sous caution solvable, ou en consignant la valeur des bâtimens, bateaux, voitures, chevaux et équipages saisis pour autre cause que pour prohibition de marchandises dont la consommation est défendue; et cette offre, ainsi que la réponse de la partie, sera mentionnée au rapport. (Art. 5.)

Un arrêt de cassation de l'an 8 a confirmé les termes de l'art. 5, et décidé que l'offre de main-levée sous caution ne doit avoir lieu que par rapport aux bâtimens, bateaux, voitures, chevaux et équipages saisis, et non par rapport aux denrées ou marchandises saisies.

Si le prévenu est présent, le rapport énoncera qu'il lui en a été donné lecture, qu'il a été interpellé de le signer, et qu'il en a de suite reçu copie, avec citation à comparaître dans les vingt-quatre heures devant le juge de paix de l'arrondissement (1). En cas d'absence du prévenu, la copie sera affichée, dans le jour, à la porte du bureau.

Ces rapports, citations et affiches devront être faits tous les jours indistinctement. (Art. 6.)

Les rapports ne seront dispensés de l'enregistrement qu'autant qu'il ne se trouvera pas de bureau dans la commune du dépôt de la marchandise, ni dans celle où est placé le tribunal qui doit connaître de l'affaire; auquel cas le rapport sera visé le jour de sa clôture, ou le lendemain avant midi, par le juge de paix du lieu, ou, à son défaut, par l'agent municipal. (Art. 9.)

Les rapports seront affirmés au moins par deux des saisissans, devant le juge de paix, dans le délai donné pour comparaître : l'affirmation énoncera qu'il en a été donné lecture aux affirmans. (Art. 10.)

§. II. *Saisies pour falsification d'expéditions.*

Les formalités prescrites par les sept articles précédens sont de rigueur, à peine de nullité; elles sont communes aux quatre classes de saisies.

Dans le cas où le motif de la saisie portera sur le faux ou l'altération des expéditions, le rapport

______

(1) Si le jour qui suit est un dimanche ou une fête, le rapport en fera mention, et pourra porter assignation à comparaître dans les quarante-huit heures.

énoncera le genre de faux, les altérations ou sur-
charges. Lesdites expéditions, signées et paraphées
des saisissans, *ne varietur*, seront annexées au rapport, qui contiendra la sommation faite à la partie
de les signer, et sa réponse. (Art. 4.) (1).

Ce rapport, qui, au surplus, doit être immédiatement rédigé, est porté devant le tribunal dont la
saisie ressortit : ce tribunal, après s'être fixé sur
les pièces arguées de faux, et s'il juge qu'il y a lieu
à y prononcer, renvoie à cet effet devant qui de
droit, en suspendant d'ailleurs toutes poursuites
sur le fond de la saisie, jusqu'après le jugement
de faux.

§. III. *Saisies à domicile.*

Lorsqu'il y aura lieu de saisir dans une maison,
la description y sera faite, et le rapport y sera rédigé. Les marchandises dont la consommation n'est
pas prohibée, ne seront pas déplacées, pourvu que
la partie donne caution solvable pour leur valeur;
si la partie ne fournit pas caution, ou s'il s'agit d'objets prohibés, les marchandises seront transportées
au plus prochain bureau. (Art. 7, même loi.) S'il y

---

(1) Pour empêcher que, lors de la discussion devant les
tribunaux, les prévenus ne déclarent la falsification des pièces
postérieure à l'arrestation qui en aura été faite, et ne l'im-
putent aux Préposés eux-mêmes, il est nécessaire que les pièces
arguées de faux soient copiées et décrites fidèlement dans le
corps du rapport.

avait impossibilité de rédiger sur le lieu, par quelque cause que ce soit, il en serait fait mention expresse dans le procès-verbal.

Les dispositions des articles 1er., 3, 5, 6, 9 et 10 ci-dessus, seront remplies, à peine de nullité.

Ces saisies ne peuvent être faites que de jour, et avec le concours du maire ou de l'adjoint de la commune, de la présence duquel il sera fait mention expresse dans le rapport. (Art. 39, titre XIII, loi du 22 août 1791.)

Pour les saisies de marchandises frauduleusement entreposées dans le rayon, voir le chapitre II, section IV, page 40, *et le modèle, page* 47.

Si le fonctionnaire que la loi charge d'accompagner les Préposés dans leurs visites, s'y refuse, il en sera fait mention expresse au procès-verbal, qui sera valable, et ne pourra être argué de nullité relativement à l'absence dudit fonctionnaire. (Décret du 20 septembre 1809.) Si le refus (par le maire ou l'adjoint d'assister les Préposés), constaté dans le rapport, n'entraîne pas la nullité de ce même rapport, il doit à plus forte raison être valable, lorsque l'un de ces fonctionnaires a délégué, pour le représenter, un agent de police.

§. IV. *Saisies sur bâtimens de mer pontés.*

Lorsque le déchargement ne pourra avoir lieu de suite, les saisissans apposeront les scellés sur les ferremens et écoutilles des bâtimens. Le procès-verbal, qui sera dressé à fur et mesure du déchargement, fera mention du nombre, des marques et des numéros des ballots, caisses et tonneaux. La description en détail ne sera faite qu'au bureau, en présence de la partie, ou après sommation d'y assister : il lui sera donné copie à chaque vacation. L'apposition des scellés sur les portes, ou d'un plomb ou cachet sur les caisses ou ballots, aura lieu toutes les fois que la continuation de la description sera renvoyée à une autre séance ou vacation. (Art. 8, titre IV, loi du 9 floréal.)

Il faut observer les formalités prescrites par les articles 1, 2, 3, 5, 6, 9 et 10 précédemment cités.

Il est de rigueur que le premier contexte soit rédigé à bord du bâtiment. Les autres peuvent l'être au bureau. (Arrêt de cassation du 1er. ventôse an 8.) Il est plus régulier qu'il soit rédigé à bord un contexte pour chaque vacation de déchargement, en mentionnant que la description en détail des objets débarqués sera faite par continuation au bureau.

SECTION II.

Des Nullités des Rapports.

Les rapports, dûment rédigés et affirmés, seront crus jusqu'à inscription de faux. Les tribunaux ne pourront admettre contre lesdits rapports d'autres nullités que celles résultant de l'omission des for-

malités prescrites par les dix articles précédens.
(Article 11 , même loi du 9 floréal.)

Les Receveurs, les Chefs de postes, et en général
tous les Employés doivent avoir soin de se bien pénétrer de ces dix articles ; ils doivent encore les
avoir sous les yeux toutes les fois qu'ils rédigent un
rapport, afin de s'assurer, article par article, avant
de le signer, s'il contient toutes les formalités exigées. Ils ne perdront pas de vue que l'omission d'une
seule de ces formalités entraîne la nullité du procès-
verbal, dont les frais restent, dans ce cas, à la
charge des verbalisans et du Receveur dépositaire,
qui est spécialement chargé d'en soigner la rédaction. (Lettre de l'Administration , du 29 vendémiaire an 9.)

Les Employés négligens ou ignorans s'exposent
encore à encourir la disgrace de l'Administration,
comme étant incapables de la servir utilement. Il
est de l'intérêt de tous de s'instruire et d'apprendre
à bien connaître les devoirs qui leur sont imposés,
afin d'être toujours à même d'opérer avec connaissance de cause.

Toute saisie de marchandises tarifées, faite par
un rapport entaché de nullité, est considérée
comme non-avenue, et les marchandises doivent
être rendues au propriétaire. (Article 23, titre X,
loi du 22 août 1791.)

S'il s'agit de marchandises prohibées à l'entrée,
la confiscation doit en être poursuivie à la requête

du Procureur du Roi, mais sans amende. (Même article.)

La disposition de cet article, relative aux objets prohibés à l'entrée, sera exécutée pour ceux dont la sortie est défendue : en conséquence, dans le cas où, à raison d'un vice de forme, il aurait lieu d'annuller un procès-verbal portant saisie d'objets prohibés *à la sortie* ou *à l'entrée*, il y est enjoint au Procureur du Roi d'en requérir sur le champ la confiscation, laquelle sera prononcée à la même audience, sans amende. (Art. 4, loi du 15 août 1793.)

Si le Procureur du Roi n'a pas requis cette confiscation, ou si son pourvoi a été déclaré nul, elle doit être prononcée sur la réquisition de l'Administration. Ainsi jugé par arrêt de cassation du 1er. germinal an 9.

La même Cour a confirmé les dispositions des articles 23 et 4 ci-dessus, par arrêts des 19 messidor an 7, 15 prairial et 9 messidor an 8, 1er. germinal et 11 floréal an 9, 3 ventôse an 10 et 8 brumaire an 11.

MM. les Procureurs-généraux sont tenus, d'après l'article 12 de l'arrêté du 4e. complémentaire an 11, de se pourvoir, par voie de droit, dans les délais prescrits par la loi, contre tout jugement qui aurait admis d'autres nullités dans les rapports que celles énoncées dans les dix articles du titre IV de la loi du 9 floréal.

La Cour de cassation annulle tout jugement qui donne de l'extension à cette disposition. (Voir ses

arrêts des 9 vendémiaire et 13 prairial an 9 , 17
germinal an 10 et 7 nivôse an 13.)

M. Dujardin-Sailly a rapporté, sous le n°. 1072
de sa législation, une opinion de M. Merlin, que
je n'oublierai pas de citer ici.

Ce jurisconsulte pense « *que toute saisie fondée,*
» et constatée par un procès-verbal irrégulier ,
» entraîne , mais sans amende , non-seulement la
» confiscation des marchandises prohibées , mais
» encore *celle des marchandises non prohibées, in-*
» *troduites en fraude des droits.* »

Il me semble, en effet, que tout individu qui
soustrait aux droits d'entrée des marchandises tarifées, vole le Trésor public, et que, par conséquent,
l'intention du législateur n'a pas été de l'affranchir
de la peine qu'il mérite ; car autrement ce serait
encourager , ce serait protéger la fraude. Un délit
a été commis ; mais ce délit n'a pas été constaté par
un acte régulier : n'importe , le délit existe , donc il
doit être puni ; donc la confiscation des objets
fraudés doit être prononcée, sauf au Gouvernement
à priver les Préposés qui ont mal rédigé , de la part
qui leur reviendrait dans le produit de cette confiscation , et à l'affecter à tout autre usage.

Si j'ai bien saisi l'esprit de l'article 23, titre X
de la loi du 22 août, il me paraît évident que le
législateur n'a dispensé les fraudeurs d'objets prohibés du paiement de l'amende , que pour priver
les Employés coupables de négligence ou d'ignorance , du bénéfice de l'amende , et non pour favo-

riser les contrebandiers, qui sont toujours coupables, dès qu'il est prouvé que la saisie *est fondée,* soit qu'elle ait été constatée par un procès-verbal régulier ou irrégulier : aussi la loi ordonne-t-elle la confiscation des marchandises saisies ; confiscation qui, d'après les mêmes principes, devrait être prononcée pour la fraude en marchandises tarifées.

L'opinion de M. Merlin, qui m'a suggéré ces réflexions, est trop importante en Droit, pour ne pas provoquer, de la part du Gouvernement, une décision formelle à cet égard.

SECTION III.

Saisies non fondées.

Lorsque la saisie n'est pas fondée, le propriétaire des marchandises a droit à un intérêt d'indemnité, à raison d'un pour cent par mois de la valeur des objets saisis, depuis l'époque de la retenue jusqu'à celle de la remise ou de l'offre qui en aura été faite. Il est expressément défendu aux juges d'excuser les contrevenans sur l'intention. (Article 16, titre IV, loi du 9 floréal.)

Si le bâtiment sur lequel étaient les objets saisis avait été retenu, il serait dû au capitaine une indemnité proportionnée au dommage qu'il aurait souffert par cette retenue. (Arrêt de cassation du 2 messidor an 11.)

Ces dispositions sur l'indemnité doivent engager les Employés à se bien pénétrer des différentes lois qui régissent l'Administration des douanes, afin de ne jamais rédiger de rapports sans que le motif de la saisie, et la loi à laquelle il y a contravention, n'y soient rappelés. Lorsqu'un rapport est bien rédigé, la procédure est simple et facile : le délit étant constant, le juge n'a plus qu'à appliquer la peine, sans pouvoir modérer les confiscations et amendes requises par le rapport. C'est uniquement dans le cas où les verbalisans présenteraient un faux rapprochement de la loi, sur un délit qu'elle n'aurait pas prévu, et sur lequel, par conséquent, il n'y aurait pas de peine édictée, que l'indemnité dont il s'agit pourrait être allouée.

CHAPITRE II.

De la circulation des marchandises dans le rayon soumis à la surveillance des Préposés des douanes.

SECTION PREMIÈRE.

Frontières de terre.

Les lois et réglemens sur le transport et la circulation des denrées et marchandises, seront exécutés dans les deux myriamètres (quatre lieues) desdites frontières. (Loi du 8 floréal an 11, article 84.)

C'est toujours le territoire enveloppé par la deuxième ligne des bureaux, et jusqu'à la limite de l'étranger, que les Préposés ont à surveiller. En deçà de cette démarcation, ils ne peuvent faire de recherches que dans le cas où ils auraient poursuivi la fraude, sans la perdre de vue, par-delà la ligne qu'elle aurait franchie pour pénétrer dans l'intérieur.

Ils ne peuvent, par aucun motif, dépasser la ligne de nos frontières, et, en cas de violation du territoire étranger, ils encourraient, suivant la gravité des circonstances, soit la destitution, soit la dégradation ou un changement désavantageux. (Circulaire du 23 novembre 1814.)

Toute saisie faite entre les deux lignes est régulière. (Arrêt de cassation du 28 pluviôse an 12.)

Pour faciliter la répression de la fraude sur toutes les parties des frontières de terre où la mesure fixe de deux myriamètres de rayon n'offre pas les positions les plus convenables au service des douanes, ce rayon pourra être étendu, sur une mesure variable, jusqu'à la distance de deux myriamètres et demi de l'extrême frontière.

Dans toutes les localités où le Gouvernement jugera à propos de faire ces changemens à la démarcation actuelle du rayon des frontières, ils seront déterminés par un tableau indicatif des villes, bourgs, villages et bâtimens isolés, les plus voisins de la nouvelle ligne de démarcation, et que cette ligne mettra dans le rayon, en suivant les limites de leur territoire.

L'exécution des lois et réglemens de douane

deviendra obligatoire sur toutes les parties de territoire ainsi ajoutées au rayon des frontières, à l'expiration d'un délai de quinze jours après que ledit tableau, adressé officiellement aux préfets, aura été publié et affiché dans les chefs-lieux des arrondissemens et cantons que traversera la nouvelle ligne de démarcation. (Art. 36, titre IV de la loi du 28 avril 1816.)

Des ordonnances du Roi, en maintenant les dispositions de la loi du 22 août 1791 et de celle du 19 vendémiaire an 6, qui exemptent de la formalité du passavant, pour la circulation dans le rayon des frontières, les bestiaux, poisson, pain, vin, cidre ou poiré, bière, viande fraîche ou salée, volaille, gibier, fruits, légumes, laitage, beurre, fromage et objets de jardinage, lorsqu'ils ne font pas route vers l'étranger, et, dans tous les cas, lorsqu'ils sont transportés, aux jours de foire et marché, dans les villes de la frontière, pourront,

1°. Renouveler ou modifier toute autre disposition des réglemens actuellement en vigueur, qui aurait pour objet de régler les formes et l'emploi des passavans, ou d'exiger, avant la délivrance de ces expéditions, la justification de l'origine des marchandises de la classe de celles qui sont prohibées à l'entrée, ou dont l'admission est réservée à certains bureaux (1) par l'article 20 de la présente loi

____

(1) Ces bureaux sont dénommés au §. 5, *De l'importation par terre*, section 1re., chap. V.

2°. Déterminer, suivant la population des communes comprises dans le rayon des frontières, celles où il sera permis de recevoir en magasin et de réexpédier, pour le commerce en gros ou en détail, les marchandises désignées par le paragraphe précédent, en soumettant à la vérification des Préposés des douanes les magasins où seront reçues lesdites marchandises, et les pièces justificatives de leur extraction légale, soit de l'étranger, soit de l'intérieur;

3°. Régler le mode d'exécution des articles 41 du titre XIII de la loi du 22 août 1791, 1 et 2 de la loi du 21 ventôse an XI, et 75 de la loi du 30 avril 1806, relatifs à l'établissement des fabriques dans le rayon des frontières, et étendre sur les magasins où seront reçus les produits de ces fabriques, la surveillance nécessaire, pour qu'elles ne puissent mettre en circulation, avec des passavans, aucune marchandise importée frauduleusement dans le royaume. (Art. 37 , *idem.*)

Les marchandises de la classe de celles qui sont prohibées à l'entrée, ou dont l'admission est réservée à certains bureaux par l'article 20 de la présente loi , seront réputées avoir été introduites en fraude dans tous les cas de contravention ci-après indiqués :

1°. Lorsqu'elles seront trouvées dans le rayon des frontières, sans être munies d'un acquit de paiement, passavant, ou autre expédition valable pour la route qu'elles tiendront, et pour le temps dans lequel se fera le transport, à moins qu'elles ne viennent de l'intérieur par la route qui conduira directement au premier bureau de deuxième ligne ;

2°. Lorsque, même étant accompagnées d'une expédition portant l'obligation expresse de la faire viser à un bureau de passage, elles auront dépassé ce bureau sans que ladite obligation ait été remplie ;

3°. Lorsqu'ayant été chargées sur le rayon des frontières, et amenées au bureau ou représentées aux Préposés pour être mises en circulation avec passavant, dans les circonstances où les réglemens permettent ce transport préalable, elles se trouveront dépourvues des pièces justificatives de leur extraction légale de l'étranger ou de l'intérieur, ou de leur fabrication dans le rayon des frontières ;

4°. Lorsqu'elles auront été reçues en magasin ou en dépôt dans le rayon des frontières, en contravention aux ordonnances du Roi, qui désigneront les communes où ces magasins et dépôts pourront être établis, suivant le deuxième paragraphe de l'article 37 de la présente loi, et caractériseront ceux qui sont interdits comme frauduleux. (Art. 38, *idem.*)

Dans les trois cas de contravention prévus par les paragraphes 1, 2 et 4 de cet article 38, la police des frontières est évidemment violée à l'aide de manœuvres, qu'une surveillance active peut seule faire découvrir. Alors il n'existe aux yeux de la loi aucune différence entre ces divers cas et ceux d'importation prohibée ou d'introduction frauduleuse, dont parle le titre 5 de la loi du 28 avril, et le mode de poursuite doit conséquemment être le même, (Circ. n°. 187.) *Voir le chap. 7, sect. 1 et 3, pour la manière d'opérer.*

Cette circulaire embrassait aussi dans le même régime le

cas prévu par le paragraphe 3 du même article; mais il doit en être excepté aujourd'hui, par une juste conséquence du vœu de l'article 15 de la loi du 17 mars 1817, qui n'applique à toutes les *saisies de bureau* que les peines prescrites par les lois des 22 août et 4 germinal. Or, ce n'est qu'*au bureau* que la contravention dont parle ce troisième paragraphe, peut être constatée; donc on ne doit requérir contre elle que les condamnations qui sont du ressort des juges de paix. *Voir le chap. V, sect. 2, §. 3.*

Il sera établi, soit sur la ligne de démarcation du rayon des frontières, soit dans les positions convenables les plus rapprochées de cette ligne, en dedans ou en dehors du rayon, de nouveaux postes de Préposés des douanes, formés de brigades à résidence fixe ou ambulantes, lesquelles seront spécialement chargées d'exercer le droit de poursuite de la fraude. (Art. 40, *idem.*)—Voir le chapitre 3, section 1re.

§. Ier. *Police dans la demi-lieue des frontières de terre.*

Il a été ouvert dans les bureaux de douanes des communes au-dessous de 2000 habitans, situées dans la demi-lieue des frontières, des registres où chaque marchand a été tenu de faire inscrire les étoffes de laine, velours, piqués, basins, mousselines, bonneterie, rubannerie, quincaillerie, mercerie, et autres objets de la nature de ceux prohibés, ou assujétis à un droit de 20 fr. du quintal métrique, ou de 10 pour cent de la valeur, qu'il avait en magasin lors de la nouvelle démarcation de nos frontières, et ce, en conséquence de l'article 1er. de l'arrêté du 22 thermidor an 10.

La même inscription doit avoir lieu pour les objets que ces marchands tirent de l'intérieur; mais elle n'est reçue qu'autant que le déclarant dépose les acquits de paiement des droits d'entrée, ou les expéditions d'un bureau de douanes, justificatives de leur extraction de l'intérieur. S'il n'y a pas de bureau dans la commune où la marchandise doit être déposée, l'inscription ou la représentation des acquits ou passavans sont faites au plus prochain bureau. (Article 2 , même arrêté.)

Il n'est accordé d'expédition, pour l'enlèvement des marchandises dans les communes de ladite demi-lieue (deux kilomètres et demi), que pour les espèces et quantités à l'égard desquelles les formalités ci-dessus prescrites ont été remplies; tout excédant ou autres objets sont censés introduits en fraude. (Article 3.)

On doit s'assurer si les objets pour lesquels on demande des passavans, sont de mêmes espèces et quantités que ceux portés dans les inscriptions ou dans les acquits de paiement et autres expéditions. S'il y avait déficit, les passavans ne seraient donnés que pour les quantités existantes : en cas d'excédant ou de substitution, il serait procédé à la saisie de l'excédant ou des marchandises différentes en quantité.

§. II. *Police pour les objets manufacturés et les denrées coloniales , dans les trois lieues et demie en deçà de la demi-lieue des frontières de l'étranger.*

Il ne pourra, dans ces trois lieues et demie, être

délivré de passavans de circulation pour les objets ci-dessus mentionnés, que sur la représentation de l'acquit des droits d'entrée, pour ceux qui auront été importés, ou de l'expédition du premier bureau de la ligne, pour ceux provenant de l'intérieur. (Même arrêté du 22 thermidor an 10.)

Sont exempts des formalités ci-dessus les consommateurs qui, pour leur usage, auront acheté dans les quatre lieues de la frontière, et transporteront à leur domicile, les jours de foire ou marché, les coupons d'étoffes et autres objets de consommation qui n'excéderont pas cinq mètres en étoffes de laine, huit mètres en étoffes de soie, en toile de coton et autres, et trois kilogrammes de sucre ou café. (Article 5.)

Avant l'obtention des passavans, les marchandises seront présentées au plus prochain bureau, et en même temps qu'on y souscrira la déclaration d'enlèvement. (Article 6.)

Les passavans indiqueront le lieu du départ, celui de la destination, les qualités, quantités, poids, nombre et mesure des marchandises ou denrées; ils fixeront *en toutes lettres* le temps nécessaire pour le transport, la route à parcourir, et la date du jour où ils seront délivrés; ils porteront l'obligation de les présenter, ainsi que les marchandises, aux Préposés des bureaux qui se trouveront sur la route, pour y être visés, et, à toute réquisition, aux Employés des différens postes, qui pourront conduire les objets au plus prochain bureau pour y être vé-

rifiés , sauf les dommages et intérêts envers le conducteur ou le propriétaire, s'il n'y a ni fraude ni
contravention. (Article 6.)

Toutes marchandises et denrées, sans distinction,
circulant dans les deux myriamètres de l'extrême
frontière , sans passavant, ou avec expédition contraire à l'une des obligations déterminées, seront
saisies et confisquées (art. 7), avec amende de 100 fr.,
conformément à l'article 15 du titre III de la loi
du 22 août 1791.

Ces peines sont encourues lorsque le transport des
marchandises s'effectue, même avec passavant, de
nuit, entre le coucher et le lever du soleil, si le passavant n'en porte la permission expresse. (Art. 8.)

Sont exceptés des formalités prescrites par les articles précédens le transport et la circulation des
bestiaux, poissons, pain, vin , cidre ou poiré, bière,
viande fraîche ou salée, volaille, gibier, fruits, légumes, laitage, beurre, fromage, et tous les objets
de jardinage, lorsque ces objets ne feront pas route
vers la frontière, ou qu'ils se rendront, aux jours
de foire et marché, dans les villes sur la frontière.
(Article 9.)

§. III. *Police des quatre lieues frontières , pour tous*
les objets autres que ceux fabriqués , et les denrées
coloniales.

Les conducteurs de ces objets, passant de l'intérieur de la France sur le territoire des quatre lieues
limitrophes de l'étranger, sont seulement tenus de

les conduire au premier bureau de sortie, et d'en faire la déclaration dans la même forme que pour l'acquit des droits, à peine de confiscation desdits objets, et d'amende de 100 fr. (Article 15, titre III, loi du 22 août, et article 1er., loi du 19 vendémiaire an 6.)

Sous les mêmes peines, et d'après ledit article 15, ce qui est enlevé dans le rayon, à destination de l'intérieur, ou ce qui y circule, doit être déclaré au plus prochain bureau d'entrée ou de sortie, et avant l'enlèvement.

La déclaration doit contenir l'indication précise de la maison où les marchandises sont déposées, et le lieu de leur destination, ainsi que le jour et l'heure où elles doivent être enlevées. La représentation de ces marchandises ou denrées peut être exigée par les Employés; et à défaut de cette représentation, les propriétaires ou conducteurs seront poursuivis pour l'amende de 500 francs. (Loi du 19 vendémiaire, article 2.)

Les formalités prescrites par l'article 6 de l'arrêté du 22 thermidor déjà cité, seront remplies également à l'égard des passavans délivrés dans les trois cas ci-dessus. Si les objets ainsi déclarés et expédiés s'écartent de la route, ils seront confisqués. (Art. 3, loi du 19 vendémiaire.)

D'après les considérations déduites dans sa circulaire du 17 juin 1815, no. 45, M. le Directeur-général a ordonné aux commis des bureaux de première ligne, dans les communes au-dessus de 2000 ames, et à tous ceux des bureaux intermédiaires, ou de seconde ligne, de ne point délivrer de passavans pour le transport des matières prohibées à la sortie, quand les endroits de destination indiquée, situés dans la demi-lieue de l'extrême frontière, sont notoirement connus pour n'offrir à ces mêmes matières premières, par l'existence de fabriques analogues, aucun emploi légal. A cet effet, les commis des diverses douanes devront se faire indiquer les fabriques situées dans la demi-lieue frontière, aux points correspondans à leurs bureaux; et les notions qu'ils auront ainsi recueillies leur serviront de règle de conduite pour le refus ou la délivrance des expéditions qui leur seront demandées. Ils auront d'ailleurs le soin d'indiquer avec précision, dans les passavans, le nom et la demeure du fabricant auquel les marchandises seront adressées. En cas d'incertitude sur l'existence même de la fabrique, ils exigeront des expéditeurs un certificat qui la constate. Cette pièce serait délivrée par le maire de la commune dont la fabrique ferait partie. Ainsi, du moins, l'expéditeur sera averti que le passavant légitime, non l'entrepôt, que la loi réputera frauduleux vingt-quatre heures après la délivrance de ce même passavant, mais seulement le transport de la matière jusqu'à la fabrique qui l'emploie; de telle sorte que si cette fabrique n'existait pas, ou que la marchandise fût rencontrée se dirigeant sur un autre point, le dessein de fraude fût alors bien manifeste, et la saisie aussi conforme à la loi qu'à la justice.

§. IV. *Circulation entre les bureaux et l'étranger.*

Les particuliers dont les habitations sont situées entre les bureaux des douanes et l'étranger, qui veulent y faire arriver, soit de l'intérieur de la France, soit de l'étendue du territoire soumise à la police frontière, des bestiaux, chevaux, mules et mulets, cires, soies, et autres objets, dont la sortie est défendue ou sujette à des droits, n'obtiennent de passavant pour ce transport, qu'autant qu'ils sont porteurs de certificats de la mairie du lieu de la destination, constatant que ces objets sont pour leur usage et consommation. (Arrêté du 25 messidor an 5, art. 1er.)

SECTION II.

Police des côtes et des rivières affluentes à la mer.

Les étoffes de toute espèce, les toiles de coton, de nankin, les mousselines, la bonneterie, la rubanerie, les sucres raffinés, bruts, têtes et terrés, les cafés et autres denrées coloniales, les poissons salés, les cotons filés, les tabacs en feuilles et fabriqués, ne pourront, *pendant la nuit*, être transportés et circuler dans la distance d'un myriamètre (deux lieues) des côtes maritimes, des rives des fleuves, rivières et canaux qui conduisent de la mer dans les ports intérieurs, mais seulement jusqu'au point où il existe des bureaux de douanes, à peine de confiscation et de 500 fr. d'amende. (Article 85, loi du 8 floréal an 11.)

Tous bâtimens au-dessous de cent tonneaux, à l'ancre, ou louvoyant dans les quatre lieues des côtes de France, ayant à bord des marchandises prohibées, seront confisqués, ainsi que la cargaison, avec amende de 500 fr. contre le capitaine; les Employés des douanes sont autorisés à les visiter. (Art. 7, titre II, loi du 4 germinal an 2.)

Les peines prononcées par l'article 15 de la loi du 17 décembre 1814, s'appliqueront, dans le cas prévu par l'art. 7 de la loi du 4 germinal an 2, titre II, aux bâtimens au-dessous de 100 tonneaux, surpris, hors le cas de force majeure, dans les deux myriamètres des côtes, ayant à bord des marchandises prohibées. (Art. 13, loi du 27 mars 1817.)

Les peines édictées par l'art. 15 sont la confiscation des marchandises, ainsi que des bâtimens, et la condamnation solidaire des propriétaires des objets prohibés et du capitaine à l'amende de 500 francs, quand l'objet de contrebande n'excède pas cette somme; et, dans le cas contraire, à une amende égale à la valeur de l'objet. Ce sont désormais ces condamnations qu'en cas de saisies de l'espèce les Préposés devront requérir dans leurs procès-verbaux.

Un capitaine, ou maître de bâtiment, ne peut se mettre en mer, ni sur les rivières y affluentes, sans une expédition du bureau des douanes, à peine de confiscation des marchandises, et de 100 fr. d'amende. (Art. 13, titre II, loi du 22 août 1791.)

Il est tenu, à peine de déchéance de son grade, et de 500 francs d'amende, de recevoir les Préposés à bord, et de leur ouvrir les chambres et armoires de son bâtiment, à l'effet d'y faire les visites nécessaires. (Article 8, titre XIII, loi du 22 août.)

Le capitaine arrivé dans les deux myriamètres (4 lieues) de la côte, remettra, lorsqu'il en sera requis, une copie de son manifeste au Préposé qui viendra à son bord, et qui visera l'original. (Art. 3, tit. II, loi du 4 germinal.)

On ne peut se servir d'alléges pour transporter aucun objet du port dans les navires, ni des navires dans le port, sans un permis de la douane.

S'il s'agit de marchandises prohibées à la sortie, ou assujéties à des droits, transportées par alléges d'un lieu où il y a un bureau, dans un autre où il y en a également, elles doivent être déclarées et expédiées par acquit-à-caution.

Dans ces deux cas, les versemens de bord à bord et les déchargemens à terre ne peuvent avoir lieu qu'en présence des Préposés, à peine de la confiscation des marchandises, et de 100 francs d'amende contre le conducteur. (Article 11, titre XIII, loi du 22 août.)

Si on charge ou décharge des marchandises sans permis, hors de la présence des Préposés, avant le lever ou après le coucher du soleil, elles seront confisquées, avec amende de 100 fr. (Article 13, titre II, loi du 22 août; et article 1er., titre VI, loi du 4 germinal.)

Les capitaines ou maîtres de vaisseaux, bateaux
et autres bâtimens, qui abordent dans un port de
mer, avec destination pour un autre port de
France, seront tenus de représenter aux Préposés
qui se rendront à bord, le manifeste ou état général de leur chargement. Ils devront encore, dans
les vingt-quatre heures de leur arrivée, faire au
bureau de la douane une déclaration sommaire,
contenant le nombre des caisses, balles, ballots,
et tonneaux de leur chargement ; représenter leurs
chartes-parties et connaissemens, indiquer le port
de leur destination ultérieure, et prendre certificat du tout des Préposés de l'Administration,
à peine de 500 francs d'amende, pour sûreté
de laquelle les bâtimens et marchandises seront
retenus. Le délai de vingt-quatre heures, fixé ci-
dessus, ne courra point les jours de dimanches et
fêtes. (Art. 4, titre II, loi du 22 août 1791.)

Les capitaines de navires et autres bâtimens qui
auront été forcés de relâcher par fortune de mer,
poursuite d'ennemis, ou autres cas fortuits, seront
tenus, dans les vingt-quatre heures de leur abord,
de justifier, par un rapport, des causes de la relâche, et de se conformer à ce qui est prescrit par
l'art. 4 qui précède, sous les peines y portées.
(Art. 1er., titre VI, loi du 22 août.) Voir le
chap. XII, §. 1er.

Lorsque l'exécution des formalités prescrites
par les art. 4 et 13 *ci-dessus*, ne concernera que
des marchandises et denrées exemptes de droits,
ou dont les droits ne s'élèveraient pas à 3 francs,

les contrevenans seront seulement condamnés à l'amende de 5o francs, pour sûreté de laquelle, partie des marchandises pourra être retenue jusqu'à ce que ladite amende ait été consignée , ou qu'on ait fourni caution solvable de la payer. (Article 3o , titre II , loi du 22 août.)

SECTION III.

Régime particulier à certaines marchandises.

§. Ier. *Circulation des Drilles et Chiffons.*

Ils ne peuvent circuler dans la distance de 15 kilomètres (trois lieues) des frontières de terre et de mer, à moins qu'il ne soit justifié par acquit-à-caution, de leur destination intérieure, à peine de confiscation et d'amende de 5oo francs. (Articles 2 et 3, loi du 3 avril , et article 3 de celle du 15 août 1793.)

Les moyens de transport doivent être saisis et confisqués , d'après le principe général établi par l'article 1er. du titre V de la loi du 22 août 1791. (Décision du Ministre de la justice , du 8 floréal an 10.)

Ils ne peuvent être entreposés, sous les mêmes peines. (Mêmes articles des lois d'avril et d'août 1793.) Cependant l'amende n'est que de 100 fr. , si l'entrepôt existe dans la quatrième lieue vers l'intérieur, par application de l'art. 39, titre XIII de la loi du 22 août. (Voir la section IV, *Entrepôts* , page 4o.)

Les drilles sont, comme toute autre marchandise, assujéties au passavant dans la quatrième lieue des frontières de terre, vers l'intérieur, depuis la loi du 8 floréal an 11, et dans la forme ci-dessus tracée par la loi du 19 vendémiaire an 6.

Voir, le dernier modèle de rapport, page 47.

§. II. *Des Sels.*

Les sels transportés dans l'étendue soumise à la surveillance des Préposés, sans être accompagnés d'un acquit-à-caution, seront saisis et confisqués, ainsi que ceux qui circuleraient de nuit sans permission expresse. (Art. 7, décret du 11 juin 1806.)

Ceux transportés dans le rayon des trois lieues des côtes, soit qu'il existe ou non des marais salans, salines et fabriques de sel, sans déclaration préalable au bureau le plus prochain du lieu de l'enlèvement, et sans être accompagnés des congés ou acquits-à-caution prescrits, seront saisis et confisqués, ainsi que les moyens de transport; les conducteurs seront en outre condamnés à une amende de 100 francs; conformément à l'art. 7 de la loi du 24 avril 1806. (Article 2, décret du 25 janvier 1807.)

Il y aura lieu de leur appliquer les peines édictées par l'article 30, titre IV, de la loi du 17 décembre 1814, si la fraude est constatée et commise par trois individus et plus. — Voir à ce sujet le §. 1er., section 2, chap. 7.

L'article 29 de la loi du 17 décembre 1814 voulant que l'amende de 100 fr. soit *individuelle*, la solidarité entre les prévenus n'existe plus. (Circulaire du 17 avril 1815, n°. 10.)

La circulaire du 13 mai 1807 , relative à la circulation des sels dans les trois lieues des côtes , des marais, salines et fabriques , dispense de la formalité des expéditions les petites parties de sel de quatre kilogrammes et au-dessous , dont le transport n'a évidemment pour objet que des approvisionnemens de famille. Elle fait remarquer cependant que cette exception n'est applicable qu'aux sels déjà introduits dans la ligne, et destinés à y circuler de nouveau , et qu'elle ne peut concerner les parties de sel, quelque faibles qu'elles soient, qui , sortant immédiatement des marais salans ou salines, seraient représentées aux Préposés chargés de leur garde effective.

Ces dispositions sont applicables à chaque bord des rivières affluentes à la mer , en remontant jusqu'au dernier bureau des douanes.

La distance des trois lieues se mesurera, 1°. du rivage de la mer vers l'intérieur ; 2°. pour les rivières affluentes à la mer , de chaque point du bord de ces mêmes rivières, en remontant vers l'intérieur des terres , jusqu'au dernier bureau des douanes. (Décret du 6 juin 1807.)

Il ne pourra être établi aucune fabrique , chaudière de sel , sans une déclaration préalable de la part du fabricant , au bureau le plus prochain , à peine de confiscation des ustensiles propres à la fabrication , et de 100 francs d'amende. (Article 51 , loi du 24 avril 1806.)

Toutes les saisies qui donneront lieu à la confiscation des sels, emporteront aussi celle de tous les moyens de transport. (Art. 16, décret du 11 juin 1806.)

Les Préposés des douanes pourront, conformément à l'art. 8 du réglement du 11 juin 1806, rechercher les dépôts de sels formés dans le rayon soumis à leur surveillance ; mais ces dépôts ne seront saisis qu'autant qu'il s'y trouvera 50 kilogrammes de sel, dont on ne pourra justifier du paiement des droits. Ces recherches, interdites dans les communes au-dessus de 2000 ames, ne seront faites que de jour, avec l'assistance d'un officier municipal. (Article 32, titre IV, loi du 17 décembre 1814.)

M. le Directeur-général a prescrit, par sa circulaire du 14 décembre 1815, n°. 93, à tous les inspecteurs, sous-inspecteurs et contrôleurs aux visites, d'adresser, à là fin de chaque mois, à l'administrateur de la quatrième division, un rapport sommaire sur le service des sels.

L'art. 57 de la loi du 28 avril 1816 annulle seulement le titre III de la loi du 17 décembre 1814 ; mais l'article 58 suivant confirme toutes les autres dispositions des lois et actes encore en vigueur au moment de la discussion de cette loi : donc le titre IV de celle du 17 décembre, *spécial aux sels*, doit continuer d'être observé. C'est d'après ce principe que je traiterai dans les chapitres 5 et 7 de la fraude et contrebande en matière de sels.

Le régime des sels est exposé en détail dans les paragraphes 5 et suivans du chapitre 12.

§. III. *Des Grains et Farines.*

La police des grains et farines ne s'exerce que dans la distance d'une lieue (cinq kilomètres) en deçà des frontières de terre, et d'une demi-lieue (vingt - cinq hectomètres) des côtes maritimes. (Art. 11 de la loi du 26 ventôse an 5.)

Ces substances, rencontrées de nuit, même avec passavant, ou de jour sans passavant, ou sur un chemin oblique, autre que celui déterminé par l'expédition, doivent être saisies. — Voir, pour le concours d'exécution, le chap. 7, section 2, §. 2 ; et le §. 1er., section 1re. du traité sur les acquits-à-caution.

§. IV. *Des Tabacs et Cartes à jouer.*

Je traiterai de tout ce qui concerne les tabacs et les cartes à jouer dans le chapitre 11, qui leur sera uniquement consacré.

§. V. *Circulation des Boissons.*

Les Préposés des douanes sont tenus, aux termes de l'article 17 de la loi du 28 avril 1816, de concourir, avec ceux des contributions indirectes, à la répression de la fraude sur le droit de circulation des boissons, par la saisie de celles qui seraient dépourvues de l'expédition nécessaire pour les faire circuler.

Pour les vins, cidres et poirés, cette expédition est un congé, un passavant, ou un acquit-à-caution :

Un congé, lorsque le droit de circulation a été acquitté ;

Un passavant pour les vins, cidres et poirés, qui seront transportés par un propriétaire, colon partiaire ou fermier, des caves ou celliers où sa récolte aura été déposée, dans une autre de ses caves, située dans l'étendue du même département, ou du département limitrophe du lieu de récolte ;

Enfin, un acquit-à-caution, 1º. pour les boissons qui seront enlevées à destination de négocians, marchands en gros, courtiers, facteurs, commissionnaires, distillateurs, et tous autres munis de licence de marchand en gros ou de distillateur ; 2º. pour les vins, cidres et poirés qui seront enlevés à destination de toute personne qui vend en détail lesdites boissons, et qui est munie d'une licence de débitant, pourvu, dans ces deux cas, que, dans le lieu de destination, le commerce des boissons ne soit pas affranchi des exercices des Employés de la régie ; 3º. pour les enlèvemens à destination de l'étranger.

Pour les liqueurs, esprits et eaux-de-vie, l'expédition est toujours un acquit-à-caution, dont l'objet est de garantir le paiement d'un droit de consommation dû à l'arrivée ou à la prise en charge au compte du *destinataire,* s'il fait le commerce des boissons, ou enfin l'exportation : cependant, lorsque l'expéditeur veut payer le droit de consommation avant l'enlèvement, ou en même temps que celui de mouvement, l'expédition est un congé ou un passavant comme pour les vins. Toute contravention à ces dispositions donne lieu à la confiscation des boissons et à une amende de 100 fr. à 600 fr., suivant la gravité des cas, conformément à l'art. 19 de la loi du 28 avril 1816.

Les Receveurs ne doivent recevoir aucune boisson en dépôt dans les douanes, ni la remettre à la disposition du propriétaire, sans qu'il représente l'expédition délivrée par les Employés de la Régie des contributions indirectes.

Les boissons exportées à l'étranger sont affranchies du droit de la circulation ; mais indépendamment des conditions ordinaires de l'exportation, ces boissons doivent être accompagnées d'un acquit-à-caution levé dans un bureau de la Régie, et indiquant le point de la frontière par lequel la sortie doit être effectuée.

Les Préposés des douanes du bureau de sortie s'assureront de l'identité du chargement, avec l'acquit-à-caution représenté ; ils apposeront un certificat de sortie sur cette expédition, qui sera retenue et déposée par eux dans le bureau de la douane. Les Employés ambulans de la Régie des recettes frontières se transporteront, une ou plusieurs fois par mois, dans ces bureaux, pour retirer ces acquits-à-caution, et remplir les certificats de décharge, qui ne doivent jamais être délivrés par

les Employés des douanes, ceux de la Régie étant
chargés de la tenue du registre des décharges et
du renvoi des acquits-à-caution aux bureaux des
lieux d'enlèvement. (Circulaire du 30 janvier 1815,
timbrée : *Colonies et Entrepôts.*)

La circulaire du 20 septembre 1816, nº. 206, a
prescrit de nouvelles formalités, et des mesures
propres à assurer la sortie des boissons expédiées
sous acquit-à-caution des contributions indirectes
pour l'exportation.

Lorsque les Préposés des douanes constateront
des contraventions à la circulation des boissons, ils
rédigeront leur rapport à la requête de l'Administration des contributions indirectes, en remplissant
les formalités prescrites pour ces sortes de rapports.

*Modèle de procès-verbal constatant saisie de boissons
transportées en fraude.*

L'an mil huit cent....., le (*la date du mois en toutes
lettres*), du mois de....... sur les.... heures du.... ·
à la requête des Administrateurs de la Régie des impositions
indirectes, dont le bureau est établi à Paris, rue Ste.-Avoie,
hôtel des impôts indirects, poursuite et diligence de M....
Directeur de la même Régie dans l'arrondissement de....
résidant à......., qui élit domicile pour la suite du présent,
en son bureau à..... (*chef-lieu de chaque arrondissement
de sous-préfecture, pour les saisies sur les lieux qui dé-
pendent respectivement de chaque arrondissement.*)

Nous soussignés (*noms, prénoms, qualités et demeures
des Employés rédacteurs*), ayant serment en justice et porteurs de nos commissions, certifions qu'en faisant notre

tournée, nous avons rencontré, sur la route de.... à....
distante de.... du village de..... une charrette chargée
de trois vaisseaux, tirée par deux chevaux, conduite par un
individu, auquel ayant fait connaître nos qualités, nous l'avons
interpellé de nous déclarer ses nom, prénoms et domicile; ce
que contenaient les trois vaisseaux. A dit se nommer Joseph
Mique, domicilié à........ département de...... et que
ces trois vaisseaux contenaient du vin; qu'il les avait chargés
à...... par ordre du sieur..... pour les transporter à....
chez le sieur..... Ayant sommé le sieur Mique de nous
exhiber le passavant ou congé, ou acquit-à-caution qui devait
accompagner cette boisson, a répondu qu'il ne lui en avait
pas été remis par l'expéditeur.

Ayant percé chacun des trois vaisseaux avec une vrille, il
en est sorti du vin rouge, que nous avons goûté et fait goûter
audit sieur Mique, et qu'il a reconnu, ainsi que nous, être
du bon vin franc et marchand; et, attendu la contravention
du sieur Mique à l'art. 6 de la loi du 28 avril 1816, et en
vertu des art. 17 et 19 de ladite loi, avons déclaré au sieur
Mique saisie et confiscation desdites trois pièces de vin,
de la charrette et des deux chevaux, mais seulement comme
garantie de l'amende, à défaut de caution solvable, le sommant de nous accompagner, avec les objets saisis, dans la
commune de...., pour assister à nos opérations, et à la rédaction de notre procès-verbal; à quoi il a acquiescé. En conséquence, lesdites trois pièces de vin, la charrette et les chevaux étant rendus à......, nous avons jaugé lesdites trois
pièces, et reconnu qu'elles contenaient, savoir : le premier
vaisseau, cent cinquante litres; le deuxième cent vingt-sept,
et le troisième deux cent soixante-sept, ensemble cinq hec-
tolitres quarante-quatre litres de vin, que nous avons évalués, de concert avec le sieur Mique (*ou d'office*), à la
somme de.......; et ayant offert au sieur Mique main-
levée, sous bonne et valable caution solidaire, des objets
saisis, il a présenté le sieur Jacques Petit, domicilié à:....

lequel, par le présent, s'oblige solidairement avec le sieur Mique de les représenter, ou à payer la somme de...... à laquelle ils sont évalués, à toute réquisition de justice, et avons fait remise des moyens de transport, ou bien déposé lesdites trois pièces de vin chez le sieur.... aubergiste, qui s'est obligé à nourrir et à soigner lesdits deux chevaux, pour les remettre, et la charrette, à toute réquisition de droit.

De tout quoi nous avons dressé le présent procès-verbal, dans le domicile du sieur......, en présence du sieur Mique; (*du sieur........... caution ou gardien*), leur en ayant donné lecture, avec sommation de le signer; ont signé, et avons laissé copie, tant audit Mique (*qu'au sieur....... caution ou gardien*), lesquels ont signé.

Si le prévenu n'est pas présent, la copie du procès-verbal doit être affichée à la porte de la maison commune, et il doit être rédigé acte de ce fait.

Le procès-verbal doit être affirmé par-devant le juge de paix, ou son suppléant, du canton d'où dépend le lieu où la saisie a été faite, et ce, dans les trois jours de la rédaction du procès-verbal, par deux au moins des Employés rédacteurs.

Le procès-verbal doit être aussi enregistré dans les trois jours.

L'original sera envoyé au Directeur de l'arrondissement de sous-préfecture d'où dépend le lieu où la saisie a été faite; et si ce chef de service était à un éloignement tel, qu'il ne puisse lui parvenir avec sûreté, promptement et sans frais, il convient de lui en faire l'envoi par la poste, et d'accompagner le procès-verbal d'une lettre motivée, qui indiquera les frais avancés par les Employés saisissans, afin qu'ils puissent en être remboursés immédiatement.

Observations.

Il y a lieu à saisir lorsque les déclarations énoncées aux congés, passavans ou acquits-à-caution, ne sont point exactes pour les quantités, espèces et qualités des boissons; que ces boissons ne sont pas transportées en suivant le chemin direct de leur destination; que le délai pour effectuer le transport est écoulé, à moins de prolongation justifiée au dos de ces expéditions, qui ne doivent porter aucune surcharge ou altération, à moins d'être approuvées. Dans ces cas de contravention, il y a lieu à saisir en vertu des articles 10, 12, 13, 17 et 19 de la même loi du 28 *avril* 1816, et à mentionner au procès-verbal, comme aussi à y annexer le congé, ou passavant, ou acquit-à-caution, que les saisissans coteront et parapheront, et sommeront le prévenu d'en faire autant, sans omettre d'indiquer s'il l'a fait ou refusé.

SECTION IV.

Des Entrepôts frauduleux.

Les entrepôts et magasins sont défendus dans la distance de la police frontière, excepté dans les communes de 2000 habitans, pour les marchandises manufacturées, et dont les droits d'entrée excèdent 12 francs par quintal, et pour celles dont la sortie est prohibée ou assujétie à des droits. (Loi du 22 août 1791, titre XIII, art. 37.)

Cette défense doit s'étendre aux deux myriamètres, et même aux deux myriamètres et demi de l'extrême frontière, d'après les art. 84 de la loi du 8 floréal an 11 et 36 de celle du 28 avril 1816.

Sont réputées en entrepôt toutes les marchandises énoncées en l'art. 37 ci-dessus, autres que celles du crû du pays, qui se trouvent en balles ou ballots, et pour le transport desquelles on ne peut représenter d'expéditions délivrées dans le jour. (Art. 38, même titre.) Elles seront saisies et confisquées, avec amende de 100 francs contre ceux chez lesquels elles se trouvent. (Art. 39.)

Les marchandises de la classe de celles qui sont prohibées à l'entrée, ou dont l'admission est restreinte à certains bureaux par l'article 20 de la loi du 28 avril, seront réputées introduites en fraude, lorsqu'elles auront été reçues en magasin ou en dépôt dans le rayon des frontières, dans des communes où ces dépôts ne sont pas autorisés, et assujéties, conformément à la circulaire n°. 187, au mode de poursuite établi par le titre V, articles 41 et suivans de la même loi du 28 avril. (*Voyez les pages 18 et 19; et le chapitre 7, pour la manière de procéder.*)

Ces dispositions sont applicables aux propriétaires. (Arrêt de cassation du 5 fructidor an 11.)

Les Préposés, accompagnés du maire ou d'un adjoint du lieu, peuvent faire, de jour, toutes recherches dans les maisons où ils soupçonnent des entrepôt. (Art. 39, titre XIII, loi du 22 août.)

S'il ne s'y trouve point d'entrepôt, il sera payé 24 francs à celui au domicile duquel la recherche aura été faite, sauf plus grands dommages et intérêts, s'il y a lieu, par les circonstances de la visite. (Article 40.)

(Voir les paragraphes sur les sels et les drilles, pag. 30 et 33, et le *Modèle de procès-verbal*, p. 47.)

SECTION V.

MODÈLE *de rapport pour saisie faite à la circulation.*

L'an....... le....... à la requête de M. le Conseiller d'état, Directeur-général de l'Administration des douanes, et de MM. les Administrateurs, dont le bureau est à Paris, poursuites et diligences de M....., leur Receveur à......., y demeurant, au bureau duquel ils font élection de domicile, par les suites du présent, nous soussignés (*noms, prénoms, qualités et demeures des saisissans.*)

(*Ce préambule est commun à tous les procès-verbaux.*)

Certifions qu'étant en surveillance à......., distant de l'étranger de....... (*spécifier si le lieu est sur une route fréquentée, ou s'il est écarté des chemins directs*), nous avons vu venir du côté de......., vers les...... heures de ce jour (*mettre le nombre d'individus, et ce qu'ils portaient ou conduisaient*). Nous étant approchés de ces hommes, nous leur avons déclaré nos qualités, en les sommant de nous dire leurs noms, professions, demeures, et ce qu'ils portaient (*ou conduisaient*). Nous ont répondu se nommer...... demeurant à......., qu'ils portaient (*ou conduisaient*) des......... Leur avons demandé de nous représenter les

expéditions de douanes, autorisant la circulation desdits........ en vertu de l'arrêté du 22 thermidor an 10;
ont dit qu'ils n'avaient aucune pièce à nous produire. En
conséquence, nous les avons sommés de nous accompagner
avec lesdits....., au bureau des douanes le plus prochain,
situé à......, pour y procéder à une vérification détaillée.
Y étant arrivés à....... heures du matin (*ou du soir*) de
ce jour, nous avons, conjointement avec ledit sieur.....,
Receveur, et en présence des prévenus susnommés, reconnu
que les ballots (*ou caisses*) renfermaient (*détailler l'espèce,
poids ou nombre des objets saisis, les numéros, poids et
nombre des ballots ou caisses.*) Vu la contravention à l'article 1er. (*ou 4*) de l'arrêté du 2 thermidor an 10, nous avons
déclaré auxdits...... la saisie des objets décrits ci-dessus,
desquels le Receveur s'est chargé, après que nous avons eu
apposé le cachet de l'un de nous sur chacun desdits ballots,
en invitant l'un des prévenus à y apposer également son
cachet, ce qu'il a fait (*ou refusé*); desquels cachets l'empreinte est en marge du présent. Nous leur avons remis
leurs...... chevaux et voitures servant au transport.

*(Conclusion commune à tous les procès-verbaux
au civil.)*

Et pour procéder aux fins de notre rapport, avons assigné
lesdits........., à comparaître demain (*dans les vingt-
quatre heures*), à.......... heures du matin (*ou de l'après-
midi*), devant M. le juge de paix du canton de......., en
son audience à..........., pour entendre prononcer la confiscation des objets saisis; se voir condamner à l'amende
de..........., conformément à l'article....... de la loi
du........., et aux dépens. Avons donné lecture de notre
présent procès-verbal auxdits..........., avec sommation
de le signer, ce qu'ils ont promis (*ou refusé, ou déclaré
ne savoir*). Fait et clos en ladite douane de....., à.....
heure avant (*ou après*) midi, des jour, mois et an ci-dessus;

et avons signé avec le sieur....., Receveur dépositaire, et à l'instant remis à chacun desdits prévenus copie du présent.

(L'absence des prévenus, ou le refus de recevoir copie, malgré les sommations, seraient mentionnés au rapport, qui serait terminé comme il suit) :

Pour procéder aux fins de notre rapport, rédigé de suite, nous susdits et dénommés d'autre part, avons assigné ledit ou lesdits........., à comparaître devant M. le juge de paix....... Vu leur absence, quoique de ce sommés, à la vérification des....... saisis, à la rédaction et à la clôture du présent rapport, fait et clos en ladite douane de......, à......... heure avant (*ou après-midi*), des jour, mois et an ci-dessus; copie en sera affichée à la porte extérieure du bureau, pour notification et citation; et avons signé avec le sieur......., Receveur dépositaire.

En vertu de l'art. 16 du décret du 11 juin 1806, qui pose en principe général que toutes les saisies qui donneront lieu à la confiscation des sels, emporteront aussi celle des moyens de transport, il est évident que dans les rapports de cette espèce, on ne doit point remettre lesdits moyens de transport. Après la déclaration de la saisie, il faut ajouter :

Avons en outre déclaré la saisie des (*spécifier les moyens de transport*), comme ayant servi au transport, par application de l'art. 16 du décret du 11 juin 1806, ainsi conçu : .... (*On donnera ensuite le signalement des chevaux et des voitures*) (1).

Desquels moyens de transport nous avons offert main-levée aux prévenus ci-dessus nommés, sous caution solvable (*ou*

____

(1) S'il s'agissait d'une saisie autre qu'à la circulation, faite sur bâtimens de mer, on décrirait le bâtiment, en énonçant ses dimensions, le nombre de ponts, de mâts, et enfin le tonnage.

en consignant leur valeur) ; ce qu'ils ont accepté, et de suite ont présenté le sieur........, demeurant à....., reconnu solvable, qui s'est obligé, par un acte rédigé à part du présent, à payer la somme convenue entre les mains dudit Receveur, lorsqu'il en sera légalement requis. (*Si les prévenus acceptaient la main-levée en consignant la valeur des moyens de transport, il en serait fait mention; s'ils refusaient de consigner cette valeur ou de fournir caution, on mettrait*) : ce qu'ils ont refusé. En conséquence, nous avons mis les chevaux en fourrière chez le sieur......, demeurant à...., suivant la convention annexée au présent, et moyennant la rétribution convenue à.......

Terminer comme de l'autre part.

(*Cette offre de remise, ainsi rédigée, peut servir dans tous les rapports où elle est exigée. Seulement, s'il s'agissait de la retenue d'un bâtiment de mer, on ajouterait : que ledit bâtiment a été mis à l'ancre, après en avoir scellé les écoutilles, armoires, etc., sous la garde et consigne des Préposés.*)

On doit saisir également les moyens de transport, lorsqu'il s'agit de drilles arrêtées sans expédition, dans les trois lieues des frontières de terre et de mer, ainsi qu'il est dit au §. ᵒʳ. de la sect. 3, pag 30.

Lorsque la description des objets saisis ne peut avoir lieu en entier le jour où elle a été commencée, elle sera continuée le lendemain et les jours suivans, par un seul et même procès-verbal, divisé en plusieurs vacations; chacune sera terminée ainsi :

Attendu l'heure tardive de........, qui nous empêche de terminer la description........ des objets saisis, nous avons notifié auxdits prévenus que nous nous réservions de continuer notre présent procès-verbal demain, à.........

heures du matin, et les avons sommés de se trouver à la même heure, à l'ouverture du bureau des douanes. Nous avons cacheté (*ou plombé au coin dudit bureau*) les ballots...... (*ou bien nous avons scellé les écoutilles, armoires, etc., du bâtiment, ou la porte du magasin, suivant la circonstance*), en présence desdits....... (*ou de l'absence desdits......, quoique de ce sommés*), que nous avons invités à y apposer également le cachet de l'un d'eux ; ce qu'ils ont fait (*ou refusé*) ; dont acte. Fait et clos audit bureau, les jour, mois et an que dessus, à...... heures du soir, le présent contexte, que nous avons signé avec le Receveur dépositaire, et dont nous avons donné lecture auxdits........., que nous avons requis de le signer avec nous ; ce qu'ils ont fait (*ou refusé, ou ont déclaré ne le savoir*), et leur en avons de suite remis (1) à chacun une copie.

S'ils sont absens, on ajoute après ces mots :

« *avec le Receveur dépositaire,* » ceux-ci : « Après lecture, » et de suite, attendu l'absence des prévenus, quoique de ce » sommés, nous en avons affiché copie à la porte extérieure » du bureau (2).

Lorsqu'on recommence une nouvelle vacation, on la constate ainsi :

Le......, à..... heures du matin, même requête et diligence, par continuation de notre procès-verbal commencé le......, nous soussignés....., après avoir reconnu avec le sieur...., Receveur, et fait reconnaître aux sieurs.. prévenus (*s'ils sont absens, le spécifier*), que les scellés (*ou les plombs, ou les cachets*), apposés hier sur.... étaient

---

(1) Si les prévenus se contentaient d'une seule copie pour tous, il en serait fait mention expresse dans le rapport.

(2) Dans le cas de saisie sur bâtimens pontés, et d'absence du capitaine à la rédaction du contexte rédigé à bord, on mettrait que copie a été affichée au grand mât.

sains et entiers, nous avons procédé à la description des objets saisis à leur préjudice, ainsi qu'il suit...., etc.

*Modèle de procès-verbal de saisie de marchandises
frauduleusement entreposées dans le rayon de la
police des frontières.*

L'an mil huit cent....., le......, à la requête, etc.
Nous soussignés......, certifions qu'à deux heures après
midi, de cejour, étant accompagnés de M...., maire (*ou* adjoint *ou* commissaire de police) de la commune de...,peuplée
de moins de deux mille habitans, comprise dans le rayon soumis à notre surveillance, et distante du territoire étranger
de...... kilomètres, nous nous sommes rendus dans une
maison de cette commune (*indiquer la rue et le n°.*), où nous
soupçonnions qu'il existait un entrepôt défendu par l'art. 57,
titre XIII, de la loi du 22 août 1791. Déclaration faite de nos
qualités et de l'objet de notre mission à un particulier que
nous avons trouvé dans ladite maison, qui nous a dit en
être le maître, et se nommer......., nous l'avons sommé
d'être présent à la recherche que nous allions y faire : à quoi
ayant consenti, nous avons parcouru avec lui et M.....,
maire, plusieurs appartemens, et sommes enfin entrés dans...
(*bien indiquer le lieu où l'entrepôt a été découvert*), où nous
avons trouvé quinze ballots de......, (1) dont le droit d'en-

---

(1) S'il s'agissait d'un entrepôt de drilles et chiffons *dans la quatrième lieue vers l'intérieur*, on suivrait la formule ordinaire ; mais
dans les trois lieues, ou 15 kilomètres des côtes ou des frontières, il
faudrait rédiger ainsi : où nous avons trouvé quinze ballots de chiffons,
pesant ensemble..... kilogrammes, pour lesquels ledit .... n'a pu, sur
notre interpellation, nous représenter aucune expédition de douanes
assurant leur destination pour l'intérieur du royaume ; et attendu qu'il
a contrevenu à l'article 2 de la loi du 3 avril 1793 (*on pourra copier
cet article* ; le voir page 30), nous lui avons déclaré la saisie desdits
quinze ballots de drilles ; et vu la prohibition du dépôt de ces matières

trée excède 12 fr. par cinquante kilogrammes (*ou dont la*
sortie est prohibée ou assujétie à des droits), pour le transport de laquelle ledit..... n'a pu, sur notre interpellation,
nous représenter aucune expédition délivrée dans le jour.
Procédant en sa présence à la description de ces quinze
ballots, nous avons reconnu que...... (*mettre le n°., la*
marque, le poids de chaque balle, et décrire exactement les
objets y renfermés); attendu la contravention aux articles 37
et 38, titre XIII de la loi du 22 août 1791 (*il sera bon de*
citer le texte de ces articles), et en exécution de l'art. 39,
même titre, de la même loi, nous avons déclaré audit....
la saisie des quinze ballots ci-dessus décrits, dont nous lui
avons offert la main-levée, en donnant caution solvable de
leur valeur; ce qu'il a accepté, et s'est obligé, conjointement avec le sieur....., sa caution, par un acte particulier annexé au présent, à payer, à la première réquisition
de M....., Receveur des douanes (*celui dénommé dans*
le préambule), la somme de..... à laquelle les objets saisis
ont été évalués de gré à gré. (*Si la partie ne fournit pas*
caution, ou s'il s'agit de marchandises dont la consommation
est prohibée, on en fera mention expresse en ces termes):
Sur le refus dudit...... de fournir caution solvable de la

---

dans les 15 kilomètres des frontières (*ou des côtes*), nous avons
fait connaître audit.... que nous ne pouvions lui en offrir la main-
levée sans caution solvable, qu'à la charge de les faire rentrer immédiatement dans l'intérieur; à quoi il a consenti, en s'obligeant, conjointement avec le sieur...., sa caution, par un acte particulier annexé
au présent, de payer à la première réquisition de M....., Receveur des douanes à...... (*celui chargé des poursuites, dénommé en*
tête du rapport), la somme de..... à laquelle les quinze ballots de
chiffons ont été évalués de gré à gré, et de justifier de leur rentrée
dans l'intérieur, par le rapport de l'acquit-à-caution qu'il prendra aujourd'hui même au bureau de...., pour procéder, etc..... Le reste
comme au modèle ci-dessus, excepté que c'est l'amende de 500 fr.
qu'il faut requérir, conformément à l'article 3 de la loi du 3 avril 1793.

valeur des objets saisis, *ou bien* la consommation des marchandises saisies étant prohibée, nous avons remis le tout dans les ballots, sur lesquels l'un de nous a apposé son cachet, en invitant ledit...... d'y mettre le sien, ce qu'il a fait (*ou refusé*); desquels cachets empreinte est en marge du présent; nous réservant de transporter ces quinze ballots au plus prochain bureau de douanes situé à......, pour y être remis à la garde de M......, Receveur (1).

Pour procéder sur la présente saisie, nous dénommés en l'intitulé de l'autre part, avons cité ledit......, à comparaître demain (*dans les 24 heures de la clôture*), à......: heures du matin (*ou de l'après-midi*), devant M. le juge de paix du canton de......., en son audience, à......, pour entendre prononcer la confiscation des quinze ballots saisis; se voir condamner à l'amende de cent francs, conformément à l'article 39, titre XIII de la loi du 22 août 1791, et aux dépens. Nous avons rédigé le présent rapport en présence de M......, maire, qui l'a signé avec nous, pour ce qui le concerne, dans la maison dudit..... auquel nous en avons donné lecture, avec sommation de le signer, ce qu'il a promis (*ou refusé*); et lui en avons à l'instant remis une copie en son domicile, où il a été clos à cinq heures après midi, lesdits jour, mois et an que dessus.

(Suivent les signatures.)

Nous Préposés, dénommés au rapport ci-dessus, nous étant immédiatement rendus audit bureau de..... avec les quinze ballots de..... précédemment décrits et saisis, nous les avons remis dans le même état à M......, Receveur, qui a reconnu que les cachets étaient sains et entiers.

---

(1) Il est inutile d'ajouter qu'on a sommé le contrevenant de se rendre au bureau pour y être présent au dépôt, parce que cette formalité n'est point prescrite par l'article 7 de la loi du 9 floréal an 7. Cette loi est assez rigoureuse, sans enchérir encore sur les mesures qu'elle ordonne.

Fait à la douane de. . . . . . . à . . . . . . heures, ledit jour. . . .
an. . . . . , et avons signé avec le Receveur, constitué gardien.

S'il s'agissait du cas prévu par le 4e. paragraphe de l'art. 38, cité page 19, on conclurait comme au modèle page 56.

Affirmation des rapports.

Elle doit contenir l'heure et la date précises de la comparution des affirmans devant le juge de paix, les nom et prénoms de ce juge, et ceux des Préposés, qui affirment la sincérité du rapport, et mention expresse qu'il leur a été donné lecture, tant du procès-verbal que du présent acte.

(Voir, pour la formalité de l'enregistrement, l'art. 9 de la loi de floréal, page 7.)

CHAPITRE III.

De la poursuite de la fraude, et de la recherche dans l'intérieur des marchandises soustraites aux Douanes.

SECTION PREMIÈRE.

Droit de poursuite de la fraude.

§. 1er. *Commun aux côtes et frontières.*

Les Préposés des douanes peuvent, en cas de poursuite de la fraude, la saisir, même en deçà des deux lieues des côtes, et des *quatre lieues* des frontières de terre, pourvu qu'ils l'aient vue pénétrer, et qu'ils l'aient suivie sans interruption. (Art. 35, titre XIII, loi du 22 août 1791.)

Ils peuvent, dans le même cas, faire leurs recherches dans les maisons situées dans l'étendue des deux lieues des côtes et *quatre lieues* des frontières de terre, pour y saisir les marchandises de contrebande et autres, mais seulement dans le cas où, n'ayant pas perdu de vue lesdites marchandises, ils seraient arrivés au moment où on les aura introduites dans lesdites maisons. Si alors il y a refus d'ouverture de portes, ils pourront les faire ouvrir en présence d'un juge ou d'un officier municipal du lieu, qui, dans tous les cas, devra être appelé pour assister au procès-verbal. (Art. 36, titre XIII, loi du 22 août 1791.)

§. II. *Spécial aux frontières de terre.*

Les marchandises de la classe de celles qui sont prohibées à l'entrée, ou assujéties à un droit de 20 fr. par 100 kilogr. et au-dessus, et réputées introduites en fraude, à défaut d'expédition qui en légitime le transport dans le rayon des frontières, ou sur laquelle on n'ait point rempli les formalités obligatoires, seront saisissables, à *quelque distance* qu'elles puissent être arrêtées *dans l'intérieur,* s'il est constaté par le procès-verbal en bonne forme, rédigé par les Préposés saisissans,

1°. Qu'elles ont franchi la limite du rayon, et qu'ils les ont poursuivies, sans que leur transport ni leur poursuite aient été interrompus, jusqu'au moment où ils auraient atteint et arrêté ce transport sur les routes ou en pleine campagne, ou jusqu'à celui de l'introduction des marchandises dans une maison ou autre bâtiment, dans le cas de poursuite prévu à l'art. 36 du titre XIII de la loi du 22 août 1791;

2°. Que lesdites marchandises sont dépourvues, au moment de la saisie, de l'expédition qui était nécessaire pour les transporter ou faire circuler dans le rayon des frontières. (Art. 39, titre IV, loi du 28 avril 1816.)

Il sera établi, soit sur la ligne de démarcation du rayon des frontières, soit dans les positions convenables les plus rapprochées de cette ligne, en dedans ou en dehors du rayon, de nouveaux postes de Préposés des douanes, formés de brigades à résidence fixe, ou ambulantes, lesquelles seront spécialement chargées d'exercer le droit de poursuite de la fraude, suivant les dispositions de l'article précédent. (Art. 40.)

Toutes les fois que les Préposés, en exécution des articles précédens, saisiront dans l'intérieur des objets prohibés ou imposés à 20 fr. et au-dessus, ils devront arrêter aussi les fraudeurs, et les traduire devant le tribunal correctionnel, par application de l'article 41 de la loi du 28 avril. On procédera contre les prévenus dans les formes prescrites au chapitre 7 ou 9 ci-après, suivant le cas déterminé par le nombre des contrebandiers.

Ils pourront se servir du modèle suivant :

L'an mil huit cent...., le...., à la requête, etc.,

Nous soussignés..... certifions qu'étant à...... (*indi-quer le lieu et l'heure*), nous avons vu à cent pas de nous deux hommes, conduisant chacun une voiture attelée de...... chevaux, et faisant route de l'étranger vers l'intérieur, les-quels se sont sauvés avec leurs voitures dès qu'ils nous ont aperçus. Nous étant mis à leur poursuite, nous les avons suivis sans interruption, et sans les perdre de vue, au-delà du rayon, par le chemin qui conduit à........., où nous sommes enfin parvenus à les atteindre, au moment où ils allaient pénétrer dans le village de......, distant de cinq lieues de l'étranger. Les ayant arrêtés, nous leur avons dé-claré nos qualités ; les avons sommés de nous dire pourquoi ils avaient pris la fuite à notre approche, franchi et dé-passé le rayon des frontières, en prenant une route détour-née, afin d'échapper à la surveillance des douanes ; de nous déclarer ce que contenaient les ballots dont leurs voitures étaient chargées ; où ils les avaient pris ; où ils les con-duisaient. Ils nous ont répondu (*consigner ici leur réponse*). Nous étant assurés, par la visite, que ces ballots étaient au nombre de......, et que quelques-uns, que nous avons ouverts, renfermaient des tissus de coton de la classe de ceux prohibés à l'entrée, pour lesquels ces deux individus n'ont pu, malgré nos sommations réitérées, nous produire aucune pièce justificative de leur origine nationale, ni au-cune expédition autorisant le transport ou la circulation de ces objets dans le rayon des frontières, et vu leur infrac-tion à la loi du......, qui défend l'introduction en France desdits tissus, nous leur avons déclaré la saisie des...... ballots, des deux voitures, et des...... chevaux servant au transport, par application des articles 39 et 41 de la loi du 28 avril 1816. Interpellés de nous déclarer leurs noms, professions et demeures, ces deux individus ont répondu se nommer......, voituriers, demeurant à...... Nous les avons obligés à nous suivre avec leurs chargemens à la douane de....., où, étant arrivés avec eux, nous avons

immédiatement procédé, en leur présence et en celle de
M......., Receveur, à la vérification et description des.....
ballots précédemment saisis. Nous avons reconnu que le
ballot n°........., marqué......., pesant brut........., contenait........ pièces de......., tirant chacune........ mètres,
etc. (*La description doit être faite pièce par pièce, en indiquant l'aunage de chacune, la largeur, la couleur et la
qualité de l'étoffe.*)

Desquelles marchandises saisies, M......., Receveur, s'est
chargé, après qu'elles ont été remises dans les ballots, que
nous avons scellés du cachet de l'un de nous, en invitant
les prévenus à le faire également, ce qu'ils ont refusé; duquel cachet empreinte est en marge du présent. Nous avons
laissé à la douane les deux voitures, chacune à deux roues,
avec les équipages, et mis les........ chevaux, l'un sous
poil bai, hors d'âge, de la taille de......., l'autre, etc.,
etc., en fourrière chez le sieur......., aubergiste, demeurant à.........., moyennant le salaire convenu à.........,
suivant l'acte annexé au présent.

Nous avons déclaré auxdits........ que nous allions les
conduire devant M. le juge de paix du canton de......,
qui recevra en leur présence l'affirmation de notre rapport;
qu'ensuite nous les remettrions, avec le présent acte original, entre les mains de M. le Procureur du Roi de l'arrondissement de......., qui les fera constituer prisonniers,
conformément à l'article 41 de la loi du 28 avril 1816; et
que la citation à comparaître devant le tribunal correctionnel, séant à........, leur sera dûment signifiée, aussitôt que
M. le Procureur du Roi aura désigné le jour où la cause
devra être appelée. (*Il est inutile de prendre les conclusions
dans le rapport, puisque l'acte de citation doit les contenir.*
Voir le modèle, chap. 7, section 5, §. 1er.) Avons donné
lecture de notre procès-verbal auxdits......., avec sommation
de le signer; ce qu'ils ont promis (*ou refusé, ou déclaré ne savoir.*)Fait et clos le présent rapport rédigé de suite à la douane

de....., à...... heures avant (*ou après*) midi, lesdits jour, mois
et an que dessus. Avons signé avec M......, Receveur dépositaire, et aussitôt remis auxdits prévenus chacun une
copie du présent.

Si les fraudeurs, avant de sortir du rayon, in-
troduisaient leurs marchandises dans une maison,
on rédigerait ainsi :

Nous étant mis à la poursuite desdits individus, nous les
avons suivis sans interruption, et sans les perdre de vue,
par le chemin qui conduit au village de...., distant de l'extrême frontière d'un myriamètre et demi, où ils se sont arrêtés, et ont précipitamment déchargé et introduit les ballots
qui étaient sur leurs voitures, dans la première maison de
ce village ; après quoi ils se sont enfuis avec leurs chevaux et
voitures. Arrivés presqu'en même temps à ladite maison,
nous l'avons entourée, et y sommes entrés un instant après,
accompagnés de M...., maire (*ou adjoint*) dudit lieu, dont
l'un de nous était promptement allé requérir l'assistance,
à l'effet d'opérer, dans cette maison, la recherche des objets
que nous y avions vu introduire. Déclaration faite de nos
qualités à un particulier que nous avons trouvé dans ladite
maison, et qui s'en est dit le maître, et s'appeler...., nous
l'avons sommé de nous accompagner dans la perquisition
que nous entendions y faire. A quoi ayant consenti, nous
sommes passés avec lui et M....., maire, dans........
(*mettre les détails de la perquisition, et bien indiquer le
lieu où l'on a trouvé la fraude*), où nous avons trouvé plusieurs ballots jetés sans ordre à l'entrée de..... (*répéter le
nom du lieu, soit chambre, cabinet, grange ou cellier*);
lesdits ballots enveloppés de toile blanche, et que nous avons
reconnus pour être ceux que nous avons vu décharger des
deux voitures, et que nous avons suivis sans interruption,
jusqu'au moment de leur introduction dans sa maison. Sommé
de nous dire ce que renfermaient lesdits ballots, pourquoi

il les avait reçus chez lui, et ce qu'il en voulait faire, a
répondu qu'il ignorait leur contenu; qu'ils venaient d'être
déposés chez lui par deux hommes à lui inconnus, qui l'ont
prié de les garder jusqu'à ce qu'ils les vinssent prendre.
Procédant à la vérification et description desdits ballots,
toujours en présence dudit.... et de M...., maire, nous
avons reconnu qu'ils étaient au nombre de vingt; que le
ballot, n°......, marqué......., pesant......., contenait.....
pièces de......tirant chacune....... mètres, etc. etc.

Lesquelles marchandises sont prohibées à l'entrée par la
loi du..............; ce que nous avons fait observer
audit sieur....... qui n'a pu, malgré nos sommations,
nous produire aucune pièce justificative de leur origine nationale, ni aucune expédition de douane. Attendu la contravention à la loi précitée, et en exécution des art. 39 et 41
de la loi du 28 avril 1816, nous avons déclaré audit.....
la saisie des vingt ballots de......., sur lesquels l'un de
nous a apposé son cachet, en invitant ledit..... à y mettre
le sien, ce qu'il a fait (*ou refusé*); desquels cachets empreinte
est en marge du présent; nous réservant de transporter lesdits vingt ballots au bureau de la douane de....... pour
être remis à la charge et garde de M......., Receveur.

Pour procéder aux fins de notre rapport, nous avons déclaré audit.............. que la citation à comparaître
devant le tribunal *correctionnel*, séant à..............,
lui sera signifiée dans les formes prescrites, aussitôt
que M. le Procureur du Roi aura désigné le jour où la
cause devra être appelée; à quel effet le présent original
sera remis à ce magistrat, qui prendra, en outre, telle mesure
qui lui semblera convenable pour assurer l'exécution de l'article 43 de la loi du 28 avril 1816. Nous avons rédigé le
présent procès-verbal en présence de M............, maire,
qui l'a signé avec nous pour ce qui le concerne, dans la
maison dudit......., auquel nous en avons donné lecture,

avec sommation de le signer, ce qu'il a promis (*ou refusé*), et lui en avons à l'instant remis une copie en son domicile, où il a été clos à...... heures avant (*ou après*) midi, lesdits jour, mois et an que dessus.

(*Suivent les signatures.*)

Nous Préposés, dénommés au rapport ci-dessus, nous étant immédiatement rendus audit bureau de.......... avec les vingt ballots de....... précédemment décrits et saisis, nous les avons remis dans le même état à M...., Receveur, qui a reconnu que les cachets étaient sains et entiers.

Fait à la douane de......., à......... heures, ledit jour........ an......., et avons signé avec le Receveur dépositaire.

SECTION II.

Recherche, dans l'intérieur, des marchandises sous-traites aux Douanes.

Les cotons filés, les tissus et tricots de coton et de laine, et tous autres tissus de fabrique étrangère prohibés, seront recherchés et saisis dans toute l'étendue du royaume.

A l'effet de distinguer les tissus fabriqués en France, toute pièce d'étoffe de la nature de celles prohibées devra porter une marque et un numéro de fabrication, pour servir de premier indice au jury, dont il sera parlé ci-après.

Les détenteurs de tissus, qui ne pourraient pas en justifier l'origine française, sont autorisés à les déclarer avant le 1ᵉʳ. juillet 1816, et à les faire réexporter par acquit-à-caution, avant le 1er. janvier 1817. (Loi du 28 avril 1816, titre VI, art. 59.)

Devront, en conséquence, les Préposés des douanes, en se faisant accompagner d'un officier municipal ou d'un commissaire de police, qui sera tenu de se rendre à leur réquisition, se transporter dans les maisons et endroits situés dans toutes les villes et communes de l'étendue du rayon, qui leur seraient indiqués comme recélant des marchandises de l'espèce de celles déterminées en l'art. 59, et en effectuer la saisie. Ces visites ne pourront avoir lieu que pendant le jour. (Art. 60.)

Le procès-verbal, qui, à moins d'empêchement, sera rédigé au domicile même de la partie, devra faire mention, 1°. de la désignation des marchandises par poids, nombre et nature des pièces, ou par mètres, s'il ne s'agit que de coupons (1); 2°. du prélèvement qui sera fait d'échantillons sur chaque pièce ou coupon; 3°. de la mise sous enveloppe desdits échantillons. Cette enveloppe sera revêtue du cachet de l'officier public, de celui des saisissans et de celui de la partie, à moins qu'elle ne s'y refuse; ce dont le procès-verbal fera également mention. Les mêmes cachets seront apposés en

---

(1) Les saisissans doivent aussi relater dans les procès-verbaux les longueurs et largeurs exactes des tissus, en mètres et fractions de mètre, ainsi que les marques et numéros des pièces. (Circ. n° 257.)

marge du rapport; les marchandises, ensuite emballées et scellées desdits cachets, seront transportées et déposées au plus prochain bureau, autant que les circonstances pourront le permettre, et le paquet contenant les échantillons sera immédiatement transmis au Directeur-général de l'Administration des douanes. (Art. 61.)

Dans le cas de saisie de l'espèce dont il s'agit, les Préposés pourront se servir du dernier modèle tracé à la section précédente ; ils n'auront qu'à y ajouter le prélèvement, la mise sous enveloppe des échantillons, et l'apposition sur cette enveloppe de leur cachet, de celui de l'officier public et de celui de la partie. Ils diront qu'ils procèdent en vertu des art. 59 et 60 de la loi du 28 avril 1816, et mentionneront, dans la conclusion du rapport, qu'il sera adressé, avec lesdits échantillons, à M. le Directeur-général des douanes, et qu'après la décision du jury d'examen les poursuites seront dirigées par M. le Procureur du Roi près le tribunal correctionnel de l'arrondissement de . . . . (*celui du bureau où les marchandises seront déposées*), contre le délinquant, pour, par lui, encourir la confiscation des marchandises saisies, et l'amende de cinq cents francs, conformément à l'article 66 de ladite loi.

(Voir, pour le concours d'exécution, le §. 3, section 1ʳᵉ., page 8.)

Les mêmes obligations et les mêmes formes de procéder seront imposées dans les villes et endroits de l'intérieur où il n'y a point de bureau de douanes, aux juges de paix, maires, officiers municipaux, et commissaires de police.

Les préfets et sous-préfets veilleront à ce qu'elles soient exactement remplies.

Les marchandises saisies dans ces communes seront transportées et déposées aux chefs-lieux de l'arrondissement ; et les échantillons, ainsi que le procès-verbal, seront envoyés au préfet du département, qui les transmettra au Directeur-général des douanes. (Art. 62, même loi.)

Aussitôt que ces procès-verbaux et échantillons lui seront parvenus, le Directeur-général des douanes les adressera au Ministre de l'intérieur, qui fera procéder à l'examen desdits échantillons par un jury assermenté, et composé de cinq négocians pris dans la classe des fabricans et manufacturiers les plus connus. (Art. 63.)

Avant de procéder à cet examen, le jury constatera l'intégrité des cachets, et leur identité avec ceux en marge du rapport ; et l'examen achevé, il apposera le sien sur la nouvelle enveloppe. (Art. 64.)

Si de la vérification, ou, en cas de doute, de l'absence des preuves de nationalité que le jury est autorisé à exiger des parties saisies, il résulte que les marchandises sont d'origine étrangère, le Directeur-général des douanes, d'après le renvoi que lui aura fait le Ministre de l'intérieur, du procès-verbal, des échantillons et de la décision des membres du jury, transmettra le tout, soit au Préfet du département, si la saisie a été faite dans l'intérieur, soit, dans le cas contraire, au Directeur des douanes, pour lesdites pièces et échantillons être remis par eux au Procureur du Roi près le tribunal correctionnel dans le ressort duquel le dépôt des marchandises aura été effectué. (Art. 65.)

Les poursuites seront dirigées par le Procureur du Roi, et les délinquans seront condamnés à la confiscation des marchandises, avec amende de cinq cents francs. (Art. 66.)

Lorsque le jugement qui aura prononcé ces condamnations sera devenu définitif, il sera procédé à la vente des marchandises, à charge de réexportation; et, à cet effet, celles qui auraient été saisies dans l'intérieur, seront envoyées dans le bureau des douanes qui sera indiqué par le Directeur-général. (Art. 67.)

Dans le cas où des marchandises qui auraient été saisies comme étant d'origine étrangère, seraient reconnues par le jury provenir réellement de fabrication française, le propriétaire aura droit à la restitution de tous les frais auxquels la saisie aura donné lieu, et, en outre, à une indemnité, qui sera d'un pour cent par mois de la valeur de ses marchandises, à compter du jour de la saisie jusqu'à celui de la remise. Ladite valeur sera fixée par le jury-vérificateur dans le procès-verbal même de son expertise. (Art. 68.)

On ne devra jamais procéder à l'exécution des mesures précédentes qu'avec infiniment de réserve; car autant il est nécessaire d'atteindre le but que la loi s'est proposé en faisant disparaître le plus possible du territoire français les objets qui y auraient été introduits nonobstant la prohibition, autant il serait vexatoire, et conséquemment contraire à son esprit, de fatiguer par des recherches et visites domiciliaires des citoyens contre lesquels de forts indices n'autoriseraient pas l'emploi de ces mesures. (Circ. nº. 151.)

Ce qui est prescrit dans la présente section s'applique aux directions de douanes maritimes comme à celles des frontières de terre.

Une ordonnance du Roi, en date du 8 mai 1816, régularisait le mode d'exécution de l'art. 59 ainsi qu'il suit :

La déclaration voulue par l'article 59 du titre *Douanes* de la loi du 28 avril, de toutes les marchandises de fabrique étrangère dénommées en cet article, et qui existeraient dans l'étendue du royaume, devra être faite par les détenteurs desdites marchandises au bureau des douanes, s'ils sont domiciliés dans l'étendue du rayon ; ou à la municipalité de leur domicile, s'ils résident dans l'intérieur, et qu'il n'y ait pas de bureau de douanes dans leur commune. (Art. 1er.)

Cette déclaration indiquera les quantité, qualité et valeur des marchandises, et sera transcrite et signée sur un registre à ce destiné. (Art. 2.)

Dans les trois jours qui suivront la déclaration, le maire ou un officier municipal délégué par lui, et, dans les villes où il y a un bureau, un agent des douanes, se transportera au domicile du déclarant, et vérifiera les objets déclarés, qui seront mis ensuite par les propriétaires ou dépositaires en caisses ou ballots, lesquels, après avoir été ficelés et scellés du sceau de la mairie ou des douanes, et de celui desdits propriétaires ou dépositaires, seront immédiatement transportés, ou au chef-lieu de la municipalité, ou au bureau des douanes, pour être, à la diligence desdits propriétaires ou dépositaires, retirés desdits lieux de dépôt, et renvoyés à l'étranger dans le délai voulu par ledit article 59. (Art. 3.)

Une copie de la déclaration, au bas de laquelle sera le certificat constatant le dépôt, sera transmise au Directeur-général des douanes, dans la forme prescrite pour l'envoi des échantillons, par les articles 61 et 62 du titre *Douanes* de la loi du 28 avril. (Art. 4.)

A la sortie du dépôt, les marchandises seront vérifiées de nouveau, et décrites, pour chaque pièce ou coupon, par espèce, qualité, poids, mesure et valeur; après quoi, les colis étant refermés, ficelés et scellés du sceau de la mairie ou des douanes, le propriétaire ou consignataire s'obligera, par une soumission dûment cautionnée, à les réexporter du royaume, et on lui délivrera à cet effet un acquit-à-caution, suivant les modèles de soumission et d'acquit-à-caution annexés à la *Circulaire* n°. 158. (Art. 5.)

Lesdites marchandises ne pourront être réexportées que par un des bureaux ci-après désignés, lequel sera indiqué dans la soumission et l'acquit-à-caution, au choix des propriétaires ; savoir :

Par mer, Dunkerque, Calais, Saint-Valery-sur-Somme, Dieppe, le Havre, Rouen, Caen, Cherbourg, Saint-Malo, Morlaix, Brest, Lorient, Nantes, La Rochelle, Bordeaux, Bayonne, Cette, Marseille et Toulon.

Par terre, Halluin, Baisieux, Valenciennes, Givet, Givonne, Thionville, Sierck, Forback, Strasbourg, Saint-Louis, Verrières - de - Joux, Gougue, Châtillon-de-Michaille, Seyssel, Pont-de-Beauvoisin ; Chapareillan, Saint-Laurent-du-Var, Ainhoa et Béhobie. (Art. 6.)

Immédiatement après la délivrance de l'acquit-à-caution, il en sera adressé un duplicata au Directeur-général des douanes, qui n'autorisera la radiation de la soumission qu'après s'être assuré de la vérité du certificat de décharge. (Art. 7.)

La sortie des marchandises sera constatée dans les formes prescrites par la loi du 17 décembre 1814, relativement au transit : en conséquence, les Préposés du bureau de sortie n'accorderont les certificats de décharge qu'après une vérification exacte de l'état des plombs et cachets, de l'espèce, de la qualité, du nombre, du poids et de la valeur des marchandises, lesquelles seront ensuite embarquées, en présence des Préposés, dans les ports de mer, ou conduites sous escorte à l'étranger, si elles sortent par terre ; sauf, dans le premier cas, l'exécution des formalités nécessaires pour assurer la destination, suivant l'art. 78 de la loi du 8 floréal an 9.

Les actes de décharge ne seront valables qu'autant que les opérations successives de la visite, de l'embarquement, ou de la sortie sous escorte, auront été certifiées sur les acquits-à-caution par les Vérificateurs et autres Préposés, et que ces actes de décharge seront, en outre, signés du Receveur et d'un autre Employé du bureau. (Art. 8.)

Après l'expiration du délai fixé par ledit article 59 du titre *Douanes* de la loi du 28 avril, pour effectuer la réexportation, les marchandises qui se trouveront encore dans les dépôts ci-dessus, seront considérées comme abandonnées, et seront vendues à charge de réexportation immédiate ; leur produit, déduction faite des frais de vente, transport, etc., sera remis aux propriétaires desdites marchandises. (Art. 9.)

La vente de celles de ces marchandises dont le dépôt aurait eu lieu dans l'intérieur, s'effectuera dans le bureau des douanes qui sera désigné par le Directeur-général de l'Administration des douanes. A cet effet, les maires des municipalités où il existerait de semblables dépôts à l'époque du 1er. janvier 1817, seront tenus d'en faire immédiatement parvenir l'état au préfet de leur département, qui devra lui-même le transmettre au Directeur-général. (Art. 10.)

Les dispositions des art. 5, 6, 7 et 8 *ci-dessus*, seront applicables à toutes les marchandises prohibées qui devront être réexportées par suite de saisie, abandon, vente, ou remise faite, sous condition de réexportation, au propriétaire. (Art. 12.)

A partir du 1er. septembre 1816, nul ne sera plus admis à prétendre qu'il s'est abstenu de déclarer des tissus fabriqués dans un lieu présentement étranger, sur le motif qu'il les regardait comme ayant primitivement une origine française, l'obligation de déclarer ces tissus comme tous autres, sous peine de saisie et confiscation, étant devenue patente et notoire pour tous. Néanmoins, les individus qui prétendraient que les marchandises dont ils sont assujétis à faire la déclaration, proviennent de pays ayant fait partie de la France, et qu'ils en étaient déjà détenteurs avant la séparation desdits pays, sont autorisés à l'affirmer dans leurs déclarations, en se soumettant à en justifier par leurs registres et factures. Cette justification sera faite devant le jury institué en vertu de la loi du 28 avril, et si elle est reconnue suffisante, les marchandises à l'égard desquelles elle aura été admise, seront remises à la disposition des propriétaires, et dispensées de la réexportation. (Ordonnance du 19 juillet 1816, art. 4.)

Les délais accordés pour la déclaration et la réexportation des tissus prohibés étant expirés, les formalités prescrites par l'ordonnance du 8 mai ont cessé d'être en vigueur, et je ne les ai conservées ici que comme simples renseignemens. Le titre 6 de la loi du 28 avril reçoit maintenant son entière exécution.

Une ordonnance royale du 17 juillet 1816, rapportée dans la circulaire n°. 185, a prescrit le mode de répartition du produit des saisies faites dans l'intérieur, en exécution de ce même titre 6, et la circulaire n°. 252 a pourvu aux moyens d'acquitter les frais qu'elles occasionnent.

CHAPITRE IV.

Déclarations pour le paiement des droits (1).

§. Ier. *Déclarations à l'entrée par mer.*

Aucune marchandise ne peut être importée par mer, soit d'un port étranger, soit d'un port fran-

---

(1) Les lettres de voiture, connaissemens, chartes-parties et polices d'assurance des marchandises et autres objets transportés par terre ou par eau, devaient, aux termes de l'art. 5 de la loi du 13 brumaire an 7, et d'après le décret du 16 messidor an 13, être sur papier timbré *d'un franc*; mais un décret du 3 janvier 1809 a établi les deux modifications suivantes : 1°. faculté aux parties de se servir de papier de telle dimension qu'elles jugeraient convenable, sans être tenues d'employer exclusivement du papier frappé du timbre d'un franc ; 2°. dispense de lettres de voitures timbrées pour les propriétaires qui font transporter leurs récoltes.

Le Ministre des finances a décidé, le 9 octobre 1810 , « que le simple refus d'un voiturier de représenter une » lettre de voiture, sous prétexte qu'il ne lui en a pas été re-

çais, sans un manifeste signé du capitaine, exprimant la nature de la cargaison, avec les marques et numéros, *en toutes lettres*, des caisses, balles, boucauds, etc. (Loi du 4 germinal an 2, tit. II, art. 1er.)

Ce manifeste doit être signé et déposé par le capitaine, dans les 24 heures de l'arrivée, et avant le départ, distinctement et outre les déclarations à faire par les consignataires et parties intéressées à

» mis, ne suffit pas pour autoriser des poursuites, et qu'il » est nécessaire de produire la preuve matérielle de la contravention par la représentation de la lettre de voiture » écrite sur papier libre, »

Lorsque des lettres de voiture sujettes au timbre seront représentées écrites sur papier libre, il sera dressé par les Employés des douanes procès-verbal à la requête de l'Administration des domaines et de l'enregistrement. La moitié des amendes qui auront été payées par les prévenus, sera accordée aux Préposés, en vertu de l'article 5 du décret du 16 messidor an 13; et la répartition des sommes comptées, à ce titre, par les Receveurs des domaines et de l'enregistrement, aura lieu entre les verbalisans, sauf la seule déduction de la part attribuée à la caisse des retraites. (Circulaire du 27 mai 1815, n°. 35.)

L'État ayant plus que jamais besoin de toutes ses ressources, les Employés des douanes ne sauraient apporter trop de soin à veiller à ce que le trésor royal ne soit point frustré des droits de timbre auxquels sont assujéties les lettres de voiture et autres pièces ci-dessus désignées. Ils devront donc toujours se les faire représenter, et, en cas de contravention, en rédiger aussitôt procès-verbal, auquel ils joindront la lettre de voiture ou autre pièce qui y aura donné lieu.

la cargaison , pour acquitter les droits. (Loi du 27 vendémiaire an 2 , art. 38.)

Si ce manifeste n'est pas exhibé, si quelques marchandises n'y sont pas comprises, ou s'il y a différence entre les marchandises et le manifeste , le capitaine est personnellement condamné à une somme égale à la valeur des marchandises omises ou différentes , et à une amende de mille francs. (Loi du 4 germinal an 2 , titre II , art. 2.)

Outre l'exhibition et le dépôt du manifeste, l'armateur ou le consignataire est tenu, trois jours après l'arrivée du bâtiment, de donner par écrit, et de signer l'état des marchandises qui lui appartiennent ou lui sont consignées , en spécifiant les marques , nombre et contenu des balles , caisses, etc., les quantités et qualités , avec évaluation des objets sur lesquels le droit est perceptible à la valeur. (Même loi, même titre , art. 4.)

Cependant, s'il ne s'agit pas de plus de dix caisses ou ballots, dont le conducteur ignorerait le contenu, l'ouverture peut en être requise en présence des Préposés , et, dans ce cas, les droits sont acquittés sur les objets reconnus. (Loi du 22 août 1791 , titre II , art. 10.)

S'il était trouvé dans les ballots ainsi ouverts sur la réquisition des conducteurs , des marchandises prohibées, elles ne devraient point être saisies , mais seulement être réexportées immédiatement, comme les marchandises qui auraient été déclarées sous leur propre dénomination, et ce, par une conséquence naturelle de l'art. 5, titre V, de la loi du 22 août. (Circulaire du 17 avril 1815, n°. 11.)

Quand le conducteur connaît la qualité des marchandises, et qu'il n'en ignore que le poids, il peut la faire peser avant de donner sa déclaration. (Décision du 11 mai 1792.)

La déclaration des bâtimens doit être faite, quand même ils seraient sur leur lest. (Loi du 22 août, titre II, art. 5.)

Les rapports des Vérificateurs doivent être comparés avec les déclarations, et il sera fait mention sur le registre à ce destiné de la différence ou de la conformité. (Loi du 4 germinal, titre II, art. 5.)

§. II. *Déclarations à l'entrée par terre, et formalités pour le transport des marchandises du premier au second bureau, pour la vérification en détail et le paiement des droits.*

Les conducteurs de marchandises importées par terre sont tenus, à peine de 100 fr. d'amende et de confiscation, de faire, à leur arrivée dans les lieux où les bureaux sont établis, déclaration sur le registre du bureau, ou d'en présenter une signée des marchands et propriétaires ou de leurs facteurs ; laquelle déclaration demeurera au bureau, et sera transcrite sur les registres par les Préposés de la Régie, et signée par les voituriers ou conducteurs : dans le cas où ils ne sauraient signer, il en sera fait

mention sur le registre. (Loi du 22 août, titre II,
art. 8.)

Ces déclarations doivent contenir la qualité, le
poids, la mesure ou le nombre des marchandises
qui payent au poids, à la mesure ou au nombre,
et la valeur de celles qui doivent les droits à la
valeur. Elles énonceront le lieu du chargement et
celui de la destination (article 9, même titre, même
loi), ainsi que le nom, l'état ou profession et domicile de la personne à qui les marchandises seront
adressées. (Art. 25, titre 4, loi du 28 avril 1816.)

Aucune marchandise ne pourra être retirée du
premier bureau d'entrée, qu'après qu'elle aura été
déclarée en détail; que la vérification aura été faite
sous la responsabilité personnelle des Employés,
chargés d'y procéder, et des chefs du bureau; que
les détails et les résultats de la visite auront été
constatés en des registres spéciaux; que les droits
auront été portés en recette, et que le conducteur
sera muni de l'expédition nécessaire pour circuler.
(Même titre, même loi, art. 26.)

Seront seules exceptées de la déclaration en détail et d'une visite complète au premier bureau, les
marchandises qui, d'après les ordres particuliers
de l'Administration des douanes et les modifications
qu'elle apportera à la marche du service pour la
facilité du commerce, devront être transférées à un
deuxième bureau, pour y être soumises à ces formalités. (Art. 27, même loi.)

Dans le cas prévu à l'article précédent, les négocians, voituriers et autres qui présenteront les marchandises au premier bureau, seront tenus d'y faire au moins une déclaration du nombre de balles, caisses ou futailles destinées à être introduites, et de produire des lettres de voiture en bonne forme, délivrées dans le lieu du chargement ou de dernière expédition sur le pays étranger, lesquelles indiqueront l'espéce de marchandise, et les marques, numéro et poids séparés de chaque colis.

Les objets ainsi déclarés ne seront assujétis au premier bureau qu'à une vérification sommaire du nombre et du poids des colis, si les Préposés l'exigent ; ils pourront être ensuite expédiés sous plombs et sous acquit-à-caution, pour le bureau auquel sera attribuée la vérification en détail. (Art. 28, même loi.)

Le but de l'art. 28 est d'obtenir, avant la mutation de bureau, les élémens de la déclaration en détail, sans assujétir les voituriers ou marchands à la présenter toute rédigée. (Circulaire n°. 149.) Les lettres de voiture informes, ou qui ne contiendraient pas les renseignemens exigés, seraient inadmissibles ; et les marchandises ne pourraient suivre leur route, sans qu'on y eût suppléé par une déclaration en détail complète, qui ne serait susceptible d'aucune rectification au deuxième bureau. Il en serait de même des marchandises dépourvues de lettres de voiture. (Même circulaire.)

La déclaration à faire au premier bureau d'entrée, conformément à l'art. 28, sera reçue immédiatement sur le registre des soumissions d'acquits-à-caution, en y distinguant ce qui constituera la déclaration verbale ou écrite du voiturier ou du marchand, et les détails résultant des lettres de voiture qu'il aura déposées. Il est important que la déclaration constate le nombre des lettres de voiture, et qu'elles soient numérotées et visées au premier bureau. (Même circulaire.)

Les Préposés du premier bureau seront inté-ressés aux produits des contraventions qui seront constatées au second bureau, quand ils auront contribué à y faire découvrir la fraude ; mais leur zèle doit se renfermer dans ses plus justes limites , pour qu'il n'entrave pas les opérations de com-merce régulières. (Même circulaire.)

Les différences constatées au premier bureau sur le nombre, l'espèce ou le poids des colis dé-clarés, seront mentionnées dans l'acquit-à-caution, auquel on réunira les lettres de voiture par une ligature cachetée. On n'exigera que le plombage par capacité des voitures dont le chargement sera enveloppé d'une toile qui puisse le renfermer en totalité, par l'apposition de deux plombs. Il suffira également de plomber par capacité les bateaux où les marchandises pourront être renfermées sous planches, ou par d'autres moyens qui per-mettent l'emploi de ce plombage.

Les marchandises devront, en outre, être es-cortées dans le trajet du premier au deuxième bureau par deux Préposés. (Art. 29, loi du 28 avril 1816.)

La déclaration sommaire, ainsi faite au premier bureau d'entrée, ne pourra être rectifiée par la déclaration en détail et définitive à fournir au deuxième bureau, que pour la distinction des marchandises imposées à différens droits suivant leur qualité, mais dont l'*espèce* aura été indiquée sans fraude dans les lettres de voiture; et pour l'indication des poids des colis, dans le cas seulement où l'on n'aurait pas constaté au premier bureau un excédant de poids au-dessus du dixième pour les marchandises ordinaires , et du vingtième pour les métaux.

Le poids indiqué dans les lettres de voiture sera réputé être celui en usage dans le lieu où elles auront été délivrées, à moins qu'elles ne portent expressément que le poids est en kilogrammes.

Seront réputées introduites en fraude toutes marchandises prohibées à l'entrée du royaume , qui n'auront pas été désignées et distinguées dans la déclaration sommaire au premier bureau d'entrée, et toutes celles qui se trouveraient dans les colis non déclarés à ce bureau. (Art. 30, même loi.)

Par le mot *espèce*, on n'entendra pas strictement le nom propre de la marchandise, suivant le tarif, mais une dénomination suffisamment caractéristique, pour ne pas être commune à un grand nombre d'objets imposés à des droits différens, et qui, dans tous les cas, ne pourra autoriser le

négociant à donner à ses marchandises une quali-
fication contraire dans la déclaration définitive
qu'il fera au deuxième bureau. La déclaration définitive à faire à ce bureau réduira nécessairement
les poids étrangers en poids de France ; mais elle
ne pourra pas changer les qualités effectives qui
auront été constatées par la vérification au premier
bureau, lorsqu'elles auront offert un excédant
sujet au double droit, d'après l'art. 18, titre 2 de
la loi du 22 août 1791. Les Préposés du deuxième
bureau suivront alors purement et simplement
l'application de la loi. (Circulaire n°. 149.)

Les dispositions ci-dessus modifieront, en ce qui
y serait contraire, celles des art. 40 et 41 de la
loi du 8 floréal an 11, dans leur application particulière aux importations faites par Strasbourg.
L'art. 42 de la même loi sera appliqué à toutes les
marchandises qui seront transférées, pour la visite
en détail et le paiement des droits, d'un premier
bureau d'entrée à un autre bureau. (Art. 31,
loi du 28 avril.)

Pour empêcher les abus auxquels les facilités
accordées par les articles précédens, peuvent donner lieu, s'il y a déficit de colis, ou s'il est constaté
qu'une marchandise a été substituée à celle qui
aura été déclarée, le voiturier ou le batelier sera
condamné à deux mille francs d'amende pour
chaque colis manquant, ou dans lequel on aura
mis une marchandise autre que celle déclarée ;
pour sûreté de laquelle amende, les voitures,

chevaux et bateaux seront saisis. S'il s'agit de colis qu'on aura vu décharger dans le transport de la douane à l'entrepôt, ou lors de la réexportation, dans le trajet de l'entrepôt à l'étranger, le colis sera saisi, et le voiturier ou batelier condamné à l'amende de cinq cents francs. Si c'est un colis qu'on a voulu échanger, le colis qui aura été vu déchargé, et celui qui lui aura été substitué, seront saisis, avec pareille amende de cinq cents francs. (Art. 42 de la loi du 8 floréal an 11.)

Les marchandises expédiées du premier au second bureau pour la vérification en détail et le paiement des droits, devant être accompagnées d'un acquit-à-caution, mises sous plombs, et convoyées dans le trajet par deux Préposés, c'est au second bureau seulement que la vérification doit être effectuée, et les Préposés du service actif, qui se trouvent sur la route à parcourir, ne peuvent, sous aucun prétexte, exiger la visite de ces mêmes marchandises. Autrement ce serait violer les réglemens, rendre illusoires les précautions prescrites par la loi, et mettre d'injustes entraves dans les opérations du commerce : ce qui est en opposition directe avec les intentions de l'Administration, et contraire à l'esprit qui la dirige.

Si, au second bureau, on découvrait la fraude prévue par le dernier paragraphe de l'art. 50 *ci-dessus*, on ne pourrait procéder contre elle en vertu du titre V de la même loi du 28 avril ; car il est évident que ce serait une simple *saisie de bureau*, qui, conformément au principe posé dans l'art. 15 de la loi du 27 mars 1817, n'entraîne que les condamnations établies par l'article 1er., titre V de la loi du 22 août 1791, c'est-à-dire la confiscation des marchandises et des moyens de transport, et l'amende de 500 fr. à prononcer par le juge de paix. Ceci n'est point une conjecture, mais une conséquence nécessaire des principes sur lesquels repose aujourd'hui le contentieux des douanes, et dont les Employés jaloux d'opérer avec régularité ne doivent point s'écarter. *Voir le chap. V, section 2, §. 3, pour le mode de poursuite.*

§ III. *Déclarations à la sortie par mer et par terre.*

Tous ceux qui veulent faire sortir par mer ou par terre des marchandises ou denrées, sont tenus d'en donner la déclaration dans les formes prescrites pour les déclarations à l'entrée. (Loi du 22 août, art. 6 et 8, titre II.)

§. IV. *Principes communs à toutes les déclarations.*

Elles doivent être faites d'après le nouveau système des poids et mesures. (Loi du 1er. vendémiaire an 4.)

Une fois faites, on ne peut plus y augmenter ni diminuer, sous quelque prétexte que ce soit; leur vérité ou leur fausseté est jugée sur ce qui a été premièrement déclaré. (Loi du 22 août, titre II, article 12.)

Néanmoins, si, dans le jour de la déclaration, et avant la visite, les déclarans y reconnaissent quelqu'erreur quant au poids, au nombre, à la mesure ou à la valeur, ils peuvent la rectifier, en présentant toutefois les balles, caisses, etc., en mêmes nombre, marques et numéros que ceux énoncés en la déclaration, ainsi que les mêmes espèces de marchandises; après ce délai, ils n'y sont plus reçus. (Même art. 12.)

Les déclarations faites, les marchandises seront visitées, pesées, mesurées ou nombrées, si les Employés l'exigent, et les droits seront ensuite perçus. (Art. 14.) (1)

---

(1) *Circulaire de M. le Conseiller d'État Directeur général des douanes, sous la date du 11 mars 1817, n°. 255.*

L'article 1er. du Code civil déclare les lois exécutoires du moment où la promulgation en pourra être connue, et veut qu'elle soit réputée connue dans le département de la résidence royale, un jour après celui de la promulgation, et dans chacun des autres départemens, un jour après l'expiration du même délai, augmenté d'autant de jours qu'il y aura de fois dix myriamètres entre la ville où la promulgation en aura été faite, et le chef lieu de chaque département.

Ces dispositions ont donné lieu à des interprétations diverses, dont les circulaires antérieures vous ont fait part ; mais aujourd'hui que la législation est fixée, il est indispensable de revenir sur chacune des difficultés qui ont été résolues, afin qu'on trouve ici une règle certaine pour tous les cas.

La première question était celle de savoir ce qui constitue la promulgation, ou du fait de la sanction par le prince, ou de l'insertion au Bulletin. Elle a été décidée par une ordonnance du Roi, en date du 27 novembre dernier, portant qu'à l'avenir la promulgation des lois et ordonnances résultera de leur insertion au Bulletin officiel, et sera réputée connue un jour après que le Bulletin aura été reçu de l'imprimerie royale, par le Ministre de la justice, chargé de constater sur un registre l'époque de la réception.

Cette solution met fin à une seconde difficulté, qui était celle de savoir quelle différence on devrait faire, pour la

La déclaration du poids et de la mesure des marchandises sujettes à coulage ne doit point être exigée ; on énoncera seulement dans la déclaration le nombre des futailles, leurs marques et numéros ;

---

promulgation , entre une loi et une ordonnance. Il est maintenant mis hors de doute qu'il n'y en a aucune , et que les ordonnances se publient comme les lois , et sont exécutoires après les mêmes délais.

Une nouvelle ordonnance du 18 janvier de cette année confirme cette similitude , en statuant que , dans les cas où le Roi jugera convenable de hâter l'exécution des lois et ordonnances , en les faisant parvenir extraordinairement sur les lieux , les préfets prendront incontinent un arrêté , par lequel ils ordonneront que lesdites lois et ordonnances soient imprimées et affichées , pour être exécutées à compter du jour de cette publication.

Deux autres questions relatives à l'article 1er. du Code civil , restaient encore en litige : l'une , concernant le délai précis qui doit s'écouler entre la promulgation légale , telle qu'elle est définie par l'ordonnance du 27 novembre 1816, et la mise en vigueur de la loi; l'autre , concernant la manière de compter les distances , en raison desquelles le délai se prolonge pour les départemens respectifs.

Elles ont été posées ainsi qu'il suit :

1°. Doit-on accorder un jour franc entre la promulgation et l'exécution de la loi; et , par exemple , la loi du 28 avril 1816, contenue au Bulletin qui a paru le 4 mai, a-t-elle dû être exécutée le 5, ou seulement le 6 du même mois , dans le département de la Seine, qui est celui de la résidence royale ?

2°. Lorsqu'un chef-lieu de département se trouve à quinze myriamètres de Paris, le calcul du délai résultant de la distance doit-il être le même que pour vingt myriamètres, ou seulement pour dix, en laissant la fraction de côté ?

on les représentera en même quantité que celles portées aux déclarations et expéditions relatives au chargement. (Loi du 22 août, même titre, art. 19.)

La distinction établie par les lois des 22 août 1791 et 1er. août 1792, entre les *drogueries* et *épiceries* qui ne doivent payer qu'à raison du poids net les droits de douane au-dessus de 20 fr. par 5o kilogrammes, et entre les marchandises qui doivent les payer au *brut*, quel qu'en soit le taux, est supprimée.

Le comité de législation du Conseil d'Etat a été chargé d'examiner ces questions, et son avis, que M. le Garde-des-Sceaux a adopté, et dont S. Exc. le Ministre des finances a recommandé l'éxécution, porte :

1°. Que les lois ne sont exécutoires *qu'un jour entier après* celui de la publication du Bulletin qui les renferme : par conséquent, le 3, si le Bulletin porte la date du 1er. ; le 6, s'il porte celle du 4 ; qu'ainsi la loi du 28 avril 1816 n'était réellement exécutoire à Paris que le 6 mai, et non le 5, comme l'ont indiqué les ordonnances des 29 mai et 11 juin 1816 : d'où l'on ne doit pas conclure toutefois qu'il y ait à revenir sur l'exécution plus ou moins anticipée de la loi du 28 avril, attendu qu'il ne s'agit que de poser un exemple qui trace d'autant mieux la règle pour l'avenir.

2°. Que le délai accordé pour l'exécution des lois, en raison des distances, doit être, dans les départemens, d'un jour de plus qu'à Paris pour chaque dix myriamètres, et que les nombres intermédiaires ou fractions entre dix, vingt, trente, quarante, etc., doivent obtenir un jour de plus ; en sorte que douze, quinze, soient comptés pour vingt, et ainsi de suite.

Ces décisions, qui doivent servir de guide, préviendront toute difficulté à l'avenir.

Tout produit taxé, soit à l'entrée, soit à la sortie, à plus de 40 francs par 100 kil., ne payera qu'au poids net.

Le poids net effectif s'établira par la vérification des agens des douanes, lorsqu'il aura été énoncé en la déclaration primitive.

Lorsqu'il n'aura pas été énoncé, ou l'aura été tardivement, la tare se réglera, pour les marchandises déjà taxées au net, sur le tarif actuel ; et pour celles qui seront admises au même régime, sur l'article 3, titre Ier. de la loi du 22 août 1791.

La tare fixée par la loi du 10 juillet 1791 pour l'indigo des colonies françaises, sera commune à toutes les perceptions sur la même matière. (Loi du 27 mars 1817, art. 7.)

Pour que les marchandises *importées par terre* ou par *navires étrangers*, soient admises à payer au poids net, il faut qu'elles soient imposées à plus de 40 francs *en principal,* non compris *le droit supplémentaire* ; autrement ce serait méconnaître le vœu de l'article 7 de la loi du 28 avril 1816, qui n'a établi la surtaxe relative au mode d'importation, que pour offrir un puissant encouragement à la navigation française ; vœu qui reçoit un nouveau degré de force par l'article 2 de la loi du 27 mars, dont les dispositions appliquent cet article 7 à tous droits d'entrée sur les marchandises venant de l'étranger.

La faculté d'acquitter les droits au poids net est accordée non-seulement à tout produit taxé à plus de 40 fr. par 100 kil., mais encore à toutes les marchandises qui en jouissaient déjà d'après les lois précédentes.

On trouve le tableau *des tares légales admises pour*

la perception des droits d'entrée, à la page *ix* du Tarif officiel publié au mois de *septembre* 1816.

La tare à déduire pour l'indigo est de 21 pour cent, d'après l'article 2 de la loi du 10 juillet 1791.

§. V. *Fausses déclarations.*

Elles peuvent l'être, 1°. dans le nombre des balles; 2°. le nombre, le poids ou la mesure des marchandises; 3°. leur espèce ou qualité; 4°. enfin, dans leur valeur.

Dans le premier cas, il y a déficit ou excédant. L'excédant, quant au nombre des balles, est saisi et confisqué, avec amende de 100 fr. (Loi du 22 août, titre II, article 20); s'il y a déficit, les bateliers ou maîtres de bâtimens, voituriers, et ceux qui ont fait la déclaration, sont condamnés solidairement en 300 francs d'amende pour chaque balle ou futaille manquant, pour sûreté de laquelle amende les moyens de transport sont retenus, sauf le recours contre les déclarans. (Art. 22.)

2°. S'il y a excédant sur le poids, le nombre ou la mesure des marchandises déclarées, cet excédant est soumis au double droit, lorsqu'il passe le vingtième pour les métaux, et le dixième pour les autres marchandises. (Article 28.)

3°. Si la déclaration se trouve fausse dans la qualité ou l'espèce des marchandises, et si le droit auquel on se soustrait par cette fausse déclaration, s'élève à 12 fr., les objets faussement déclarés sont confisqués, avec amende de 100 fr.

Dans le cas où le droit serait au-dessous de 12 fr., il n'y a pas lieu à la confiscation, mais seulement à l'amende de 100 fr., pour sûreté de laquelle la marchandise peut être retenue. (Même titre, article 21.)

Ces peines n'ont pas lieu dans le cas de vol ou de substitution juridiquement prouvée. (Même article.)

4°. Lorsqu'une déclaration est présumée fausse dans la valeur, les Employés ont la faculté (*droit de préemption*) de retenir la marchandise, en payant la valeur déclarée, et le dixième en sus, dans les 15 jours qui suivront la notification du rapport de retenue. (Loi du 4 floréal an 4, art. 1er.) Cette retenue n'est soumise à aucune formalité, que celle de l'offre souscrite par le Receveur du bureau , et signifiée au propriétaire ou à son fondé de pouvoirs. (Article 2.) Les actes de préemption sont sujets au droit fixe d'un franc vingt centimes. (Décision ministérielle du 4 septembre 1810.)

Conformément à la Circ. n°. 150, j'avais dit, dans la deuxième édition du Manuel, que si, *à l'entrée par terre* , la marchandise faussement déclarée était prohibée ou imposée à 20 fr. le quintal et au-dessus, il fallait requérir l'application des peines prononcées par l'art 41 de la loi du 28 avril 1816. Ce mode de procéder a été rapporté par la Circ. n°. 177 ; et l'art. 15 de la loi du 27 mars 1817 a levé toute espèce d'incertitude à ce sujet. Il résulte de ses dispositions que les saisies faites *dans les bureaux* des côtes ou frontières *par suite de déclaration*, n'entraînent que les condamnations établies par les lois des 22 août 1791 et 4 germinal an 2.

Ainsi, toutes les fois que les Employés reconnaîtront, soit dans un bureau de terre, soit dans une douane maritime, que les objets faussement déclarés sont prohibés, ils les saisiront, en requérant dans leur rapport la confiscation de la marchandise saisie, celle des moyens de transport, et l'amende de 500 fr., en vertu de l'art. 1er., titre V, de la loi du 22 août. Ils auront soin d'offrir la main-levée des moyens de transport, sous caution solvable, ou en consignant la valeur, si toutefois la consommation de la marchandise n'est pas défendue.

Motifs qui ont déterminé cette nouvelle disposition.

On avait dit d'abord : quels que soient les moyens qu'emploient les fraudeurs pour introduire les objets prohibés, soit qu'ils échappent à la vigilance des Préposés du service actif, en franchissant audacieusement la frontière, soit qu'ils trompent le zèle des Employés des bureaux, au moyen de fausses déclarations, et en cachant leurs coupables intentions sous le masque de la bonne foi; le résultat est toujours le même, et la consommation, dans l'intérieur, de la marchandise prohibée, n'en est pas moins funeste à l'industrie nationale. En conséquence, il est juste d'appliquer à ces sortes de saisies les peines édictées par l'art. 41 de la loi du 28 avril, lorsqu'elles sont constatées dans les bureaux de terre.

Mais on a bientôt reconnu que ce raisonnement était plus spécieux que fondé en droit. En effet, la contrebande, comme tous les crimes et délits, a plusieurs caractères, plusieurs degrés de gravité, et les peines qui lui sont infligées sont graduées dans une égale proportion. C'est moins le résultat de la fraude, que le mode employé pour la commettre, qui aggrave ou atténue l'infraction. Ainsi une bande armée, qui rompt les lignes de vive force, est punie plus sévèrement qu'une troupe de colporteurs qui n'ont d'autres armes que la ruse et l'agilité; et si celle-ci est composée de plus de six individus, le châtiment est plus rigoureux que si elle n'en comprenait que six ou un moindre nombre. De là, trois degrés bien distincts dans le crime et dans sa punition, et de là, nécessité d'en établir un quatrième pour le cas où les fraudeurs apportent l'objet de contrebande dans le lieu où l'Administration est armée de tous les moyens de répression, et viennent le livrer d'eux-mêmes, pour ainsi dire, aux mains des Employés, en le dérobant seulement à leurs yeux sous l'enveloppe de quelques marchandises admises. Il est évident que ce genre de fraude n'a pas le caractère du délit, ni le degré de gravité du dernier des trois autres cas; c'est une espèce de ruse d'escroc, de tour de filou; il doit être réprimé, mais on ne peut le punir aussi fortement que le délit de *contrebande proprement dite*, dont les auteurs se jouent des mesures que prend le gouvernement pour assurer l'exécution des lois prohibitives, et qui choisissent les lieux les plus difficiles à surveiller, afin d'effectuer plus sûrement leurs honteuses et funestes entreprises. Donc, pour observer le système de graduation des peines, il suffit d'infliger à ceux qui se rendent coupables de la contravention dont il s'agit, les peines prescrites par l'art. 1er., titre V, de la loi du 22 août.

§. VI. *Abandon de marchandises en Douane.*

Lorsqu'il a été fait par écrit, par celui à qui les marchandises sont adressées, on est dispensé d'en payer les droits; la marchandise est vendue, et il est disposé du produit de la manière indiquée pour les marchandises restées en douane faute de réclamateurs.

A défaut de déclaration détaillée, les marchandises doivent être retenues ou déposées dans le magasin de la douane pendant deux mois, et les propriétaires tenus de payer un pour cent du droit de magasinage, en sus des droits. S'il n'y a pas de réclamation et déclaration en détail après ce délai, les marchandises seront vendues au profit de l'Etat. (Loi du 4 germinal an 2, titre II, art. 9.)

Les colis ainsi abandonnés doivent être inscrits, dans la huitaine du jour de leur dépôt dans les bureaux, sur un registre à ce destiné, avec mention des marques, numéros et adresses qu'ils portent. Chaque article du registre sera signé par le Receveur. (Même loi, titre IX, art. 1er.)

L'ouverture de ces colis doit être faite en présence du juge de paix et du procureur du Roi, assistés du greffier de la justice de paix.

L'inventaire des effets y contenus sera dressé.(Loi du 22 août, titre IX, art. 3.)

S'il s'y trouve des papiers, il en sera fait un état sommaire. Ils seront paraphés par le juge, déposés au greffe du tribunal, et remis sans frais à ceux qui justifieront de leur propriété. Le Receveur des douanes informera du dépôt les propriétaires présumés de ces papiers, sans être tenu d'aucune formalité à cet égard. (Même article 3.)

L'inventaire sera affiché à la porte du bureau, dans la place publique et autres lieux accoutumés. (Article 4.)

La vente et le jour auquel elle devra être faite seront annoncés par de nouvelles affiches apposées comme il vient d'être dit. (Art. 4.)

Au jour fixé, la vente se fera au plus offrant et dernier enchérisseur, en présence du Receveur ou de celui qui le remplace, à la charge du paiement des droits, s'il en est dû, ou du renvoi à l'étranger, si la consommation de la marchandise est prohibée. (Art. 5.) *Voir le modèle du procès-verbal de vente, au chap. 5, section 3, §. 7.*

Le produit net de la vente sera versé au Trésor public. (Même article 5.)

La présence du juge, du procureur du Roi, et l'ordonnance qui permettra la vente, seront sans frais ; il sera seulement alloué au greffier, pour l'inventaire et l'expédition qui devra en être fournie à l'Administration, une taxe faite par le juge, sur le produit de la vente, et qui ne pourra excéder dix centimes par franc dudit produit. (Art. 6.)

Rédaction des rapports.

(Voir, pour le préambule et la conclusion, le modèle, pages 42 et 43.)

On remplira toutes les formalités prescrites au paragraphe *Saisies en campagne*, section 1re., chapitre 1er. ; on ajoutera dans le corps du rapport la copie littérale de la déclaration souscrite sur le registre, afin d'établir par comparaison la différence qui existe entre elle et le résultat de la vérification.

J'ai fait remarquer plus haut que les déclarations peuvent être fausses de quatre manières, et j'ai indiqué les peines applicables à chaque circonstance : les Employés s'y reporteront, afin de requérir dans le rapport l'application exacte des peines prononcées contre la contravention qu'ils auront constatée.

Modèle.

L'an, etc.

Certifions que sur les..... heures de ce jour , procédant à
la douane (sur le quai *ou* à bord) à la vérification des marchandises provenant de la cargaison du navire....., capitaine...,
entré en ce port le......, venant de......, en présence
du sieur...., négociant, demeurant à......, consignataire
desdites marchandises , et pour lesquelles il a fait le...,
une déclaration enregistrée en ce bureau le même jour , sous
le n°....., portant.........(*Transcrire les articles de
la déclaration qui ont rapport aux objets en contravention.*)

Nous avons reconnu et fait reconnaître audit consignataire,
après lui avoir déclaré nos qualités , que huit boucauds marqués (*indiquer les marques et numéros*) étaient portés dans
sa déclaration sous les mêmes marques et numéros , et annoncées contenir ensemble....... kilogrammes de......,
et que , par le résultat de notre vérification , deux desdits boucauds marqués....., etc., contenaient effectivement......
kilogrammes de....., que nous avons laissés à sa disposition;
mais que les six autres , marqués........., etc., au lieu
de......., étaient remplis de......, et pesaient ensemble..... kilogrammes. Ayant fait remarquer audit sieur....,
consignataire , toujours présent, la différence qui existe
entre la marchandise trouvée à la vérification , et celle
portée dans sa déclaration , nous l'avons sommé de nous dire
pourquoi il avait déclaré que les six boucauds dont il s'agit
contenaient du...., dont le droit d'entrée, à raison de.....
le quintal , ne s'élèverait qu'à....., tandis que la quantité de.... kilogrammes de....., qu'ils renferment, donne
lieu à une perception de....., à raison de..... le quintal;
ce qui fait la différence d'une somme de....., au paiement
de laquelle il a cherché à se soustraire par sa fausse déclaration. Il a répondu (*consigner sa réponse.*) Attendu la

contravention dudit sieur..... à l'article 4, titre II, de la loi du 4 germinal an 2, qui ordonne que la qualité de la marchandise soit spécifiée dans la déclaration, et en vertu de l'article 21, titre II, de celle du 22 août 1791, portant : que si la déclaration se trouve fausse dans la qualité ou l'espèce des marchandises, et si le droit auquel on se soustrait par cette fausse déclaration, s'élève à douze francs et au-dessus, les marchandises faussement déclarées seront confisquées, et celui qui aura fait la fausse déclaration sera condamné à une amende de cent francs ; nous lui avons déclaré la saisie des six boucauds de.... pesant..... kilogrammes, dont M....., Receveur de ladite douane, s'est chargé, après qu'ils ont été plombés (*ou* cachetés du cachet de l'un de nous), en invitant ledit sieur...... d'y mettre le sien : a refusé (*ou* a consenti.)

Pour procéder sur la présente saisie, nous...., ci-dessus dénommés et soussignés, avons cité ledit sieur....., à comparaître demain à..... heure du matin (*ou* de l'après-midi) (*ne pas oublier qu'il faut que ce soit dans les 24 heures de la clôture*), devant M. le juge de paix de....., en son audience à....., pour y entendre prononcer la confiscation des six boucauds de..... saisis, avec amende de cent francs et dépens, conformément à l'art. 21 précité. Ayant de tout ce que dessus rédigé le présent rapport en présence dudit sieur....., nous l'avons sommé de le signer, après lui en avoir donné lecture ; ce qu'il a promis (*ou* refusé); et nous lui en avons immédiatement délivré une copie.

Fait et clos en ladite douane de.... à...., heures avant (*ou* après) midi, les jour, mois et an ci-dessus ; et avons signé avec M......, Receveur dépositaire.

Si le droit auquel on se serait soustrait ne s'élevait pas à 12 fr., on offrirait la main-levée des objets faussement déclarés, en consignant l'amende de cent francs, ou en donnant caution solvable de la payer ; on ferait mention expresse dans le rapport de l'acceptation ou du refus, et on ne réclamerait dans la conclusion que la condamnation à l'amende et aux dépens.

CHAPITRE V.

De la fraude par les frontières maritimes ; et, par celles de terre, pour les objets imposés à moins de 20 fr. le quintal métrique ; des introductions d'objets prohibés tentées sur les côtes ; de la contrebande à la sortie par mer et par terre ; des saisies de bureau.

Observations préliminaires.

La loi du 17 décembre 1814, titre III, tout en classant et distinguant avec clarté et précision les différens genres de fraude et de contrebande, avait établi, dans la procédure en matière de douanes, un mode uniforme pour toutes les frontières. La connaissance de la fraude et de la contrebande faites par moins de trois individus appartenait aux juges de paix : ces délits, commis par trois individus et plus, étaient du ressort des tribunaux correctionnels. Cet ordre régulier ne faisant aucune différence entre la contrebande commise par terre, et celle effectuée sur les côtes, a été détruit par la loi du 28 avril 1816. L'art. 57 de cette loi a annullé le titre III de celle du 17 décembre, et l'art. 58 a maintenu les anciennes lois pour tout ce qui n'est pas contraire aux dispositions nouvelles, qui ont spécialement pour but la répression de l'introduction *par terre* d'objets prohibés, et de la fraude, également *par terre*, d'objets tarifés à 20 fr. par quintal métrique et au-dessus. Les articles 12 et 15 de la loi du 27 mars 1817 ont amené encore de nouvelles exceptions : le premier remet en vigueur l'art. 15, titre III, de la loi du 17 décembre, en ce qui concerne les importations frauduleuses tentées *sur les côtes* ; le second est spécial *aux saisies faites dans les bureaux.*

Maintenant il est facile de se convaincre de l'exactitude du *titre* que j'ai donné au *présent chapitre*, et de la nécessité des *distinctions* que j'y ai établies, et que je vais tâcher de suivre avec méthode, en mettant sous les yeux des Employés les dispositions inouvelles, et celles des lois des 22 août 1791, 4 germinal an 2, 14 fructidor an 3 et 9 floréal an 7, qui y sont relatives.

Je traiterai dans les chapitres 7 et 9 de l'introduction *par terre* des marchandises prohibées, et de celles tarifées à 20 fr. le quintal et au-dessus ; ces infractions étant, suivant les cas, du ressort des tribunaux correctionnels ou des cours prévôtales.

Je ne m'occuperai dans ce chapitre que des affaires de la compétence des juges de paix en premier ressort, et, en appel, des tribunaux civils de première instance.

SECTION PREMIÈRE.

Des marchandises importées ou exportées en fraude par mer; et, par terre, lorsquelles payent moins de 20 fr. par quintal.

§. Ier. *Importation par mer.*

Les marchandises dont le droit d'entrée est fixé à plus de 20 fr. par cent kilogrammes, non compris le décime additionnel, ni la surtaxe relative au mode de navigation, ne pourront être importées en France, savoir :

Que par les ports de Toulon, Marseille, Cette, Agde, Port-Vendre, St.-Jean-de-Luz, Bayonne, Bordeaux, Rochefort, La Rochelle, les Sables, Nantes, Lorient, Vannes, Brest, Morlaix, Saint-Brieuc, Le Légué, Saint-Malo, Granville, Cherbourg, Caen, Rouen, le Havre, Honfleur, Fécamp, Dieppe, Saint-Valery-sur-Somme, Boulogne, Calais et Dunkerque. (Art. 20, titre II, loi du 28 avril 1816.) *Voir* NÉCESSAIREMENT, *pour la désignation de nouveaux bureaux, et les exceptions faites par l'art. 8 de la loi du 27 mars 1817, le §. 5 de la présente section.*

Il pourra néanmoins être importé par tous les autres bureaux, savoir :

Jusqu'à concurrence de 5 kilogrammes de fil, de toute sorte de rubans ou d'ouvrages de passementerie ;

25 kilogrammes de fil ou toile de lin, de chanvre ou d'étoupes écrus ;

5o kilogrammes de fer, d'outils de fer ou de fer rechargé d'acier.

Il sera d'ailleurs pourvu, quant aux matières à fabriquer, par des mesures administratives, aux exceptions locales qu'exigerait la position des fabriques. (Art. 21 , même titre, même loi.)

A l'égard des marchandises ci-après, sucres bruts et terrés, café, cacao, indigo, thé, poivre et piment, girofle, cannelle et cassia-lignea , muscade et macis, cochenille et orseille, rocou, bois exotiques, de teinture et d'ébénisterie ; cotons en laine ; gommes et résines, autres que d'Europe ; ivoire, caret et nacre de perle, nankin des Indes, elles doivent être importées *exclusivement*, et sans exception de petites quantités, par les seuls ports d'entrepôt, et sur des bâtimens de soixante tonneaux au moins pour l'Océan , ou de quarante au moins pour la Méditerranée.

Cependant le port de Bayonne conservera la faculté de recevoir sur des bâtimens de vingt-cinq tonneaux et au-dessus les marchandises des espèces désignées, lorsqu'elles proviendront des ports situés entre Bayonne et le cap Ortegal. (Art. 22 , même loi.)

La circulaire n°. 257 , en indiquant les moyens de reconnaître la contenance des bâtimens, avait décidé en même temps « que tout navire d'un tonnage inférieur à celui qui est déterminé , ayant à bord des denrées coloniales, et qui serait surpris dans les ports et les eaux de la France, devait être traité comme le sont, hors le cas de relâche forcée, les bâtimens au-dessous de cent tonneaux, qui portent des marchandises prohibées. »

La faculté de saisir résulte de l'esprit de la loi; mais il a été reconnu que c'était lui donner trop d'extension, que d'infliger aux contraventions à *la prohibition conditionnelle* les peines qu'elle prononce seulement contre les infractions *à la prohibition absolue.*

Toutes les fois que de semblables cas se présenteront, les Préposés ne devront invoquer que l'art. 8, titre IV, de la loi du 22 août, qui ordonne la confiscation de la marchandise et l'amende de 100 francs.

Les marchandises permises, (*autres que celles désignées aux articles 20 et 22 de la loi du 28 avril, et 8 de celle du 27 mars*) peuvent entrer par tous les bureaux maritimes. (Loi du 12 pluviôse an 3, art. 4.)

Aucune marchandise ne peut être importée par mer, soit d'un port étranger, soit d'un port français, sans un manifeste signé du capitaine, qui exprimera la nature de la cargaison, avec les marques et numéros, *en toutes lettres*, des caisses, balles, boucauds, etc. (Loi du 4 germinal an 2, titre II, art. 1er.)

Les déchargemens des navires ne peuvent avoir lieu que dans l'enceinte des ports où les bureaux sont établis, sauf le cas de force majeure, justifié par un rapport fait dans les formes prescrites; ils ne peuvent se faire qu'en plein jour, entre le lever et le coucher du soleil, quand même les marchandises seraient accompagnées de permis, à peine de confiscation desdites marchandises. (Art. 9, titre XIII, loi du 22 août 1791 ; et art. 1er., titre VI, loi du 4 germinal an 2.)

Les objets qui doivent être pesés ou jaugés, ne peuvent être déplacés du quai ou autre lieu de décharge, qu'après avoir été pesés ou jaugés, et avec le permis des Préposés. (Art. 3, tit. VI, loi du 4 germinal an 2.)

Ce serait grossir cet ouvrage sans un motif d'utilité, si je rapportais ici les autres dispositions relatives aux importations par mer. On les trouvera toutes indiquées avec soin au chap. 4, parag. 1er., *Des déclarations à l'entrée par mer ;* et paragraphe 5, *Des fausses déclarations ;* ainsi qu'au chapitre 2, section 2, *De la police des côtes et rivières affluentes à la mer.* Comme les contraventions que les Employés ont lieu de constater relativement aux importations par mer, rentrent presque toujours dans ces différens cas, ils voudront bien s'y reporter, et les examiner avec attention.

Quant aux Préposés des brigades de la côte où il n'existe ni port ni bureau, ils doivent saisir tout ce qu'on débarquerait sur leur poste, excepté en cas d'échouemens et autres accidens et fortune de mer.

Si la marchandise débarquée est dépourvue de congé ou de permission par écrit des Employés des douanes, ils la saisiront, en invoquant dans le rapport l'art. 13, titre II, de la loi du 22 août 1791, qui défend de décharger aucune marchandise des navires et autres batimens, sans le congé ou la permission par écrit des Préposés de l'Administration, et hors de leur présence, à peine de confiscation et de cent francs d'amende.

Si elle est accompagnée d'expéditions, ils la saisiront également, en vertu de l'art. 9, titre XIII, de la loi du 22 août, qui défend de débarquer ailleurs que dans l'enceinte des ports où les bureaux sont établis, à peine de confiscation de la marchandise.

On ne perdra pas de vue que je ne parle dans ce paragraphe que de l'introduction des marchandises tarifées, et non de celle des objets prohibés, que je traiterai dans la section suivante.

Modèle de rapport pour saisie de marchandises tarifées, versées sur la côte.

L'an... le..., à la requête de M. le Conseiller d'État Directeur-général des douanes, et de MM. les Administrateurs, dont le bureau est à Paris, poursuites et diligences de M...., leur Receveur...... à........, y demeurant, au bureau duquel ils font élection de domicile, pour les suites du présent, nous soussignés (*noms, prénoms, qualités et demeures des saisissans*) :

Certifions que vers les..... heures du..... de ce jour, nous avons vu trois individus approcher de terre sur notre poste, au point de la côte nommé le....., avec un bateau, duquel ils ont déchargé plusieurs sacs. Nous étant rendus au lieu du débarquement, après avoir déclaré nos qualités auxdits particuliers, nous les avons sommés de nous dire ce que contenaient les sacs qu'ils venaient de mettre à terre, ainsi que ceux qui étaient encore dans leur bateau ; où ils les avaient pris, et ce qu'ils en voulaient faire. Ils nous ont répondu que c'était du sumac qu'ils avaient chargé à......, pour le conduire ici pour le compte d'un particulier dont ils ignoraient le nom. Nous avons reconnu, par la visite de ces sacs, qu'ils étaient au nombre de....., et contenaient en effet du sumac (1), marchandise imposée, par la loi du 28 avril 1816, à 15 francs le quintal, et pour laquelle lesdits individus n'ont pu, malgré nos interpellations, nous représenter aucune expédition de douanes ; preuve évidente qu'ils voulaient l'introduire en fraude des droits. Attendu la contravention à l'art. 13, titre II, de la loi du 22 août 1791, ainsi conçu :

« Il ne pourra être chargé sur les navires ou autres bâ-
» timens, ni en être *déchargé* aucunes marchandises sans le
» congé ou la permission par écrit des Préposés de la Régie,
» et qu'en leur présence, à peine de confiscation des mar-
» chandises et de cent francs d'amende. »

Nous avons déclaré aux contrevenans la saisie des..... sacs de sumac, en les sommant de nous dire leurs noms, prénoms, professions et demeure, et de nous accompagner à la douane de....., où nous procéderions à la description des objets saisis ; ont répondu (*mentionner leur réponse.*) Ayant remis tous les sacs dans le bateau, nous nous y sommes embarqués avec lesdits......, pour nous rendre par mer au port de........ Y étant arrivés, et nous étant rendus immédiatement au bureau de la douane de ce lieu avec lesdits......, nous y avons reconnu et constaté en leur présence, et en celle de M........, Receveur, que les..... sacs saisis contenaient effectivement du sumac, et qu'ils pesaient ensemble brut........ kilogrammes ; desquelles marchandises, M......, Receveur, s'est chargé, après l'apposition sur lesdits..... sacs, du cachet de l'un de nous ; et nous avons laissé leur bateau à leur disposition ; et pour pro-

----

(1) Si la marchandise importée en fraude était comprise dans les exceptions mentionnées dans les art. 20, 22 de la loi du 28 avril 1816, et 8 de celle du 27 mars, on l'exprimerait dans le rapport, et alors on invoquerait l'art. 8, titre V, de la loi du 22 août 1791, relatif à la prohibition locale, qui ordonne la confiscation de la marchandise, avec amende de cent francs.

céder aux fins de notre rapport, rédigé de suite, nous avons cité lesdits......, à comparaître demain (*ne pas oublier que ce doit être dans les 24 heures de la clôture*), à........ heures du......., devant M. le juge de paix du canton de......., en son audience à......, pour y entendre prononcer la confiscation des marchandises saisies, et se voir condamner solidairement en l'amende de cent francs, conformément à l'art. 13 ci-dessus cité, ainsi qu'aux dépens. Avons donné lecture du présent procès-verbal auxdits...., avec sommation de le signer ; ce qu'ils ont promis (*ou refusé, ou déclaré ne savoir*). Fait et clos à la douane de..., à..... heures avant (*ou après*) midi, lesdits jour, mois et an que dessus. Avons signé avec M....., Receveur dépositaire, et aussitôt remis auxdits...... chacun une copie du présent.

§. II. *Exportation par mer.*

Tous ceux qui veulent faire sortir par mer des marchandises ou denrées, sont tenus d'en donner la déclaration dans les formes prescrites pour les déclarations à l'entrée. Ils les feront conduire au bureau, ou à tel autre endroit convenu entre l'Administration et le commerce, pour y être vérifiées. S'il y a impossibilité reconnue de faire conduire les marchandises dans un local particulier, la vérification s'en fait au lieu de l'embarquement. (Article 6, titre II, loi du 22 août.)

Ces marchandises doivent, après le permis, être transportées à bord des bâtimens, sans emmagasinage ni transport rétrograde, à peine de confiscation et de cent francs d'amende. (Art. 26, même titre, même loi; et art. 2, tit. III, loi du 4 germinal.)

Il ne pourra être chargé sur les navires ou autres bâtimens aucunes marchandises, sans le congé ou la permission par écrit des Préposés de l'Administration, et qu'en leur présence, à peine de confiscation des marchandises et de cent francs d'amende. Il est défendu, sous les mêmes peines, aux capitaines et maîtres de bâtimens, de se mettre en mer et sur les rivières y affluentes, sans être porteurs de l'acquit de paiement des droits, ou autres expéditions, suivant les circonstances. (Art. 13, titre II, loi du 22 août.)

Les chargemens des navires ne peuvent avoir lieu que dans l'enceinte des ports où les bureaux sont établis, sauf le cas de force majeure dûment justifié. Ils ne pourront se faire qu'en plein jour, entre le lever et le coucher du soleil, quand même les marchandises seraient accompagnées de permis, à peine de confiscation desdites marchandises. (Loi du 22 août, titre XIII, art. 9; et loi du 4 germinal, titre VI, art. 1er.)

On ne peut se servir d'allèges pour transporter aucun objet du port dans les navires sans un permis de la douane, énonçant les quantités et qualités dont chaque allège sera chargée, à peine de la confiscation des marchandises et de cent francs d'amende. (Art. 11, titre XIII, loi du 22 août.)

Les Préposés des douanes peuvent aller à bord de tout bâtiment, même de ceux de guerre, sortant (*il en est de même à l'entrée; cet article s'applique aussi au §. 1er.*) des ports ou rades, montant ou descendant les rivières; y demeurer jusqu'à la sortie desdits ports ou rades, ouvrir les écoutilles, chambres, armoires, caisses, balles, ballots, tonneaux et autres enveloppes; et les capitaines sont tenus, à peine de déchéance de leur grade et de 500 fr. d'amende, de recevoir les Préposés à bord, à l'effet de procéder aux visites nécessaires à prévenir la fraude. (Art. 8, titre XIII, loi du 22 août; et art. 8, titre II, loi du 4 germinal.)

En se pénétrant de l'esprit des dispositions précédentes, et en les rapprochant des instructions données dans le §. *De l'importation par mer*, il sera facile aux Préposés de constater les contraventions qu'ils remarqueront relativement à l'exportation par mer. Quant à la rédaction des rapports, elle est presque la même dans les deux cas : il serait donc superflu de donner ici un nouveau modèle; on se reportera à celui qui précède. On consultera également le §. 5, *Des fausses déclarations*, au chapitre 4, page 82.

§. III. *Importation par terre.*

Les objets dont l'entrée n'est pas frappée d'une prohibition absolue ou conditionnelle, peuvent être introduits par tous les bureaux de terre placés sur les grandes routes. (Art. 4, loi du 12 pluviôse an 3.) Ils doivent être conduits directement au premier bureau d'entrée, à peine de confiscation et de 200 fr. d'amende. (Art. 4, titre III, loi du 4 germinal an 2.)

Les voituriers doivent prendre la route directe

du premier et plus prochain bureau d'entrée. Sont seulement exceptés de cette disposition ceux qui transportent des fruits crus, grains, graines, légumes, et autres menues denrées qui seront importées par des routes sur lesquelles il ne se trouve point de bureau. Dans ce cas, les Préposés peuvent vérifier sur lesdites routes si ces objets ne servent point à en cacher qui seraient sujets aux droits. (Article 1er., titre II, loi du 22 août 1791.)

La confiscation et l'amende de deux cents francs ont lieu lorsque les objets importés ont dépassé les bureaux, et lorsqu'avant d'y avoir été conduits, ils sont introduits dans quelques maisons ou auberges. (Lois du 22 août, titre II, art. 2, et du 4 germinal an 2, titre III, art. 5.)

Les marchandises dont le droit d'entrée est fixé à *plus de vingt francs* par cent kilogrammes, non compris le décime additionnel ni la surtaxe, ne pourront être importées en France ; savoir :

Que par les bureaux d'Armentières, *par la Lys;* Lille, *par Halluin et Baisieux,* pour le commerce par terre, et Bousbeck, pour les transports par eau; Valenciennes, Condé, Maubeuge, Rocroy, Givet, Charleville, Sedan, *par Saint-Menge ;* Givonne, Thionville, *par Roussy* ou *par Sierck ;* Sierck, Bouzonville, Tromborn, Forback, Sarguemines, *par Grosbliderstroff* et *Frauenberg;* Lauterbourg, Strasbourg, l'Ile-de-Paille, Saint-Louis, Les Rousses, Châtillon, Seyssel, Pont-de-Beauvoisin, Chaparcillan, Mont-Genèvre, Saint-Laurent-du-

Var, Septèmes, Perpignan, *par Perthus*; Ainhoa et Béhobie. (Article 20 , loi du 28 avril 1816.)

Voyez indispensablement le §. 5, page 106.

Il pourra néanmoins être importé par tous les autres bureaux; savoir :

Jusqu'à concurrence de 5 kilogrammes de fil, de toute sorte de rubans ou d'ouvrages de passe-menterie ;

25 kilogrammes de fil ou toile de lin, de chanvre ou d'étoupes écrus ;

50 kilogrammes de fer, d'outils de fer ou de fer rechargé d'acier.

Il sera d'ailleurs pourvu, quant aux matières à fabriquer, par des mesures administratives, aux exceptions locales qu'exigerait la position des fabriques. (Article 21 , même loi.)

Quant aux denrées coloniales désignées en l'art. 22 de ladite loi, cité au §. *De l'importation par mer,* elles ne peuvent entrer par aucun bureau de terre.

Les marchandises qu'on voudra retirer des bureaux, après y avoir rempli les formalités prescrites pour leur introduction par terre dans le royaume (*ces formalités sont détaillées au §. 2 du chapitre 4, page 70*), ne pourront être rechargées que dans l'emplacement affecté à cette opération, devant la douane, ou dans les cours et dépendances du bureau, et sous la surveillance des Préposés. *Les acquits de paiement* ou autres expéditions ne seront remis aux intéressés qu'au moment du départ des marchandises, lequel sera constaté par

un *visa* des Préposés de service près du bureau.
(Art. 32, loi du 28 avril 1816.)

Tous les acquits de paiement qui seront délivrés pour des marchandises introduites par les frontières de terre, indiqueront l'espèce, la qualité et la quantité de ces marchandises, d'après le résultat de la visite, en rappelant en marge les marques et numéro des colis. Ils présenteront la liquidation des droits, et en porteront quittance, sans que cette dernière condition puisse déranger le mode du crédit que les Receveurs auraient été autorisés à accorder, ni nuire à l'effet des obligations à terme qu'ils auront acceptées.

Les acquits de paiement indiqueront en outre le lieu où les marchandises auront été chargées hors de France, le nom et le domicile de celui qui aura payé les droits, le lieu de la destination, avec le nom, l'état ou profession de la personne à qui elles sont adressées. (Art. 33.)

Lorsque les marchandises introduites par les frontières de terre seront destinées pour le lieu même de l'établissement du bureau où elles auront payé les droits, l'acquit de paiement n'accordera que la faculté de les conduire immédiatement au domicile de celui à qui elles seront adressées, et ne pourra servir à aucun transport hors de la commune. (Art. 34.)

Si les marchandises ont une autre destination que le lieu où elles auront payé les droits d'entrée, l'acquit de paiement servira à les transporter jus-

qu'à la destination déclarée. Il désignera la route
à suivre, et indiquera le bureau où les conducteurs
seront tenus de faire reconnaître les marchandises,
et contrôler l'acquit de paiement. Le délai dans
lequel le chargement devra être présenté au bureau
de contrôle, et celui qui sera nécessaire pour le
faire arriver à leur destination, seront également
fixés par les acquits. (Art. 35.)

Voir, pour le concours d'exécution, le chap. 4,
§. 2, *Des déclarations à l'entrée, etc.*; et §. 5, *Des
fausses déclarations*, pages 70 et 82.

§. IV. *Exportation par terre.*

Toutes les marchandises destinées à être exportées par terre, doivent être conduites au premier
bureau de sortie, par la route la plus directe et la
plus fréquentée, sans prendre des chemins obliques
tendant à contourner les bureaux, à peine de confiscation et de 200 fr. d'amende. (Art. 4, titre III,
loi du 4 germinal an 2.)

Elles doivent, après le paiement des droits, être
conduites directement à l'étranger, sans pouvoir
rentrer dans les magasins des marchands, ni être
entreposées dans d'autres maisons, à peine de confiscation et de 100 f. d'amende. (Loi du 22 août,
titre II, art. 26.)

L'exportation sera toujours précédée des formalités de la déclaration. Voir à ce sujet le §. 3 du
chapitre 4, page 77, ainsi que le §. 5, *Des fausses
déclarations*, page 82.

§. V.   *Commun aux importations par mer et par terre.*

L'entrée des marchandises ci-après, en tant qu'elles sont tarifées, sera restreinte aux bureaux désignés par l'art. 20 de la loi du 28 avril 1816, sauf les exceptions qu'autorise l'art. 21 de ladite loi, et celles que les localités pourraient rendre nécessaires :

Boissons dont l'entrée n'est pas déjà restreinte aux ports d'entrepôt ; chapeaux, cornes en feuillets, cuivre de toute sorte, pur ou allié ; dentelles, feutres, fonte, fer en barres et ouvré ; glaces, gomme d'Europe, horloges en bois, huile d'olive commune, instrumens de toute sorte ; médicamens composés ; métiers, machines et mécaniques pour l'industrie ; ouvrages de modes, objets de collection hors du commerce, parapluies et parasols, pelleteries, planches gravées ; potasse, tartre brut, soudes, natrons, cendres de Sicile et tous autres sels ; poterie de toute espèce ; soies et vanneries. (Art. 8, loi du 27 mars 1817.)

Les bureaux de Longwy, Verrières-de-Joux, Delle, Antibes et la Nouvelle seront ajoutés à ceux désignés en l'art. 20 de la loi du 28 avril. (Art. 9, même loi.)

RÉDACTION DES RAPPORTS.

La rédaction des rapports pour introduction et

exportation frauduleuses de marchandises tarifées à moins de 20 fr. par quintal, peut être faite à peu près dans les mêmes termes que ceux employés pour les saisies à la circulation.

Les Préposés saisissans auront soin d'indiquer dans le corps du procès-verbal le lieu extrême frontière où ils étaient de service, et que les prévenus, au lieu de se rendre directement au premier bureau d'entrée (*si c'est à l'introduction*), avaient pris un chemin oblique, afin de l'éviter; ou (*si c'est à l'exportation*) qu'ils ont rencontré les prévenus sur une route peu fréquentée, au-delà du dernier bureau de la ligne. Ils déclareront la saisie, pour contravention à l'article 4 ou à l'article 5, suivant le cas, du titre III de la loi du 4 germinal an 2, et requerront la confiscation des marchandises et l'amende de 200 fr., en vertu de l'art. 4.

Modèle de procès-verbal.

L'an......, le......, à la requête, etc.

Certifions qu'étant en observation à...., extrême frontière, sur les..... heures du......, nous avons vu venir de l'étranger un homme conduisant une voiture attelée de...... chevaux, lequel, au lieu de se rendre au premier bureau d'entrée, situé à......, pour y payer les droits, conformément à l'art. 4, titre III, de la loi du 4 germinal an 2, a pris une route détournée, évité et dépassé ledit bureau; ce qu'ayant remarqué, nous avons abordé ledit conducteur; lui avons décliné nos qualités, en le sommant de nous dire ses nom, prénoms, profession et demeure, ce qu'il conduisait, et pour quel motif il évitait de se rendre à la douane de..... Il nous a répondu qu'il se nommait......, qu'il ignorait le contenu des caisses (*ou ballots*) qu'il conduisait. Nous l'avons requis de nous accompagner avec son chargement au bureau de......, où nous procéderions à la reconnaissance des objets y contenus. Y étant arrivés avec lui, nous avons reconnu, en sa présence et en celle de M......, Receveur, que la voiture était chargée de...... caisses (*ou ballots*) : l'une marquée....., pesant..... kilogrammes, etc. (*détailler ici l'espèce, poids ou nombre des objets saisis, les numéros, poids et nombre des caisses ou ballots*), et contenant des..... marchandises tarifées par la loi du...à... *moins de* 20 fr. *le quintal métrique.*

Vu la contravention à l'art. 4, titre III, de la loi du 4 germinal an 2, nous avons déclaré audit........ la saisie des marchandises ci-dessus décrites, que nous avons laissées à la charge et garde du Receveur, après les avoir munies du cachet de l'un de nous, (*ou après les avoir plombées. Cette formalité, assez en usage, n'est point exigée par la loi du* 9 *floréal; cependant il est bon de la remplir, surtout lorsque la description des objets n'a pu être terminée*), dont l'empreinte est en marge du présent; et avons fait remise des moyens de transport audit sieur.....

Pour procéder sur la présente saisie, nous avons assigné ledit...... à comparaître demain (*ne pas oublier que ce doit être dans les* 24 *heures de la clôture*), à..... heures du......, devant M. le juge de paix du canton de...., en son audience à......, pour y entendre prononcer la confiscation des marchandises saisies; s'y voir condamner à l'amende de deux cents francs, conformément à l'art. 4, titre III, de la loi du 4 germinal an 2, et aux dépens. Avons donné lecture de notre présent rapport audit......, avec sommation de le signer; ce qu'il a promis (*ou refusé, ou déclaré ne savoir*). Fait et clos en ladite douane de....., à...... heures avant (*ou après*) midi, les jour, mois et an ci-dessus; et avons signé avec le sieur....., Receveur dépositaire, et remis à l'instant audit..... copie du présent.

Voir, pour l'enregistrement et l'affirmation, les articles 9 et 10 de la loi du 9 floréal, page 7.

SECTION II.

Des importations d'objets prohibés tentées sur les côtes ; de la contrebande à la sortie par mer et par terre ; des saisies de bureau.

§. Iᵉʳ. *Importations d'objets prohibés tentées sur les côtes.*

L'article 15 de la loi du 17 décembre 1814 est remis en vigueur, en ce qui concerne les importations frauduleuses tentées sur les côtes. (Art. 12, loi du 27 mars 1817.)

Toutes marchandises prohibées à l'entrée, que l'on tenterait d'introduire PAR MER, seront confisquées, ainsi que les bâtimens, chevaux, voitures et équipages servant au transport ; les propriétaires desdites marchandises, maîtres de bâtimens, voituriers et autres préposés à la conduite, seront solidairement condamnés en une amende de 500 fr., quand la valeur de l'objet de contrebande n'excédera pas cette somme, et, dans le cas contraire, à une amende égale à la valeur de l'objet. (Art. 15 de la loi du 17 décembre 1814.)

Les mêmes peines s'appliqueront dans le cas prévu par l'art. 7 de la loi du 4 germinal an 2 (titre II) aux bâtimens au-dessous de cent tonneaux, surpris, hors le cas de force majeure, dans les myriamètres des côtes, ayant à bord des marchandises prohibées. (Loi du 27 mars 1817, art. 13.)

Cet art. 7 de la loi du 4 germinal s'exprime ainsi :
« Les marchandises prohibées à l'entrée ou à la
» sortie, que les Préposés trouveront à bord des bâ-
» timens *au-dessous de cent tonneaux*, étant à l'an-
» cre, ou louvoyant dans les quatre lieues des côtes
» de France, hors le cas de force majeure, seront
» confisquées, ainsi que les bâtimens, avec amende
» de *cinq cents francs* contre les capitaines. »

Il est évident que toutes les fois que les Préposés
verront décharger de toute espèce de bâtimens de
mer, et mettre à terre des marchandises prohibées *à l'entrée*, ils devront les saisir, et requérir
l'application des peines prescrites par l'art. 15 de
la loi du 17 décembre.

Mais les objets prohibés qui, substitués à d'autres,
seraient trouvés, lors de la visite, *au bureau* de destination ou de passage désigné pour la décharge des
acquits-à-caution, ne seraient passibles, outre la
confiscation, que de l'amende de 500 francs, conformément à l'art. 9, titre III de la loi du 22 août
1791, parce que ce dernier cas rentre dans les saisies
de bureau, auxquelles les nouvelles lois ne s'appliquent nullement.

La loi du 10 brumaire an 5 est abrogée en tout
ce qu'elle a de transitoire, d'hostile et de spécial
au commerce de l'Angleterre; mais les prohibi-
tions qu'elle prononce sont maintenues, et font
partie du régime général, fondé sur ce principe,
que *la prohibition est une*, et sans distinction des
états d'où les marchandises peuvent provenir.

Rédaction des rapports pour contrebande faite à l'entrée par mer.

On saisira les moyens de transport, en vertu de l'art. 15 de la loi du 17 décembre 1814. Si la consommation de la marchandise n'est pas défendue, on offrira main-levée desdits moyens de transport, sous caution solvable, ou en consignant leur valeur. S'il y a arrestation de chevaux (*ce qui peut avoir lieu lorsque les contrebandiers amènent des voitures sur la côte pour le prompt enlèvement des marchandises*), on en donnera le signalement; l'on décrira, par les particularités qui leur sont propres, les voitures, bateaux, bâtimens de mer, etc.

Modèle.

Certifions que sur les..... heures...., nous avons vu arriver de l'intérieur deux hommes conduisant chacun une voiture attelée de...... chevaux, lesquels se sont arrêtés au point de la côte nommé......, où venait d'aborder à l'instant un bateau monté par deux individus, et duquel ces quatre particuliers ont déchargé plusieurs caisses (*ou ballots ou sacs*), qu'ils ont placés à fur et mesure sur les charrettes. Ce qu'ayant remarqué, nous nous sommes promptement portés sur le lieu du débarquement, et après avoir décliné nos qualités auxdits individus, nous les avons sommés de nous dire ce que contenaient les caisses qu'ils venaient de débarquer, ainsi que celles qui étaient encore dans le bateau ; où ils les avaient prises, et à qui elles appartenaient. Ils nous ont répondu.... (*Consigner ici leur réponse.*) Ayant reconnu, par la visite, que ces caisses étaient au nombre total de...., et que plusieurs renfermaient des...., marchandise prohibée à l'entrée par la loi du...., nous avons déclaré auxdits individus la saisie de ces.... caisses, ensemble celle du bateau, des deux voitures et des.... chevaux, et nous les avons sommés de nous dire leurs noms, professions et demeure, et de nous accompagner au bureau de la douane de...., où nous allions procéder à la reconnaissance et description des objets saisis. Ils nous ont répondu qu'ils se nommaient...., les deux premiers matelots, demeurans à...., et les deux autres voituriers, demeurans à......, et qu'ils nous accompagneraient. Deux de nous sont montés dans le bateau avec lesdits matelots, pour se rendre par mer au port de....; et les deux autres, accompagnés des voituriers, ont escorté et conduit par terre les voitures au même lieu. Y étant tous arrivés, et nous étant rendus au bureau de la douane avec lesdits...., nous y avons reconnu, en leur présence, et en celle de M......, Receveur, que les (*mettre le nombre*) caisses précédemment saisies contenaient, savoir : celle nº......, marquée...., pesant brut...., des....; celle nº......, marquée......, pesant brut...., des........, etc., etc.

(*Si ce sont des tissus, on indiquera la couleur, la qualité et la largeur de l'étoffe : la description en sera faite pièce par pièce.*)

Desquelles marchandises ledit sieur...., Receveur, s'est chargé, après qu'elles ont été renfermées dans les caisses, que nous avons scellées du cachet de l'un de nous, en invitant les prévenus à y apposer également le leur; ce qu'ils ont fait (*ou refusé*); desquels cachets l'empreinte est en marge du présent. Procédant ensuite en présence desdits...... à la description des moyens de transport, nous avons trouvé que le bateau avait.... pieds de long, sur.... de large, et........ de profondeur; qu'il était par conséquent du port de.... tonneaux; qu'il portait.... mât....., etc., etc.; que les voitures étaient chacune à deux roues; que des (*mettre le nombre*) chevaux, l'un sous poil....., marqué

au front, hors d'âge, était de la taille de.......; l'autre
sous poil....., etc., etc.

Desquels moyens de transport nous avons offert main-levée (1) aux prévenus ci-dessus nommés, sous caution solvable, ou en consignant la valeur estimée à.....; ce qu'ils
ont refusé. En conséquence, nous avons laissé le bateau
amarré au quai, sous la garde et consigne du sieur....,
chef de la brigade de ce port; placé les deux voitures sous
les hangars de la douane, et mis les chevaux en fourrière
chez le sieur...., aubergiste, demeurant à........, suivant
la convention annexée au présent, et moyennant la rétribution convenue à....... *Si les prévenus acceptaient la main-
levée, en consignant la valeur des moyens de transport, il en
serait fait mention expresse; s'ils fournissaient une caution,
on l'exprimerait ainsi :* ce qu'ils ont accepté; et à l'instant
ont présenté le sieur......., demeurant à......, reconnu solvable, qui s'est obligé, par un acte rédigé à part du présent,
à payer la somme convenue, entre les mains dudit Receveur,
lorsqu'il en sera légalement requis. En conséquence, nous
avons remis lesdits moyens de transport à la disposition des
contrevenans.

Pour procéder aux fins de notre rapport rédigé de suite,
nous susdits et dénommés d'autre part, avons assigné lesdits.... à comparaître demain (*dans les 24 heures*), à......
heures du matin (*ou de l'après-midi*), devant M. le juge de
paix du canton de......, en son audience à........, pour y
entendre prononcer la confiscation des objets saisis, s'y voir
condamner solidairement à l'amende de cinq cents francs,
si la valeur desdits objets n'excède pas cette somme, et,
dans le cas contraire, en une amende égale à leur valeur,
ainsi qu'aux dépens, en vertu de l'art. 15 de la loi du 17 dé-

---

(1) On ne doit pas offrir la main-levée, si la consommation des
objets saisis est défendue.

cembre 1814, remis en vigueur par l'art. 12 de celle du 27 mars 1817. Avons donné lecture du présent acte aux-dits....,, avec sommation de le signer; ce qu'ils ont promis (*ou refusé*, *ou déclaré ne savoir.*) Fait et clos à la douane de......, à.... heures avant (*ou après*) midi, lesdits jour, mois et an que dessus. Avons signé avec M......, Receveur dépositaire, et aussitôt remis auxdits....... chacun une copie du présent.

Les Préposés ne sauraient trop consulter la première section du chapitre 1er., afin de s'assurer, avant la clôture du rapport, si toutes les formalités sont remplies, et afin de remplir également ensuite les formalités qui complettent la validité du procès-verbal, telles que l'affirmation, l'enregistrement ou le *visa*.

§. II. *Contrebande à la sortie par mer et par terre.*

Les dispositions des lois des 28 avril 1816 et 27 mars 1817 ont spécialement pour but la répression de la contrebande à l'entrée. Celle *à la sortie* doit être traitée d'après l'ancienne jurisprudence, poursuivie devant les juges de paix, et encourir les condamnations ordonnées par l'art. 1er., titre V, de la loi du 22 août 1791, et par l'art. 10, titre II, de celle du 4 germinal an 2.

Si des marchandises dont l'*entrée* ou la sortie est prohibée, sont *importées* ou exportées par mer et par terre, elles seront confisquées, ainsi que les bâtimens, voitures et animaux servant au transport. (Art. 10, titre II, loi du 4 germinal an 2.)

Les expressions que j'ai *soulignées* sont aujourd'hui sans effet.

Les bâtimens de mer, de quelque dimension qu'ils soient, doivent toujours être saisis, par application de cet article 10, qui annulle la restriction portée en l'art. 1er., tit. V, de la loi du 22 août.

Toutes marchandises prohibées *à l'entrée* (à la sortie) que l'on *introduira* (que l'on exportera) par mer et par terre, seront confisquées, ainsi que les bâtimens de mer *au-dessous de 5o tonneaux*, voitures, chevaux et équipages servant au transport. Les propriétaires desdites marchandises, maîtres de bâtimens, voituriers, et autres préposés à la conduite, seront solidairement condamnés en l'amende de cinq cents francs, sauf leur recours contre les marchands et propriétaires, lorsqu'ils auront été induits en erreur par l'énonciation des connaissemens et chartes-parties, et leurs dommages et intérêts. (Loi du 22 août, titre V, art. 1er.)

Seront réputées dans le cas des dispositions de l'art. ci-desssus les marchandises prohibées que les Préposés auront vu charger à bord de toute espèce de bâtimens de mer. (Même loi, même titre, art. 2.)

Les dispositions des deux articles précédens seront exécutées à l'égard des marchandises prohibées à la sortie. (Art. 3.)

Sont passibles de la confiscation et de l'amende de 5oo fr. les objets prohibés qui, substitués à d'autres, seraient trouvés, lors de la visite, au bureau de destination ou de passage désigné pour la décharge des acquits-à-caution. (Loi du 22 août, titre III, art. 9), et ceux de même espèce qui seraient transportés d'un port à un autre du royaume, ou d'un lieu à un autre, en empruntant le territoire étranger, sans être accompagnés d'un acquit-à-caution. (Même loi, titre V, art. 3.)

Disposition commune aux deux paragraphes précédens.

L'art. 4, titre V, de la loi du 22 août porte que les marchandiseses prohibées qui seront présentées en douane, et déclarées sous leur propre dénomination, ne seront point assujéties à la saisie. Celles destinées à l'importation sont renvoyées à l'étranger; celles destinées à la sortie restent dans l'intérieur.

J'ai déjà dit au chapitre 1er., section 2, que la nullité d'un procès-verbal de saisie de marchandises prohibées, n'en empêche pas la confiscation; le prévenu n'est affranchi que de l'amende.

Rédaction des rapports pour contrebande à la sortie par terre et par mer.

On requerra l'application des peines édictées par l'art. 1er., titre V, de la loi du 22 août, en vertu des dispositions de l'art. 3 du même titre; s'il s'agit de la saisie d'un navire du port de plus de cinquante tonneaux, et de quelque dimension qu'il soit, on invoquera, en outre, l'art. 10, titre II, de la loi du 4 germinal an 2; on offrira la main-levée des moyens de transport, sous caution solvable, ou en consi-

gnant leur valeur; on remplira toutes les formalités
détaillées à la section première du chapitre 1er.

Modèle.

L'an mil huit cent......., le......, à la requête, etc.
Nous soussignés......., certifions que sur les........
heures du matin (*ou* du soir), étant en surveillance au lieu
extrême frontière nommé......, nous avons vu venir du
côté de l'intérieur un homme conduisant une voiture attelée de...... chevaux, et faisant route vers l'étranger. Sor-
tis avec précaution de notre embuscade, nous l'avons arrêté
au moment où il allait franchir la frontière, et après lui
avoir déclaré nos qualités, nous l'avons sommé de nous
dire ce que contenaient les ballots (*ou* caisses *ou* sacs) dont
sa voiture était chargée, où il les avait pris, où il les conduisait, et s'il avait quelque expédition de douane à nous représenter; l'interpellant également de nous déclarer ses nom,
prénoms, profession et demeure, a répondu qu'il n'était
muni d'aucune pièce (*consigner la réponse telle qu'elle est
faite*), et ne savait ce que renfermaient ces ballots; qu'il
s'appelait Joseph Muller, voiturier, demeurant à........
Ayant reconnu que les ballots étaient au nombre de........,
et que plusieurs contenaient des matières premières prohibées à la sortie, nous avons sommé ledit Muller de nous accompagner à la douane de...... (*le plus prochain bureau*), où
nous allions conduire la voiture, les chevaux et le chargement,
à quoi il a consenti. Arrivés audit bureau, nous y avons
immédiatement constaté, en présence dudit Joseph Muller
et de M......, Receveur, que les..... ballots contenaient
des drilles, et pesaient ensemble...... kilogrammes. Attendu
la contravention aux lois des 3 avril 1793 et 19 thermidor an 4,
qui prohibent nominativement la sortie des drilles et chiffons,
et en vertu des articles 1er. et 3, titre V, de la loi du 22 août
1791, nous avons déclaré audit Muller la saisie des... (*mettre le*

nombre¹) ballots, ci-dessus décrits, que nous avons laissés à la charge et garde de M....., Receveur, après les avoir scellés du cachet de l'un de nous, en invitant ledit Muller à y apposer le sien; ce qu'il a fait (*ou* refusé); desquels cachets l'empreinte est en marge du présent. Nous lui avons également déclaré la saisie de la voiture et des chevaux ; procédant à leur description, nous avons reconnu que la voiture était à deux roues et à brancards ; que l'un des chevaux, sous poil....., marqué en tête, âgé de..... était de la taille de.....; un autre sous poil...., etc.; desquels moyens de transport nous avons offert audit Muller main-levée, sous caution solvable, ou en consignant leur valeur, estimée de gré à gré, à la somme de.....; ce qu'il a accepté, et de suite a consigné cette somme entre les mains de M....., Receveur (*ou* a présenté pour caution de cette valeur, le sieur...., demeurant à....., reconnu solvable; lequel a souscrit une obligation annexée au présent, et payable à la réquisition légale dudit Receveur); et lui avons fait aussitôt remise de la voiture et des chevaux. (*Si l'offre de main-levée était refusée, on rédigerait ainsi :* ledit Muller ne voulant ou ne pouvant réaliser ladite somme, ni fournir caution solvable, nous avons mis les chevaux en fourrière chez le sieur...., aubergiste, demeurant à....., suivant la convention annexée au présent, et laissé la voiture à la garde de M. le Receveur.)

Pour procéder sur la présente saisie, nous susdits et soussignés, avons assigné ledit Joseph Muller à comparaître demain (*se souvenir que ce doit être dans les 24 heures de la clôture*), à.... heures du matin (*ou* de l'après midi), devant M. le juge de paix du canton de......, en son audience à......., pour y entendre prononcer la confiscation des objets saisis, et s'y voir condamner à l'amende de cinq cents francs, conformément aux articles 1ᵉʳ. et 3 de la loi du 22 août 1791, ainsi qu'aux dépens. Avons donné lecture du présent procès-verbal audit Joseph Muller, avec sommation de le signer ; ce qu'il a promis (*ou* refusé, *ou* déclaré ne savoir). Fait et clos en la douane de....., à.... heures avant (*ou* après) midi , les jours, mois et an ci-dessus ; avons signé avec le Receveur dépositaire, et remis à l'instant audit Muller copie du présent.

S'il s'agissait d'une saisie de grains ou de farines , on invoquerait les articles 1er. et 6 de la loi du 26 ventôse an 5 ; l'on rédigerait la conclusion du rapport dans les termes du modèle donné à la section 2 du chapitre 7. Voir à ce sujet le §. 2 , *De l'exportation des grains et farines par toutes les frontières.*

§. III. *Des Saisies de bureau.*

J'ai déjà dit, page 84, que les saisies faites dans les bureaux des côtes ou frontières par suite de déclaration , n'entraînent que les condamnations établies par les lois des 22 août 1791 et 4 germinal an 2 , conformément à l'article 15 de la loi du 27 mars 1817.

Il est posé en principe que les dispositions pénales des lois nouvelles ne concernent en aucune manière les saisies de bureau. J'en ai développé les motifs aux pages 84 et 85.

Sont dans cette classe :

Les saisies opérées en vertu des dispositions du troisième paragraphe des articles 38 et 30 de la loi du 28 avril, ainsi que je l'ai fait remarquer aux pages 19 et 76 ;

Celles qui sont constatées par suite de contraventions aux formalités détaillées dans le chap. 4 ;

Et celles relatives aux acquits-à-caution.

On procédera conformément au mode établi dans la section suivante.

Voir le §. 5, *Prohibition locale,* pour le concours d'exécution.

§. IV. Prohibition de la poudre a tirer par toutes les frontières.

L'importation de la poudre à tirer ou du salpêtre est punie par la confiscation de la marchandise et des moyens de transport ; plus, d'une amende de 20 fr. 40 cent. par kilogramme : si l'introduction a lieu par mer, l'amende est double, outre la confiscation de la marchandise. (Art. 21 , titre II, loi du 13 fructidor an 5.)

Les poudres saisies sont déposées dans les magasins de l'Administration des poudres et salpêtres, qui en paye la valeur d'après la quantité de salpêtre que ces poudres contiennent, à raison de 2 fr. 25 cent. , lorsque ces poudres, après un rebattage, peuvent passer à la poudre de mine ; et à raison de 2 fr. seulement, lorsque les poudres dont ce salpêtre est extrait, sont dans le cas d'être décomposées. (Circ. n°. 24.)

L'article 41 , titre V, de la loi du 28 avril 1816, ordonnant l'arrestation des prévenus *de toute importation par terre d'objets prohibés,* et leur traduction devant le tribunal correctionnel, il est évident que ceux qui seront repris pour introduction *par terre* de poudres à tirer ou de salpêtre, devront être arrêtés et poursuivis, conformément à cet article , ainsi qu'il sera dit au chapitre 7. (*Voir ce chapitre.*) Quant à l'application de l'amende , les Préposés requerront dans leur rapport celle édictée par l'article 21 ci-dessus.

Si la saisie est faite dans un bureau , elle sera portée devant le juge de paix, qui prononcera les condamnations établies par l'art. 21.

§. V. Prohibition locale.

Cette prohibition est la restriction d'entrée ou de sortie par certaines parties des frontières ou des côtes, ou seulement par certains bureaux. Si l'on contrevient à ce réglement, il y a confiscation de la marchandise , avec amende de cent francs. Dans le cas où la marchandise présentée aurait été déclarée sous sa véritable dénomination, il n'y aurait ni confiscation ni amende. (Art. 8, titre IV, loi du 22 août 1791.)

Voir pour les restrictions les §. 1er. et 3 , section 1re. du présent chapitre, page 93 et 102.

Si les Préposés saisissent sur les lignes, *à l'introduction par terre*, des marchandises de la classe de celles désignées en l'article 20 de la loi du 28 avril 1816, qui n'auraient pas été déclarées sous leur véritable dénomination, ils se garderont bien de leur appliquer les dispositions de l'article 8 ci-dessus, et devront procéder contre les contrevenans d'après l'article 41 de la loi du 28 avril, en suivant la marche tracée dans le chapitre 7 ou 9, suivant le nombre des fraudeurs.

Mais si la même contravention est constatée DANS UN BUREAU, les Employés opéreront en vertu de cet art. 8. Ils l'invoqueront dans leur rapport, et pourront se servir du modèle donné page 89, en y faisant les changemens nécessités par la circonstance.

SECTION III.

De la procédure devant les Juges de paix et les tribunaux de première instance.

§. Ier. Des Juges de paix.

La connaissance des contraventions aux lois sur les douanes fut attribuée, par l'art. 1er., titre XI, de la loi du 22 août 1791, aux tribunaux de district, et par l'article 12, titre VI, de celle du 4 germinal an 2, aux juges de paix, auxquels les lois subséquentes ont confirmé cette compétence.

Le juge de paix, dans l'arrondissement duquel l'objet saisi sera déposé, connaîtra en première instance de ces contraventions. (Loi du 27 mars 1817, art. 14.)

Ces contraventions sont celles prévues par les articles 12 et 13 de la même loi, rapportés à la page 109.

La même compétence a lieu pour les saisies faites dans les bureaux des côtes ou frontières, par suite de déclaration ; lesdites saisies n'entraînant que les condamnations établies par les lois des 22 août 1791 et 4 germinal an 2. (Même loi, art. 15.)

Les juges de paix qui connaissent en première instance des saisies, jugeront également en première instance les contestations concernant le refus de payer les droits, le non-rapport des acquits-à-caution, et les autres affaires relatives aux douanes. (Art. 10, loi du 14 fructidor an 3.)

Ils peuvent juger tous les jours, même ceux de dimanches et fêtes, le matin et l'après-midi. (Article 8 du Code de procédure civile.)

Ils sont seuls compétens, sauf appel, s'il y a lieu, pour connaître des contraventions à la loi du 24 avril 1806, et à tous les réglemens relatifs à la perception de la taxe établie sur les sels, excepté dans les cas prévus par les articles 30 et 31, titre IV, de la loi du 17 décembre 1814. (Art. 29 de la loi du 17 décembre). Renvoyé au chapitre 7, sect. 2, §. 1er. pour les exceptions.

L'amende de 100 fr., prononcée par l'art. 57 de la loi du 24 avril, est *individuelle*. (Même article 29.)

Voir, pour les contraventions relatives au sel, le §. 2, page. 31.

J'ai déjà fait remarquer plus haut que la loi du 28 avril 1816 n'avait annullé que le titre III de celle du 17 décembre 1814, et que par conséquent le titre IV de cette dernière loi, *spécial aux sels*, devait continuer à être exécuté.

Le procès-verbal, dûment affirmé et enregistré, ou visé pour tenir lieu de l'enregistrement, et portant assignation à comparaître dans les vingt-quatre heures, sera lu à l'audience; ensuite le Receveur poursuivant, et la partie, si elle est présente, seront entendus contradictoirement. La cause sera jugée sur le champ. Si le prévenu ne comparaît pas, ni personne pour lui, il sera condamné par défaut.

S'il s'agit d'une saisie faite en vertu de l'article 15 de la loi du 17 décembre 1814, et que la valeur de la marchandise s'élève à plus de 500 fr., l'agent, quel qu'il soit, chargé de plaider les causes de l'Administration, aura soin de prendre à l'audience des conclusions additionnelles tendantes *à ce qu'il plaise au juge,* 1°. *lui donner acte de la nomination qu'il fait, dès à présent, au nom de la douane, du sieur. . . . ., expert, à l'effet de procéder à l'estimation des marchandises saisies;* 2°. *ordonner que, dans les trois jours, la partie adverse sera tenue d'en nommer un autre; sinon et faute par elle de le faire, qu'il sera passé outre à ladite estimation, par l'expert de l'Administration, et par tel autre qu'il plaira à M. le juge de paix indiquer d'office par le jugement à intervenir.* (Circ. n°. 208.)

Si les circonstances de la saisie nécessitaient un délai, il ne pourra excéder trois jours; et, dans ce cas, le jugement de renvoi autorisera la vente provisoire des marchandises sujettes à dépérissement, et des chevaux qui auraient servi au transport. (Art. 13, titre IV, loi du 9 floréal an 7.)

La partie condamnée par défaut pourra former opposition dans les trois jours de la signification faite par l'huissier du juge de paix, ou autre qu'il aura commis. L'opposition contiendra sommairement les moyens de la partie, et assignation au prochain jour d'audience, en observant les délais prescrits pour les citations (par l'art. 5 du Code); elle indiquera les jour et heure de la comparution, et sera notifiée ainsi qu'il est dit pour la signification. (Art. 20 du Code de procédure.)

La partie opposante qui se laisserait juger une seconde fois par défaut, ne sera plus reçue à former une nouvelle opposition (art. 22 du Code.); et le jugement recevra son exécution, parce que le tribunal civil ne peut, dans aucun cas, recevoir l'appel d'un jugement du juge de paix, lorsqu'il a été rendu par défaut. (Art. 4, titre III, loi du 26 octobre 1790.)

L'article 15 de la loi du 17 décembre 1814, et les articles 1er. et 5, titre XII, de celle du 22 août 1791, ordonnant la solidarité de tous les contrevenans, les tierces-oppositions ne peuvent être admises dans les affaires de douanes.

Il en est de même dans les saisies de marchandises tarifées, le propriétaire étant, dans tous les cas, responsable de ceux qu'il emploie. (Art. 20, titre XIII, loi du 22 août.)

Tous les condamnés sur une saisie sont solidaires pour la confiscation et l'amende. (Art. 3, tit. XII, loi du 22 août; et art. 22, titre VI, loi du 4 germinal an 2.)

Les jugemens obtenus par l'Administration sont exécutoires, même par corps, conformément aux articles 6, titre XII, loi du 22 août; et 4, titre VI, de celle du 4 germinal.

L'enregistrement des jugemens sur minutes doit

avoir lieu dans les vingt jours de leur date, conformément à l'art. 20, titre III, de la loi du 22 frimaire an 7. (Circ. n°. 240.)

Le droit d'enregistrement est de 5o cent. pour cent francs. (Article 69, loi du 22 frimaire, et circ. n°. 183.)

Du fait de récidive.

Dans le cas où il serait reconnu qu'un individu, traduit devant le juge de paix pour fait de fraude en matière de sels, serait en récidive, il sera renvoyé par ce juge, avec les pièces, devant le tribunal correctionnel, conformément à l'article 31, titre IV, de la loi du 17 décembre 1814.

Les Receveurs devront avoir soin de dénoncer au juge de paix le fait de récidive, toutes les fois qu'ils auront connaissance qu'un prévenu aura déjà été repris; et il conviendra qu'ils remettent à ce magistrat la copie du premier procès-verbal rédigé contre ledit prévenu. (Circ. du 20 décemb. 1814.)

Significations à l'Administration.

Les assignations et significations à l'Administration seront faites à la personne et au bureau du Receveur chargé des poursuites, conformément au troisième §. de l'art. 69 du Code de procédure.

§. II. Des Tribunaux de première instance, jugeant sur les appels.

Les tribunaux de première instance connaîtront

des appels qui seraient interjetés. Le tribunal compétent est celui dans le ressort duquel se trouve le juge de paix qui a rendu le jugement. (Art. 6 de la loi du 14 fructidor an 3 ; 14, titre IV, de celle du 9 floréal, et 7 de celle du 27 ventôse an 8.)

Les jugemens de ces tribunaux seront rendus par trois juges au moins. (Art. 16, loi du 27 ventôse.)

Lorsqu'il y aura appel d'un jugement du juge de paix, condamnant l'Administration, le Receveur poursuivant mettra son Directeur à même d'apprécier le fondement de cet appel, afin d'en recevoir les instructions qui lui seront nécessaires pour assurer le succès de la cause.

Il n'y aura lieu à l'appel des jugemens préparatoires qu'après le jugement définif, et conjointement avec l'appel de ce jugement ; mais l'exécution des jugemens préparatoires ne portera aucun préjudice aux droits des parties sur l'appel, sans qu'elles soient obligées de faire à cet égard aucune protestation ni réserve.

L'appel des jugemens interlocutoires est permis avant que le jugement définitif ait été rendu.

Dans ce cas, il sera donné expédition du jugement interlocutoire. (Article 31 du Code de procédure.)

L'appel doit être notifié dans la huitaine de la signification du jugement, sans citation au bureau de conciliation ; après ce délai, il n'est plus recevable, et le jugement est exécuté. (Art. 6, loi du 14 fructidor.)

L'Administration est dispensée du préliminaire de la conciliation. (Paragraphe 1er. de l'art. 49 du Code de procédure.)

L'appel doit contenir assignation à comparaître, dans les trois jours, devant le tribunal civil. (Article 6, loi du 14 fructidor an 3.)

Ce délai est augmenté d'un jour pour chaque deux myriamètres de distance entre le lieu où siége le juge de paix et celui où siége le tribunal civil. (Art. 14, titre IV, loi du 9 floréal.)

Le tribunal prononcera dans la huitaine. (Article 6, loi du 14 fructidor.)

Les causes de l'Administration seront communiquées au procureur du Roi, en conformité de l'article 83 du Code de procédure.

Les appels des jugemens rendus par les juges de paix, étant réputés matières sommaires, seront jugés à l'audience après les délais de la citation échus, sur un simple acte, sans autres procédures ni formalités. (Articles 404 et 405 du Code de procédure.)

Les nullités d'exploits ou d'actes de procédure ne peuvent être proposées en cause d'appel, lorsqu'elles ne l'ont point été au tribunal qui a prononcé le premier jugement, et avant toute défense ou exception, autres que les exceptions d'incompétence. (Art. 173 du Code.)

Il n'en est pas ainsi des nullités du rapport, qui,

étant la pièce fondamentale de la procédure, peuvent être proposées en tout état de cause.

Dans le délai de trois mois, à dater du jour de la signification du jugement rendu sur l'appel, la partie pourra se pourvoir en cassation contre ledit jugement. (Art. 14, loi du 1ᵉʳ. décembre 1790.) Dans ce délai, il ne faut compter ni le jour de la signification, ni celui de l'échéance. (Décision du 1ᵉʳ. frimaire an 2.)

La demande en cassation n'arrête pas l'exécution du jugement; dans aucun cas, et sous aucun prétexte, il ne doit être accordé de surséance. (Loi du 1ᵉʳ. décembre, art. 16.)

Lorsque la main-levée des objets saisis est accordée par un jugement contre lequel il y a pourvoi en cassation, la remise n'en doit être faite à celui au profit duquel le jugement a été rendu, qu'au préalable il n'ait fourni bonne et suffisante caution de leur valeur. La main-levée ne peut jamais être accordée pour les objets prohibés à l'entrée. (Art. 15, titre IV, loi du 9 floréal.)

Principes applicables aux deux instances.

L'instruction, dans les deux instances, est verbale, sur simples mémoires, sans frais de justice à répéter de part ni d'autre. (Art. 17, titre VI, loi du 4 germinal an 2.)

Les juges ne peuvent, à peine d'en répondre en leur propre et privé nom, modérer les confiscations et amendes, ni en ordonner l'emploi au préjudice de l'Administration. (Art. 4, titre XII, loi du 22 août.)

Il ne peut être donné main-levée des objets saisis, qu'en jugeant définitivement, à peine de nullité et de dommages et intérêts envers l'Administration. (Art. 2, titre XII, loi du 22 août.)

Il est défendu aux juges d'excuser les contrevenans sur l'intention. (Article 16, titre IV, loi du 9 floréal.)

Si les prévenus se trouvaient, par quelque raison que ce soit, dans un cas graciable, l'Administration est autorisée à transiger avec eux, avant ou après le jugement. (Renvoyé au chap. 8, *Des Transactions.*)

§. III. *De la Signification des Jugemens.*

La signification est faite à l'Administration, au bureau du Receveur poursuivant. (Art. 11, loi du 14 fructidor an 3, et art. 69 du Code de procédure.) Celle à la partie est faite à son domicile, si elle en a un réel ou élu dans le lieu de l'établissement du bureau; sinon, à celui du maire de la commune (Art. 11, loi du 14 fructidor an 3) du lieu de l'établissement du bureau où la marchandise saisie a été déposée.

Les Préposés peuvent signifier les jugemens rendus en matière de douanes. (Art. 18, titre XIII, loi du 22 août.)

Les délais d'appel ne courent que du jour de la signification du jugement, (Arrêt de cassation du 17 mars 1806.)

Si la partie est étrangère, la signification du jugement lui sera faite comme il est dit ci-dessus; mais la signification d'un acte d'appel doit, au contraire, lui être faite suivant les formes prescrites par l'art. 2, titre II, de l'ordonnance de 1667, c'est-à-dire, au domicile du procureur du Roi près le tribunal qui doit connaître de l'appel. (Arrêt de cassation du 3 ventôse an 10.)

Quand on veut signifier un acte, il faut le copier et mettre au bas ou en marge :

L'an......, le....., à la requête de M. le Conseiller d'État, Directeur-général des douanes, et de MM. les Administrateurs, dont le bureau central est à Paris, lesquels font élection de domicile, pour les suites du présent, au bureau de M....., leur Receveur, demeurant à....., nous soussignés......., Préposés des douanes, résidant à........., en vertu de l'autorisation à nous donnée par l'article 18, titre XIII, loi du 22 août 1791, avons signifié le jugement (*ou l'acte l'appel*), dont copie est ci-dessus, au sieur....., en son domicile à..... (*ou au domicile du maire de*....., *ou au domicile de M. le procureur du Roi à*........., *suivant le cas*), en parlant à........ ; et pour qu'il n'en ignore et y satisfasse, sous les peines de droit, nous lui avons laissé copie, tant dudit jugement (*ou acte d'appel*) que du présent exploit.

Fait à......, les jour, mois et an que dessus.

Cette signification doit, à peine de nullité, être enregistrée dans les quatre jours au bureau de la résidence des exploitans, ou de celle de la partie. (Art. 20, loi du 22 frimaire an 7.)

§. IV. *Ventes des marchandises saisies.*

S'il n'y a pas d'appel dans la huitaine de la signi-fication du jugement, le neuvième jour, le Rece-veur du bureau en indiquera la vente par une affiche signée de lui, et apposée, tant à la porte du bureau, qu'à celle de l'auditoire du juge de paix, et procédera à la vente cinq jours après. (Loi du 14 fructidor an 3, art. 7.)

Cette vente doit être publique. (Art. 8, même loi.)

Les marchandises peuvent être transférées dans la douane, où cette vente se ferait le plus avanta-geusement; mais les frais de transport doivent être prélevés sur la part des Employés, sans que celle du Trésor public puisse en être grevée.

L'acte de vente doit être enregistré dans les quatre jours, sous peine d'amende. (Art. 11, loi du 14 fructidor.)

Les affiches pour ces ventes peuvent être faites sur papier libre. (Décision du Ministre, du 27 bru-maire an 6.)

Les marchandises prohibées à l'entrée seront vendues à charge de leur réexportation à l'étranger. Cette exportation doit être assurée par acquit-à-caution, qui, après avoir été légalement déchargé, sera joint au dossier de l'affaire qu'il concerne.

Dorénavant, les marchandises prohibées, provenant de saisies, et vendues dans les douanes de terre, devront être réexportées dans un mois, à dater du jour de la vente, et le prix en sera payé entre les mains du Receveur, dans les trois jours qui suivront ladite vente. (Circ. n°. 125.) Les mêmes marchandises, vendues dans les douanes maritimes, seront réexportées dans les trois mois qui suivront la vente ; mais le prix en sera acquitté, comme sur les frontières de terre, dans les trois jours.

Dans l'un et l'autre cas, les marchandises resteront sous la clef des douanes jusqu'à la réexportation ; dans les ports d'entrepôt, elle seront entreposées.

S'il arrivait que les acheteurs ne payassent pas le prix de l'adjudication dans le délai de trois jours, les marchandises devraient être revendues à la folle enchère ; et, afin de donner, dans cette hypothèse, une garantie à l'Administration, les Receveurs auront soin d'exiger des acheteurs, au moment même de la vente, le cinquième du prix. (Circ. n°. 125.)

Les dispositions des art. 5, 6, 7 et 8 de l'ordonnance du 8 mai 1816, ci-dessus rapportées *au chapitre 3, page* 64, sont applicables à toutes les marchandises prohibées qui devront être réexportées par suite de saisie, abandon, vente ou remise faite, sous condition de réexportation, au propriétaire. (Art. 12 de ladite ordonnance.)

Les marchandises imposées au tarif seront vendues sous la condition du paiement des droits, ou le montant sera déduit sur le prix. L'acte de vente en fera mention, et l'acquit de paiement sera joint aux autres pièces de l'affaire.

S'il y a pourvoi en cassation, la vente en sera faite nonobstant ce pourvoi, sauf à suspendre la répartition du produit jusqu'à l'événement de l'arrêt de cassation.

Il est de principe qu'aucun produit de saisie ne doit être réparti avant qu'il ne soit définitivement acquis; il s'ensuit que, lorsque, sur un appel, le tribunal civil a prononcé, il faut, avant d'effectuer les répartitions, attendre que le délai pour se pourvoir soit expiré. Les Directeurs doivent donc, dans tous les cas semblables, en informant du jugement M. le Directeur-général, lui transmettre une copie, certifiée par eux, de l'original de la signification qui en aurait été faite, afin qu'à l'expiration des trois mois, à compter du jour de cette notification, on puisse s'assurer au greffe de la Cour de cassation s'il y a eu ou non pourvoi. (Circul. du 8 avril 1815, n°. 7.) *Voir le modèle d'acte de vente, page* 138.

Je ne parlerai pas du mode de répartition établi par les arrêtés des 9 fructidor an 5 et 16 frimaire an 11, parce que cet objet est étranger à ce traité. Cependant je donnerai ce qui est relatif aux saisies faites par les Préposés seuls.

Division du prix de la vente des marchandises

en six sixièmes, qui se distribuent de la manière suivante :

Un sixième au Trésor public, sauf le cas où la somme à répartir n'excède pas cent francs ; ce sixième alors appartient aux saisissans.

Trois sixièmes aux saisissans; celui qui a commandé la saisie a, ou deux parts ou part et demie, suivant son grade : si après lui il se trouve au nombre des saisissans un lieutenant, il a part et quart ; chacun des autres saisissans a une simple part.

Les deux autres sixièmes se partagent entre les Préposés supérieurs. Les Lieutenans d'ordre n'ont que moitié part.

Un cinquième du produit de la saisie est dévolu à la caisse des retraites.

Les circulaires n°^s. 210, 212 et 236 ont tracé le mode de répartition du produit des saisies, et du paiement des parts attribuées aux Préposés des contributions indirectes, à ceux des octrois, aux agens de la police et aux militaires qui concourent aux saisies.

§. V. *Vente des marchandises abandonnées.* (Voyez le §. 6 du chapitre 4, page 86.

§. VI. *Vente des marchandises sujettes à dépérissement, dont les propriétaires ont refusé la remise sous caution.*

Elle aura lieu en vertu de la permission du juge,

laquelle sera signifiée aux parties. (Art. 16, titre X, loi du 22 août.)

En cas de jugement portant main-levée, dont l'Administration a interjeté appel, si la partie ne demande pas la remise des objets saisis dans les huit jours de la date du jugement, la vente peut en être faite, dans les trois jours de l'annonce à la partie, soit à son domicile, ou par affiche à la porte de la maison commune et à celle du bureau. (Art. 5, loi du 14 fructidor an 3.)

Ce dernier article ne déroge en rien au précédent article 16, qui doit toujours avoir son exécution. (Lettre du Ministre de la justice aux procureurs près les tribunaux civils.)

La vente doit avoir lieu, soit que la partie comparaisse ou reste absente. Toute opposition est non-recevable. (Art. 5, loi du 4 fructidor an 3.)

Lorsqu'il est sursis au jugement d'une contravention jusqu'après celui de l'inscription de faux, l'on peut faire la vente des marchandises sujettes à dépérissement et des chevaux. (Arrêté du 4e. jour complémentaire an 11.)

Lorsqu'il s'agira de saisies de sels, les moyens de transport, dont la remise sous caution, offerte par le procès-verbal, n'aura pas été acceptée, seront vendus publiquement à l'enchère, à la diligence de l'Administration des douanes, en vertu de la permission du juge de paix le plus voisin. (Art. 1er., décret du 20 novembre 1806.)

Cette permission sera signifiée dans le jour à la

partie saisie, si elle a un domicile réel ou élu dans le lieu de l'établissement du bureau de la douane, et, à défaut de domicile connu, au maire de la commune, avec déclaration qu'il sera procédé immédiatement à la vente, tant en absence qu'en présence, attendu le péril de la demeure. (Art. 2, même décret.)

§. VII. *Modèle d'une requête* (1) *tendante à être autorisé à vendre.*

A M. le Juge de paix du canton de.................

Requiert (*nom et prénoms*), Receveur des douanes à....., au nom de son Administration, qu'il vous plaise lui permettre de procéder, le......, au bureau (*ou* dans les magasins) de la douane, à la vente, au plus offrant et dernier enchérisseur, en la manière accoutumée, des marchandises ci-après, savoir (*les indiquer sommairement*); lesquelles sont sujettes à dépérissement (*s'il s'agit de moyens de transport, on les dénommera, et on continuera ainsi* :) et dont les propriétaires ont refusé la remise sous caution, à eux offerte par le procès-verbal qui en constate la saisie opérée le (*la date du rapport*) par les Préposés des douanes, à la résidence de........; et vous ferez justice. A...., le............

(La Signature du Receveur.)

S'il s'agissait d'objets dont la main-levée aurait été accordée par un jugement dont l'Administration aurait interjeté appel, et dont la partie n'aurait pas demandé la remise dans les huit jours de la date du jugement, on rédigerait

---

(1) On dresse ordinairement cette requête sur un carré de papier à 35 centimes.

comme ci-dessus, *jusqu'aux mots* : en la manière accoutumée, *et ensuite on dirait* : des objets ci-après............,
saisis le......, par les Préposés des douanes à......, au
préjudice du sieur......, et dont main-levée a été donnée
par jugement rendu le........; desquels objets il n'a point
demandé la remise dans le délai de huit jours, fixé par l'article 5 de la loi du 14 fructidor an 3; et vous ferez justice.

L'ordonnance rendue sur cette requête doit
être enregistrée comme tous les actes judiciaires.
Le Receveur la fait signifier aux parties dans les
formes et les délais prescrits aux articles rapportés
dans le paragraphe précédent.

Le modèle de signification, donné au §. III, p. 131,
peut servir, en substituant au mot *Jugement* le
mot *Ordonnance*.

Modèle d'un procès-verbal de vente.

Nota. Conformément à l'article 2 de la loi du 22 pluviôse, ceux
qui procèdent aux ventes publiques sont tenus d'en faire la déclaration
au bureau de l'enregistrement vingt-quatre heures au moins avant
de les commencer, et d'indiquer les jour, lieu et heure où elles se
feront, ainsi que le nom des requérans. La copie de cette déclaration
doit être transcrite en tête du procès-verbal de vente, et y demeurer
néanmoins annexée. Après cette transcription on rédige ainsi :

L'an mil huit cent......, le........, à *telle* heure, en
vertu de l'ordonnance de M. le juge de paix du canton
de........, en date du......., rendue sur la requête à
lui présentée, dûment enregistrée et signifiée aux parties
le.....; lesquelles ordonnance et signification sont annexées
au présent.

(*Si l'on procédait à une vente de marchandises acquises*
à l'Administration par un jugement, *on libellerait ainsi l'in-*
titulé :

L'an mil........, etc., en vertu du jugement rendu au

profit de l'Administration des douanes, le....., par....,
dûment enregistré et signifié à la partie adverse, et dont
elle n'a point interjeté appel dans le délai fixé par la loi ; *ou
bien* qui a été confirmé par jugement intervenu sur l'appel,
le......, par....., et dont l'expédition est annexée au présent.)

A la requête de M. le Conseiller d'Etat Directeur-général des douanes, et de MM. les Administrateurs, dont le
bureau est à Paris, rue Montmartre, hôtel d'Uzès :

Il va être par nous (*nom et prénoms*), leur Receveur,
à....., en présence des sieurs (*noms, prénoms, qualités et
demeures*), témoins requis pour satisfaire à la loi, procédé
en notre bureau (*ou* dans les magasins de la douane) à la vente
publique, au plus offrant et dernier enchérisseur, des marchandises énoncées en ladite ordonnance (*ou* audit jugement),
et détaillées au procès-verbal dressé le (*la date du rapport*),
contre le sieur......, par les Préposés des douanes au poste
de..... (*ou* les Employés du bureau de.........), et duquel
copie certifiée est demeurée ci-jointe.

Etant observé que la vente dont il s'agit a été annoncée
par des affiches signées de nous, et apposées aux lieux accoutumés.

Et s'étant trouvé un nombre suffisant d'enchérisseurs,
nous leur avons fait connaître que les marchandises dont
il s'agit allaient être vendues, à charge par les adjudicataires
de (*on mentionnera les conditions, soit du paiement des
droits en sus, ou en les déduisant du prix de l'adjudication, s'il s'agit d'objets tarifés; soit à charge de la réexportation, si ce sont des marchandises prohibées à l'entrée.*)
Après quoi nous avons fait exposer, mis en vente et adjugé
au plus offrant et dernier enchérisseur :

1°. (*Désigner les objets*) adjugés pour la somme de....
au sieur....., demeurant à....., ci.....

Et ainsi de suite.

. A la fin de chaque séance, on clôt de cette manière :

Attendu qu'il est *telle* heure, nous avons prévenu le public que la continuation de la vente était renvoyée à *telle* heure, et avons clos la présente séance, sous les seings des témoins et le nôtre.

(*Les Signatures.*)

Ouverture de la seconde séance,

Et le......, à *telle* heure, en vertu de l'ordonnance (*ou du jugement*) relatée en l'intitulé des autres parts, à la même requête, et en présence des mêmes témoins (*ou d'autres qu'on dénomme*), il a été, par nous, Receveur des douanes, soussigné, procédé dans les mêmes lieux à la continuation de la vente; et au moyen de ce qu'il s'est trouvé suffisamment d'enchérisseurs, nous avons adjugé au plus offrant, savoir :

2°....... (*Désigner les objets, et opérer comme à la première vacation, en suivant la série des numéros.*)

Clôture de la vente,

Tous les objets étant vendus, nous avons annoncé au public que l'opération était terminée; nous avons fermé le présent procès-verbal à *telle* heure, les jour, mois et an ci-dessus, et l'avons signé avec nos témoins.

(*Les Signatures.*)

CHAPITRE VI.

De la responsabilité des Communes.

Chaque commune est responsable des délits commis à force ouverte ou par violence, sur son

territoire , par des attroupemens ou rassemblemens armés ou non armés, soit envers les personnes,
soit contre les propriétés nationales ou privées,
ainsi que des dommages – intérêts auxquels ils
donnent lieu. (Loi du 10 vendémiaire an 4, tit. IV,
article 1er.)

En conséquence du précédent article , les communes sur le territoire desquelles les attroupemens
ou rassemblemens armés ou non armés se seraient
portés au pillage des bureaux, des dépôts des
douanes , et auraient exercé quelque violence
contre les propriétés nationales ou privées , sont
responsables de ces délits, et des dommages-intérêts
auxquels ils donneront lieu. (Arrêté du 4e. jour
complémentaire an 11 , art. 13.)

Conformément à l'art. 6 du même titre de la
même loi du 10 vendémiaire, lorsque, par suite de
ces rassemblemens ou attroupemens , un individu
préposé au douanes, ou autre, domicilié ou non
sur une commune, y aura été pillé, maltraité ou
homicidé , tous les habitans seront tenus de lui
payer, ou, en cas de mort, à sa veuve et enfans ,
des dommages-intérêts. (Arrêté du 4e. jour complémentaire, art. 14.)

En conséquence de l'art. 5 du même titre de la
même loi du 10 vendémiaire, dans le cas où les
rassemblemens auraient été formés d'individus
étrangers à la commune, sur le territoire de laquelle les délits ont été commis, et où la commune
aurait pris toutes les mesures qui étaient en son

pouvoir, à l'effet de les prévenir et d'en faire connaître les auteurs, elle demeurera déchargée de toute responsabilité. (Arrêté du 4e. jour complémentaire an 11, art. 15.)

Dans les cas prévus par les articles 13 et 14, la poursuite de la réparation et des dommages-intérêts ne pourra être faite qu'à la diligence du préfet du département, autorisé par le Gouvernement, devant le tribunal civil de l'arrondissement dans lequel le délit aura été commis. (Art. 16, même arrêté.)

On doit, en conséquence, remettre à ce magistrat une expédition authentique du rapport dûment affirmé et enregistré.

Lorsque les Préposés auront lieu de constater de semblables délits, ils devront requérir les agens municipaux de la commune de les constater également, et ils en feront mention dans leur rapport, qui contiendra l'estimation des dommages occasionnés par le délit. Ils pourraient, à la rigueur, se dispenser de faire cette réquisition, puisque le Conseil d'État a décidé, le 5 floréal an 13, que les Préposés des douanes peuvent valablement attester les troubles apportés à leurs fonctions, protégées par la loi, les spoliations d'objets saisis, les voies de fait, etc., et que leur rapport suffit aux tribunaux pour statuer sur la responsabilité encourue par les communes. La Cour de cassation a confirmé ce principe par arrêt du 28 prairial an 13.

Le tribunal civil, saisi de l'affaire à la diligence

du préfet, fixe les dommages-intérêts qui doivent être payés par les communes, d'après le vu du procès-verbal et des autres pièces constatant les délits commis. (Loi du 10 vendémiaire an 4, titre V, art. 4.)

Il est tenu de rendre son jugement dans les *dix jours*, au plus tard, qui suivent l'envoi du rapport. (Art. 5.)

Les dommages-intérêts ne seront jamais moindres que la valeur entière des objets pillés et choses enlevées. (Art. 6, même titre.)

Le jugement est envoyé dans les vingt-quatre heures, par le procureur du Roi, au préfet du département, qui sera tenu de l'envoyer, sous trois jours, au sous-préfet de l'arrondissement, chargé de le faire exécuter par la municipalité. (Art. 7.)

Il faut bien remarquer que, dans le cas dont nous parlons, il y a deux actions bien distinctes : l'une qui se poursuit, comme on vient de le voir, devant le tribunal civil, pour l'amende et les dommages-intérêts; et l'autre qui donne lieu, pour crime de rébellion, voies de fait, etc., à l'arrestation des prévenus, et à leur traduction devant la Cour prévotale, comme on l'expliquera au chapitre IX, ci-après.

CHAPITRE VII.

De la contrebande à l'entrée par terre, faite par six individus au plus, s'ils sont à pied, et par moins de trois, s'ils sont à cheval; de la fraude des sels sur les côtes et frontières, lorsqu'elle est faite par trois individus et plus; de l'exportation, par toutes les frontières, des grains et farines; de la procédure devant les Tribunaux correctionnels, et des appels de leurs jugemens.

SECTION PREMIÈRE.

§. Ier. *De la contrebande à l'entrée par terre, et des peines édictées contre elle.*

Toute importation par terre d'objets prohibés, et toute introduction frauduleuse d'objets tarifés, dont le droit serait de vingt francs par quintal métrique et au-dessus, donneront lieu à l'arrestation des contrevenans, et à leur traduction devant le tribunal correctionnel, qui, indépendamment de la confiscation de l'objet de contrebande et des moyens de transport, prononcera solidairement contre eux une amende de cinq cents francs, quand la valeur de l'objet de contrebande n'excédera pas cette somme, et, dans le cas contraire, une amende égale à la valeur de l'objet. (Loi du 28 avril 1816, art. 41.)

Les contrevenans seront, en outre, condamnés à la peine d'emprisonnement. (Art. 42.)

Si ces importations ou introductions ont été commises par moins de trois individus, l'emprisonnement sera d'un mois au plus, et pourra être réduit à trois jours, lorsque l'objet de fraude n'excédera pas dix mètres, si ce sont des tissus, ou cinq kilogrammes, si ce sont d'autres marchandises. (Art. 43.)

Dans le cas où elles auraient été commises par une réunion de trois individus et plus, jusqu'à six inclusivement, l'emprisonnement sera d'un an au plus, et de trois mois au moins. (Art. 44.)

Tous individus qui auraient été déclarés coupables d'avoir participé, soit comme assureurs, soit comme ayant fait assurer, soit comme intéressés d'une manière quelconque à des faits de contrebande, dont la connaissance est attribuée aux Tribunaux correctionnels, seront déclarés incapables de se présenter à la Bourse, d'exercer les fonctions d'agent de change ou de courtier, de voter dans les assemblées tenues pour l'élection des commerçans ou des prud'hommes, et d'être élus pour aucune de ces fonctions, tout et aussi longtemps qu'ils n'auront pas été relevés de cette incapacité par lettres de Sa Majesté.

Des extraits des jugemens du Tribunal, relatifs à ces individus, seront adressés, par le procureur

du Roi près ledit Tribunal, aux procureurs-généraux des Cours royales , ainsi qu'à tous les Directeurs des douanes, pour être affichés et rendus
publics dans tous les auditoires , Bourses et places
de commerce , et pour être insérés dans les journaux , conformément à l'art. 457 du Code de
commerce ; à l'effet de quoi les procureurs du Roi
près les Tribunaux correctionnels sont tenus de
faire, d'office, toutes les poursuites nécessaires pour
découvrir les entrepreneurs, assureurs, et généralement tous les intéressés à ladite contrebande.
(Art. 53 et 52 , loi du 28 avril.)

Sont passibles des condamnations édictées par
l'article 41 , savoir :

Toutes les marchandises de la classe de celles
y désignées, que les Préposés trouveront circulant dans le rayon des frontières sans expédition
valable : elles doivent être saisies , comme elles
l'auraient été à leur *importation* même ; et ce ,
attendu que la présomption, à leur égard , est
qu'elles ne se trouvent dans le rayon que par suite
d'une introduction prohibée ou frauduleuse ; (Circulaire n°. 150.)

Celles désignées aux paragraphes 1er., 2e . et 4e.
de l'art. 38 de la loi du 28 avril ; (Circ. n°. 187.)
Voir page 19.

Celles qui ont dépassé le premier bureau , qui
ont pris un chemin différent , ou qui sont trouvées
entre l'étranger et le bureau ; (Loi du 22 août 1791,
titre V , art. 2.)

Et celles qui seraient transportées *par terre* d'un

lieu à un autre du royaume, en empruntant le territoire étranger, sans être accompagnées d'un acquit-à-caution. (Titre V, art. 3.)

Mais celles qui, substituées à d'autres, seraient trouvées, lors de la visite, au bureau de destination ou de passage désigné pour la décharge des acquits-à-caution, ne seraient passibles que de la confiscation et de l'amende de 500 fr. prescrites par l'art. 9, titre III de la loi du 22 août.

L'art. 4 du titre V de cette loi porte que les marchandises prohibées qui sont présentées en douane sous leur véritable dénomination, ne sont point assujéties à la saisie; celles destinées à l'importation sont renvoyées à l'étranger.

SECTION II.

§. Ier. *De la fraude des Sels sur les côtes et frontières, lorsqu'elle est commise par trois individus et plus.*

Si la fraude (en matière de sels) est commise par une réunion de trois individus et plus, il y aura lieu à l'arrestation des contrevenans, et à leur traduction devant le Tribunal correctionnel; et, indépendamment de la confiscation des sels et moyens de transport, et d'une amende individuelle qui ne pourra être moindre de deux cents francs, ni excéder cinq cents francs, ils seront condamnés à un emprisonnement de quinze jours au moins, et de deux mois au plus. (Art. 30 , titre IV, loi du 17 décembre 1814.)

Les peines portées en l'article précédent seront prononcées contre tout individu qui, traduit devant le juge de paix, et reconnu être en récidive, devra être renvoyé par ledit juge devant le Tribunal correctionnel. (Art. 31.)

Les sels étant compris dans la classe générale des marchandises prohibées à l'entrée, si même un *seul* individu était saisi en introduisant du sel de l'étranger dans l'intérieur par les frontières de terre, il y aurait lieu à lui appliquer les peines édictées par l'art. 41 de la loi du 28 avril 1816.

Si la contrebande sur les sels était commise par les frontières de terre par une réunion de trois individus et plus à cheval, ou de sept et plus à pied, les prévenus seraient justiciables de la Cour prévôtale, conformément à l'art. 48 de la même loi. (Voir le chapitre 9 ci-après.)

Voir le §. 2, page 31.

§. II. *De l'exportation des Grains et Farines par toutes les frontières.*

L'exportation des grains, farines et légumes, permise par la loi du 2 décembre 1814, étant subordonnée au prix moyen du blé-froment dans les départemens frontières, et devant cesser dès que ce prix moyen sera parvenu au *maximum* déterminé par la loi, toute tentative d'exportation de ces substances, lorsque le sursis aura été ordonné, sera punie des peines prononcées par la loi du 26 ventôse an 5, ainsi que les exportations que l'on tenterait d'effectuer par d'autres lieux que par les bureaux désignés pour la sortie, tant qu'elle est permise par l'ordonnance du Roi du 18 décembre 1814.

Les grains et farines surpris de nuit, même avec passavant, ou de jour sans passavant, ou sur un chemin détourné, autre que celui déterminé par l'expédition, doivent être saisis, ainsi que tous les moyens de transport. (Art. 2, loi du 26 ventôse an 5.)

Le prévenu sera arrêté et traduit devant le Tribunal de police correctionnelle. (Arrêté du 28 germinal an 8, art. 1 et 2.)

Tout individu qui tenterait d'exporter des grains ou farines par d'autres lieux que par les bureaux indiqués, ou lorsque le sursis est ordonné, sera puni de la confiscation des marchandises, et de tous les moyens de transport indistinctement, et, en outre, d'une amende de dix francs par cinq myriagrammes de grains, et de douze francs par cinq myriagrammes de farine. (Loi du 26 ventôse, art. 2 et 6.)

Ces peines seront prononcées par le Tribunal correctionnel. (Art. 6, même loi.)

Une ordonnance du Roi, du 3 août 1815, maintient provisoirement la prohibition de la sortie des grains, farines, légumes, etc., par toutes les frontières de terre et de mer.

Cette prohibition avait été ordonnée par décret du 31 mai 1815.

Les grains venant de l'étranger, qui, à leur arrivée, sont déclarés en entrepôt, jouissent de la faculté de réexportation; mais les navires qui font ces réexportations doivent être munis d'un acquit de douane, spécifiant l'origine primitive des grains, leur espèce et leur quantité, avec indication de la destination définitive qui leur sera donnée (Circulaire n°. 152.) (1).

Voir la 2ᵉ. Partie, sect. 1ʳᵒ., §. 1ᵉʳ., *Grains.*

§. *Commun aux deux sections précédentes.*
Arrestation des prévenus.

Il est nécessaire, dans les cas prévus par les paragraphes précédens, que les Employés s'assurent, autant qu'ils le pourront, de la personne des prévenus, et les conduisent aussitôt, soit devant M. le procureur du Roi de l'arrondissement, qui les fera constituer prisonniers, et à qui on remettra en même temps l'original du rapport; soit, en cas d'éloignement, devant le juge de paix ou l'officier de police le plus voisin, qui, sur le vu du procès-verbal, ordonnera leur transmission au lieu des séances du Tribunal, pour y être mis à la disposition de M. le procureur du Roi. (Circulaire du 20 décembre 1814.)

D'après l'autorisation de S. Exc. le Ministre des finances, il sera payé aux Préposés, pour chaque arrestation d'individus, autorisée par la loi, une

------

(1) On requerra dans les rapports de saisies de grains l'application des art. 2 et 6 de la loi du 26 ventôse an 5. La conclusion est la même que celle du modèle suivant, en retranchant ces mots : *conformément à l'article* 41 *déjà cité.*

somme de quinze francs, à prendre sur le sixième réservé du produit des saisies. (Circul. du 18 janvier et du 17 juillet 1815.)

Modèle de rapport de saisie de marchandises prohibées à l'introduction par terre.

L'an mil huit cent...., le....., à la requête, etc.

Nous soussignés......, certifions qu'étant à (*indiquer le lieu et l'heure*), nous avons vu venir de l'étranger deux hommes conduisant deux voitures attelées chacune de..... chevaux. Voyant que ces individus prenaient un chemin détourné de celui qui conduit au premier bureau d'entrée, et soupçonnant qu'ils cherchaient à introduire des marchandises prohibées, nous les avons abordés avec précaution, de manière à n'être aperçus qu'au moment où nous avons été tout près d'eux. Après leur avoir fait connaître nos qualités, nous les avons sommés de nous déclarer leurs noms, professions et demeures, et quelles étaient les marchandises qu'ils conduisaient : ils ne nous ont point répondu, et ont cherché à s'évader; mais nous les avons arrêtés.

L'un de nous ayant ouvert un des ballots dont les voitures étaient chargées, et s'étant aperçu qu'il contenait des objets manufacturés prohibés à l'entrée, nous avons obligé ces individus à venir avec nous à la douane de....., où nous avons conduit les deux voitures et les..... chevaux, ainsi que les........ ballots trouvés sur ces voitures. Arrivés audit bureau à........ heures du......., nous avons de nouveau sommé les prévenus de nous dire leurs noms, etc. (*consigner leur réponse, et les incidens qui pourraient survenir et qu'on ne peut prévoir*), et nous avons immédiatement procédé, en présence desdits......., et celle de M........., Receveur, à la vérification et description des marchandises. Nous avons reconnu que le ballot n°........., marqué....... pesant brut........, contenait..,..... pièces de......., tirant

chacune........ mètres ; le ballot n°........., marqué........
(*mettre le nombre*) pièces de....... tirant....... mètres, etc.

(*La description doit être faite pièce par pièce ; il faut indiquer l'aunage de chacune, la largeur de l'étoffe. Il sera bon de spécifier sa couleur et sa qualité.*)

Lesquelles marchandises sont prohibées par la loi du....... En conséquence, nous avons déclaré auxdits...... la saisie des (*mettre le nombre.*) ballots de marchandises ci-dessus décrites, que nous avons laissés à la charge et garde de M.........., Receveur, après les avoir plombés au coin de ce bureau (*ou après les avoir scellés du cachet de l'un de nous*), en invitant les prévenus à y apposer le cachet de l'un d'eux, ce qu'ils ont fait (*ou refusé*) ; desquels cachets l'empreinte est en marge du présent. Nous leur avons également déclaré la saisie des deux voitures, qui resteront à la douane, sous la garde du Receveur, et des....... chevaux, (*mettre ici le signalement des chevaux*) ; lesquels chevaux ont été mis en fourrière chez le sieur....., demeurant à...., moyennant le salaire convenu à...., suivant l'acte annexé au présent (1)

Le tout en conformité de l'art. 41 de la loi du 28 avril 1816. (*Il sera bon de rapporter ici le texte de cet article ; cependant ce n'est pas d'une absolue nécessité, puisque la citation à comparaître doit le relater.*)

Nous leur avons déclaré que nous allions les conduire devant M. le juge de paix du canton de......., qui recevra, en leur présence, l'affirmation de notre rapport ; qu'ensuite nous les remettrions, avec le présent acte original, entre les mains de M. le procureur du Roi de l'arrondissement de...., qui les fera constituer prisonniers, conformément à l'article 41 déjà cité ; et que la citation à comparaître devant le Tribunal correctionnel séant à....., leur sera dûment signifiée aussi-

---

(1) S'agissant de marchandises dont la consommation est défendue, on ne peut offrir main-levée, sous caution, des moyens de transport. Si la consommation était permise, on aurait soin d'offrir cette main-levée. *Voir*, pour sa rédaction, le *Modèle page* 113.

tôt que M. le procureur du Roi aura désigné le jour où la cause devra être appelée. Avons donné lecture de notre procès-verbal auxdits....., avec sommation de le signer ; ce qu'ils ont promis (*ou refusé, ou déclaré ne savoir*). Fait et clos à la douane de......, à...... heures avant (*ou après*) midi, lesdits jour, mois et an que dessus. Avons signé avec M....., Receveur dépositaire, et aussitôt remis auxdits...., chacun une copie du présent.

Si les prévenus s'étaient évadés, on rédigerait ainsi :

Ces deux individus, en nous voyant, se sont enfuis si promptement, que, malgré nos efforts, nous n'avons pu les atteindre. L'un de nous ayant ouvert un des ballots, et reconnu qu'il contenait des marchandises manufacturées, prohibées à l'entrée, nous avons déclaré, à haute voix, auxdits prévenus fugitifs, la saisie desdits..... ballots, des deux voitures et des........ chevaux servant au transport ; que nous allions les conduire à la douane de....., où nous les sommions d'être présens à la vérification et à la description détaillée qui y seraient faites. Arrivés audit bureau à...... heures avant (*ou après*) midi de ce jour, nous avons immédiatement reconnu, en présence de M........, Receveur, et en l'absence des prévenus, quoique pour ce requis, que (*décrire les marchandises comme il est dit plus haut*). Vu la contravention à la loi du......., qui prohibe nominativement lesdites marchandises, et par application de l'article 41 de la loi du 28 avril 1816, nous avons déclaré de nouveau la saisie des objets ci-dessus décrits, que nous avons laissés. (*Terminer comme dans l'autre cas, jusqu'aux mots :* Nous leur avons déclaré.)

Pour procéder aux fins de notre rapport, nous avons déclaré que la citation à comparaître devant le Tribunal correctionnel séant à......., sera signifiée, dans les formes prescrites, aux trois prévenus fugitifs, aussitôt que M. le procureur du Roi près ledit Tribunal aura fixé le jour où la cause sera appelée ; à quel effet le présent original sera remis à ce magistrat. Attendu l'absence des prévenus, malgré nos sommations d'être présens à la vérification et description des objets saisis, à la rédaction et à la clôture de ce rapport, nous l'avons fait et clos en la douane de....., à...... heures avant (*ou après*) midi, les jour, mois et an que dessus ; l'avons signé avec M......, Receveur dépositaire, et copie en a été immédiatement affichée à la porte extérieure dudit bureau.

S'il s'agissait d'une saisie de marchandises imposées à vingt francs du quintal ou au-dessus, on rédigerait dans les mêmes termes, avec cette différence, que la consommation de la marchandise n'étant pas défendue, on aurait soin d'offrir la main-levée des moyens de transport sous caution solvable, ou en en consignant leur valeur.

Voir le chap. 1er., pour l'affirmation en l'enregistrement des rapports.

SECTION III.

Procédure devant les Tribunaux correctionnels.

§. Ier. *De la Citation.*

Le prévenu qui n'aurait pas été mis en arrestation, sera cité à comparaître en personne devant le Tribunal correctionnel : la citation lui sera donnée à son domicile, s'il réside dans le ressort du Tribunal, et, dans le cas contraire, elle lui sera donnée au domicile du procureur du Roi près ce même Tribunal.

Il y aura trois jours au moins entre celui de la citation et celui indiqué pour la comparution. (Loi du 28 avril 1816, art. 45.)

La partie civile fera, par l'acte de citation, élection de domicile dans la ville où siége le Tribunal : la citation énoncera les faits et tiendra lieu de plainte. (Code d'instruction criminelle, art. 183.)

C'est-à-dire qu'en matière de douanes, la citation contiendra un extrait du rapport.

Modèle de citation.

L'an....., le......., à la requête de M. le Conseiller d'État, Directeur-général des douanes, et de MM. les Administrateurs, dont le bureau central est à Paris, lesquels font élection de domicile, à l'effet des présentes, au bureau de M......, leur Receveur, demeurant à....., (*celui de la ville où siége le Tribunal.*)

Soit le sieur....... cité à comparaître devant le Tribunal correctionnel de l'arrondissement de........, séant en son auditoire ordinaire, audit......, le......,à......... heures du matin, par suite du rapport dressé le........, par les Préposés des douanes, à la résidence de........., portant au préjudice dudit.......... saisie de (*mettre l'extrait du procès-verbal contenant la description des objets saisis, et la loi en vertu de laquelle on a saisi ,*, pour s'y entendre condamner à la confiscation desdites marchandises; ensemble à celle des chevaux et voitures servant au transport, et, en outre, à l'amende de 500 francs (*si la marchandise vaut davantage, on mettra : à l'amende égale à la valeur des objets saisis*), et en autant de jours d'emprisonnement qu'il plaira au Tribunal de prononcer; le tout conformément aux articles 41 et 42 de la loi du 28 avril 1816, et de plus aux dépens.

Fait à la douane de...., les jour, mois et an ci-dessus.

(*Signature du Receveur.*)

Cet acte est présenté au procureur du Roi, qui le revêt de son réquisitoire; ensuite il doit être signifié au prévenu, suivant la formule donnée page 131, en substituant le mot *citation* à celui de *jugement*.

L'original de cette citation doit être enregistré dans les quatre jours. (Art. 20, loi du 22 frimaire an 7.)

§. II.

Dès que le rapport de saisie est remis à M. le procureur du Roi, le Receveur poursuivant doit demander l'autorisation de vendre provisoirement les chevaux, voitures, etc., sujets à entretien et à dépérissement, en conformité de l'art. 13, titre IV, de la loi du 9 floréal an 7, sauf à laisser le prix de la vente déposé dans la caisse des douanes, jusqu'à définition de cause.

Voir les modèles de requête et d'acte de vente, pages 137 et 138.

§. III. *Des Mandats de comparution, de dépôt, d'amener et d'arrêt.*

Le chapitre 7, livre Ier. du Code d'instruction criminelle, trace d'une manière détaillée les fonctions des juges d'instruction, relativement aux mandats de comparution, etc. (Voir ce chapitre au Code.)

§. IV. *De la Liberté provisoire et du Cautionnement.*

Consulter le chapitre 8, même livre, du même Code.

§. V. *Du Jugement.*

Si, au jour fixé, le prévenu ne comparaît pas en personne, le Tribunal sera tenu de rendre son jugement. (Loi du 28 avril 1816, art. 46.)

Si, le prévenu comparaissant, il y a lieu à prononcer une remise, elle ne pourra excéder *cinq jours*, et le cinquième jour le Tribunal prononcera, partie présente ou absente. (Art. 47.)

Si le prévenu ne comparaît pas, il sera jugé par défaut. (Art. 186 du Code d'instruction.) La condamnation par défaut sera comme non-avenue, si, dans les cinq jours de la signification qui en aura été faite au prévenu, ou à son domicile, outre un jour par cinq myriamètres, celui-ci forme opposition à l'exécution du jugement, et notifie son opposition tant au ministère public qu'à la partie civile.

Néanmoins, les frais de l'expédition de la signification du jugement par défaut et de l'opposition, demeureront à la charge du prévenu. (Art. 187 du Code criminel.)

L'opposition emportera de droit citation à la première audience; elle sera non-avenue, si l'opposant n'y comparaît pas; et le jugement rendu sur l'opposition ne pourra être attaqué par la partie qui l'aura formée, si ce n'est par appel. (Art. 188 du Code.)

Les procès-verbaux des Préposés des douanes, quant aux seuls faits qui constituent la contrebande, font foi en justice jusqu'à inscription de faux, et prouvent seuls l'existence du délit. L'audition des témoins pourra cependant avoir lieu; mais s'ils attaquent le fond du rapport, sans que cette inscription ait eu lieu, le Tribunal ne peut avoir égard à leurs dépositions; elles doivent se borner à des développemens sur les circonstances accessoires de l'affaire.

La preuve des délits correctionnels se fera de la manière prescrite par les articles 154, 155 et 156, concernant les contraventions de police.

Les dispositions des articles 157, 158, 159, 160 et 161, sont communes aux Tribunaux en matière correctionnelle. (Même Code, art. 189.)

De l'Instruction de l'affaire.

L'instruction sera publique, à peine de nullité.

Le procureur du Roi, la partie civile (c'est-à-dire le stipulant pour l'Administration des douanes) exposeront l'affaire; le rapport sera lu par le greffier. Le prévenu, s'il est présent, sera interrogé : le prévenu et les personnes civilement responsables proposeront leur défense. Le Receveur des douanes, poursuivant, donnera ses conclusions, et le procureur du Roi résumera l'affaire, et donnera ses conclusions. Le prévenu et les personnes civilement responsables pourront répliquer.

Le jugement sera prononcé de suite, ou, au plus tard, à l'audience suivante. (Art. 190.)

Voir, pour le concours d'exécution, les art. 193, 194, 195, 196, 197 et 198, qui traitent de la forme, de l'authenticité et de la signature du jugement définitif de première instance, et de la condamnation aux frais.

Le Receveur des douanes poursuivant prendra des conclusions tendantes à ce qu'il plaise au Tribunal lui donner acte de la nomination qu'il fait, au nom de la douane, du sieur......, expert, à l'effet de procéder, concurremment avec celui désigné par le prévenu, ou nommé d'office, à l'estimation des marchandises, afin que l'amende, égale à la valeur des objets saisis, d'un prix excédant 500 francs, puisse être exactement fixée.(Circ. n°. 208.) *Voir ce qui est dit à ce sujet page* 124.

L'article 1035 du Code de procédure civile contient, à cet égard, des dispositions générales, dont il est aisé de faire l'application au cas dont il s'agit. Il est de l'intérêt des parties que cette évaluation soit faite devant le Tribunal ou le juge de paix du lieu où les marchandises sont déposées. (Circ. n°. 22.)

C'est le prix courant, en France, des marchandises saisies, ou de celles analogues en qualité, qui doit servir de base à l'estimation.(Circ. n°. 13.)

SECTION IV.

De l'Appel.

Les jugemens rendus en matière correctionnelle pourront être attaqués par la voie de l'appel. (Article 199 du Code.)

Les appels des jugemens rendus en police correctionnelle seront portés des Tribunaux d'arrondissement au Tribunal du chef-lieu du département.

Les appels des jugemens rendus au chef-lieu du département seront portés au Tribunal du chef-lieu du département voisin, quand il sera dans le ressort de la même Cour royale, sans néanmoins que les Tribunaux puissent, dans aucun cas, être respectivement juges d'appel de leurs jugemens. (Art. 200.)

Dans le département où siége la Cour royale, les appels des jugemens rendus en police correctionnelle seront portés à ladite Cour.

Seront également portés à ladite Cour les appels des jugemens rendus en police correctionnelle dans le chef-lieu d'un département voisin, lorsque la distance de cette Cour ne sera pas plus forte que celle du chef-lieu d'un autre département. (Art. 201.)

La faculté d'appeler appartient au prévenu, à l'Administration des douanes, au procureur du Roi du Tribunal de première instance, lequel sera tenu, dans le cas où il n'appellerait pas, d'adresser, dans le délai de quinze jours, un extrait du jugement au magistrat du ministère public près le Tribunal ou la Cour qui doit connaître de l'appel; enfin, cette faculté appartient encore au ministère public près le Tribunal ou la Cour qui doit prononcer sur l'appel.

Il y aura, sauf l'exception portée en l'art. 205 ci-après, déchéance de l'appel, si la déclaration d'appeler n'a pas été faite au greffe du tribunal qui a rendu le jugement, dix jours au plus tard après celui où il a été prononcé, et, si le jugement est rendu par défaut, dix jours au plus tard après celui de la signification qui aura été faite à la partie condamnée, ou à son domicile, outre un jour par trois myriamètres.

Pendant ce délai, il sera sursis à l'exécution du jugement. (Art. 203.)

La requête, contenant les moyens d'appel, pourra être remise, dans le même délai, au même greffe; elle sera signée de l'appelant ou d'un avoué, ou de tout autre fondé de pouvoir.

Elle pourra aussi être remise directement au greffe du Tribunal ou de la Cour où l'appel sera porté. (Art. 204.)

Consulter l'art. 205 pour les délais d'appel interjeté par le ministère public près le Tribunal ou la Cour qui doit connaître de cet appel; l'art. 206, pour la mise en liberté du prévenu; l'article 207, relatif à la transmission de la requête d'appel, et à la translation du prévenu dans le lieu où siége le Tribunal qui doit connaître de l'appel; l'art 208 , qui permet d'attaquer par la voie d'opposition les jugemens rendus par défaut sur l'appel, dans les mêmes formes et délais que les jugemens par défaut rendus en première instance.

L'appel sera jugé à l'audience, dans le mois, sur un rapport fait par l'un des juges. (Art. 209.)

Consulter l'art. 210, qui rappelle l'art. 190 ci-dessus, relatif à la forme et à l'ordre qui doivent être observés à l'audience dans le cours des débats.

Les dispositions des articles précédens, sur la solennité de l'instruction, la nature des preuves, la forme, l'authenticité et la signature du jugement définitif de première instance, la condamnation aux frais, ainsi que les peines que ces articles prononcent, seront communes aux jugemens rendus sur l'appel. (Art. 211.)

Si le jugement dont est appel est annullé par violation ou omission non réparée de formes prescrites par la loi, à peine de nullité, la Cour ou le Tribunal statuera sur le fond. (Art. 215.)

La partie civile, le prévenu, la partie publique, les personnes civilement responsables, pourront se pourvoir en cassation contre le jugement. (Article 216.)

Je ne parlerai pas des formalités à observer pour le pourvoi en cassation, ni de la manière de procéder devant la Cour suprême, parce que ces matières sont étrangères aux Employés, pour l'instruction desquels ce traité est particulièrement composé.

Consulter, pour les demandes en cassation, les articles 416 à 442 du Code d'instruction criminelle.

Signification des Jugemens.

Les Receveurs des douanes doivent, avant de signifier un jugement, attendre que l'Administration les y ait autorisés. (Voir, pour les formalités à remplir à cet égard, le paragraphe 3, page 130.)

Vente des Marchandises.

Renvoyé aux paragraphes 4, 6 et 7, pages 132 à 140.

CHAPITRE VIII.

Des Transactions.

Les juges ne pouvant excuser les contrevenans aux lois de douanes sur l'intention, ni modérer les confiscations et amendes, le Gouvernement a autorisé l'Administration à transiger avec ceux auxquels on ne peut reprocher qu'une erreur ou une ignorance des réglemens.

L'arrêté des Consuls, du 14 fructidor an 10, article 1er., autorise l'Administration à transiger, soit avant, soit après le jugement. L'article 2 fixait le mode de transaction ; mais il y a été dérogé par l'article 9 de l'ordonnance royale du 27 novembre

1816, relative à l'organisation de l'Administration des douanes. Cet article 9 est ainsi conçu :

« Dans les affaires résultant de procès-verbaux
» de saisie ou de contravention, si le conseil
» (d'administration) juge qu'il y a lieu à tran-
» saction, il en propose les conditions, que le
» Directeur-général est autorisé à modifier dans
» les affaires où les condamnations n'excèdent pas
» *trois mille francs.*

» Ces transactions, telles qu'elles ont été ap-
» prouvées par le Directeur-général, ou modifiées
» par lui, lorsqu'il y a lieu, en vertu du paragraphe
» précédent, sont définitives pour les saisies dans
» lesquelles les condamnations encourues n'excè-
» dent pas *six mille francs ;* lorsqu'elles excèdent
» six mille francs, la transaction est soumise à
» l'approbation du Ministre des finances par le
» Directeur-général. »

Lorsqu'il est évident que le Tribunal n'a prononcé les peines édictées par la loi, que parce
qu'il est seulement juge du fait matériel, sans qu'il
lui soit permis d'avoir égard à l'intention, MM. les
Directeurs des douanes sont autorisés à référer des
propositions d'arrangement qui seraient faites, à
M. le Directeur-général, en le fixant sur le montant
des condamnations encourues.

Lorsqu'on a arrêté des prévenus passibles d'emprisonnement, et qu'ils n'ont pas encore été traduits
devant le Magistrat de sûreté, on peut admettre
provisoirement les offres d'accommodement ; mais

il faut se mettre en mesure de reprendre efficace-
ment les poursuites, si la transaction n'était pas
approuvée par M. le Directeur-général ; et en conséquence il est nécessaire que les prévenus soient
d'abord traduits devant le Magistrat de sûreté,
ainsi que le prescrivait la circulaire du 5 mai 1813,
et qu'ils soient tenus ensuite de fournir caution
pour être mis en liberté. (Circulaire du 21 avril
1815, n°. 13.)

On ne doit transiger, *pour saisie faite sur inconnus*, qu'après le jugement définitif. (Circ. du 31
juillet 1815, n°. 56.)

Modèle de transaction.

La transaction est un acte qui n'est assujéti à
aucune formalité ; cependant il est bon qu'il soit
rédigé de manière à conserver les droits de l'Administration. J'en donnerai un modèle, qui pourra,
sauf les cas particuliers, servir à guider les Receveurs.

Entre les soussignés (*nom et prénoms*), Receveur des
douanes, demeurant à......, et (*nom et prénoms du prévenu*), demeurant à.......

Il a été convenu ce qui suit :

Le sieur......., au préjudice duquel les Préposés des
douanes, en résidence à......., ont saisi le (*mettre la date
du rapport*) une quantité de..... kilogrammes (*ou mètres*)
de (*désigner la marchandise comme au rapport*) ;

Offre, pour terminer cette affaire, d'abandonner lesdites
marchandises à l'Administration des douanes, et de lui payer
une somme de....... pour tenir lieu de l'amende par lui
encourue.

(On fera rembourser par le délinquant les frais déjà faits, et on pourra le mentionner dans le présent acte , ou mieux, en donner une reconnaissance séparée.)

Le sieur......., Receveur, accepte provisoirement l'offre dudit.........., et a reçu à l'instant la somme de.......... ci-dessus offerte.

Entendent lesdites parties que la présente transaction ne sera valable qu'autant qu'elle sera acceptée par M. le Directeur-général des douanes, auquel il en sera référé, et que, si elle est refusée, elle ne préjudiciera en rien à leurs intérêts respectifs, lesquels rentreront dans l'état où ils se trouvaient auparavant; le tout sous la réserve de tous droits et actions acquis à ladite Administration.

Fait double à........., le.......... ; et ont, lesdites parties, signé après lecture.

CHAPITRE IX.

De la contrebande à l'entrée par terre, faite par plus de six individus à pied, et par trois ou plus à cheval; de la contrebande, à main armée, et autres crimes du ressort des Cours prévôtales ; de la procédure devant ces Cours.

SECTION PREMIÈRE.

De la contrebande à l'entrée par terre, commise par plus de six individus à pied, et par trois ou plus à cheval; et des peines qui lui sont infligées.

Seront justiciables des Cours prévôtales les prévenus de toute importation prohibée ou frauduleuse, si, étant à cheval, ils sont au nombre de trois et plus, et si, étant à pied, ils sont en nombre supérieur à six. (Art. 48, loi du 28 avril 1816.)

Tout fait de contrebande de compétence prévôtale entraînera, 1°. la confiscation des marchandises et des moyens de transport; 2°. une amende solidaire de mille francs, si l'objet de la confiscation n'excède pas cette somme, ou du double de la valeur des objets confisqués, si cette valeur excède mille francs; 3°. un emprisonnement qui ne pourra être moindre de six mois, ni excéder trois ans. (Art. 51.)

Le Prévot sera tenu de faire d'office toutes les poursuites nécessaires pour découvrir les entrepreneurs, assureurs, et généralement tous les intéressés à ladite contrebande. (Art. 52.)

Ceux qui, par l'effet de ces poursuites, seraient jugés coupables d'avoir participé comme assureurs, comme ayant fait assurer, ou comme intéressés d'une manière quelconque, à un fait de contrebande, deviendront solidaires de l'amende, et passibles de l'emprisonnement prononcé.

Il seront, en outre, déclarés incapables de se présenter à la Bourse, d'exercer les fonctions d'agent de change ou de courtier, de voter dans les assemblées tenues pour l'élection des commerçans ou des prud'hommes, et d'être élus pour aucune de ces fonctions, tant et aussi long-temps qu'ils n'auront pas été relevés de cette incapacité par lettres de Sa Majesté.

A cet effet, le procureur du Roi, chargé du ministère public près la Cour prévôtale, enverra aux procureurs-généraux près les Cours royales, ainsi qu'à tous les Directeurs des douanes, des extraits des arréts de la Cour, relatifs à ces individus, pour être affichés et rendus publics dans tous les auditoires, bourses et places de commerce, et pour être insérés dans les journaux, conformément à l'article 457 du Code de commerce. (Article 53.)

MM. les Directeurs sont tenus d'informer sans délai M. le Directeur-général des affaires portées, de quelque manière que ce soit, devant les Cours prévôtales. (Circ. n°.193.)

Arrestation des Contrebandiers.

Les Préposés doivent s'attacher particulièrement à arrêter les contrebandiers. Ils auront soin de saisir les papiers dont les prévenus seraient porteurs, de les parapher, et de les annexer au procès-verbal, comme pouvant servir à M. le Prévôt à découvrir les assureurs et intéressés à la contrebande, afin d'assurer l'exécution des articles 52 et 53 ci-dessus. Ils se conformeront en outre à ce qui est prescrit au §. 3, page 150.

Il est d'autant plus important d'arrêter les prévenus, que, dans le cas où leur capture n'aurait point été opérée, les procès-verbaux des Préposés ne feront plus foi que pour faire prononcer la

confiscation avec amende, et ne seront considérés
que comme simple plainte en ce qui touche les
condamnations corporelles.

Rédaction des Rapports.

Les Préposés s'appliqueront à reconnaître le
nombre réel des contrebandiers, dans lequel ils ne
comprendront point les individus qui se trouve‑
raient par cas fortuit avec les prévenus, et n'auraient
aucune part à la fraude. Ils désigneront s'ils sont
à pied ou à cheval. Ils apporteront la plus scrupu‑
leuse attention dans la rédaction du procès-verbal,
afin de n'omettre aucune des formalités de rigueur
exigées par la loi du 9 floréal an 7, et détaillées au
chapitre 1er. Ils pourront se servir du modèle
suivant :

L'an mil huit cent......., le........, à la requête, etc.
Nous soussignés.........., certifions qu'étant à (*indiquer
le lieu et l'heure*), nous avons vu venir de l'étranger une
bande de huit individus chargés chacun d'un ballot. Voyant
qu'ils prenaient un chemin détourné de celui qui conduit au
premier bureau d'entrée, et soupçonnant qu'ils cherchaient
à introduire des marchandises de contrebande , nous nous
sommes avancés vers eux, en leur déclinant nos qualités ; mais
à peine nous ont-ils aperçus, qu'ils ont jeté leurs ballots ,
et se sont enfuis ; deux de nous sont restés à la garde des
ballots abandonnés, et nous sommes allés, au nombre de...,
à la poursuite des fraudeurs. Malgré tous nos efforts, nous
n'en avons pu atteindre que quatre , que nous avons ramenés
sur le lieu du délit. Interpellés de nous dire leurs noms,
professions et demeures, ainsi que des quatre autres indivi‑
dus fugitifs , ce que contenaient ces ballots , où ils les avaient

pris, où ils les portaient, et à qui ils appartenaient, ils nous ont répondu :(*Consigner leurs réponses, et les incidens qui peuvent survenir et qu'on ne peut prévoir.*) Ayant reconnu que ces ballots, au nombre de huit, renfermaient des marchandises prohibées à l'entrée (*ou imposées à 20 fr. ou au-dessus par quintal*), par la loi du......., nous avons déclaré, à haute voix, auxdits....., ainsi qu'aux quatre autres prévenus fugitifs, la saisie de ces huit ballots, et que nous allions les faire transporter à la douane de....., où nous sommions ces huit individus de se rendre, pour y être présens à la vérification et description des objets saisis. Arrivés audit bureau, nous avons immédiatement reconnu, en présence desdits........., en celle de M..........., Receveur, et en l'absence des quatre autres prévenus, quoique de ce requis, que les huit ballots précédemment saisis contenaient, savoir : (*Détailler avec soin les objets.*)

Desquelles marchandises le Receveur s'est chargé après qu'elles ont été remises dans les ballots, que nous avons scellés du cachet de l'un de nous, en invitant les prévenus à y apposer le leur ; ce qu'ils ont fait (*ou refusé*) ; desquels cachets l'empreinte est en marge du présent. Nous avons déclaré aux quatre prévenus arrêtés que nous allions les conduire devant M. le juge de paix du canton de......., afin qu'il reçoive en leur présence l'affirmation de notre rapport ; qu'ensuite nous les remettrions, avec le présent acte original, entre les mains de M. le procureur du Roi de l'arrondissement de...... (*en cas d'éloignement de ce magistrat, on remettrait les prévenus entre les mains de l'officier de police judiciaire le plus voisin*), pour qu'il puisse remplir contre eux les fonctions de son ministère, et que par suite ils soient traduits devant la Cour prévôtale de..., qui, outre la peine d'emprisonnement qu'il lui plaira de leur infliger, ainsi qu'aux quatre prévenus fugitifs, prononcera la confiscation des marchandises saisies, et condamnera solidairement les huit prévenus en une amende de mille francs, si ces marchandises n'excèdent pas cette somme, et, dans le cas contraire, en une amende double de leur valeur ; le tout conformément à l'article 51 de la loi du 28 avril 1816, ainsi qu'aux dépens. Avons donné lecture de notre présent rapport auxdits...., avec sommation de le signer ; ce qu'ils ont promis (*ou refusé*, *ou déclaré ne savoir*). Fait et clos à la douane de....., à.... heures avant (*ou après*) midi, lesdits jour, mois et an que dessus. Avons signé avec M......., Receveur, constitué gardien, et aussitôt remis auxdits......., chacun une copie du présent. Attendu l'absence des quatre autres délinquans à la vérification et description des objets saisis, à la rédaction et à la clôture de notre procès-verbal, malgré nos sommations, nous en avons affiché une copie à la porte extérieure dudit bureau.

Dans le cas où l'on remettrait les prévenus entre les mains des gendarmes, on leur donnerait une copie du procès-verbal, au bas duquel on ajouterait :

Et avons immédiatement requis l'assistance des gendarmes de service à......., auxquels nous avons remis les prévenus, pour être par eux conduits devant l'autorité compétente (*M. le Prévôt*, *M. le procureur du Roi*, *ou l'officier de police judiciaire le plus voisin*) ; et ont lesdits sieurs........ gendarmes signé avec nous pour leur charge et garde, les mois, an et jour susdits.

Si les Préposés conduisent eux-mêmes les prévenus devant M. le procureur du Roi, ils lui remettront l'original de leur rapport, et le prieront de certifier, sur la copie qu'ils lui en représenteront, la remise dudit procès-verbal et celle des prévenus.

SECTION II.

*De la Contrebande à main armée, et autres crimes
du ressort des Cours prévôtales.*

Les Cours prévôtales continueront à connaître
des crimes de rébellion et de contrebande avec
attroupement et port d'armes, précédemment attribués aux Cours spéciales. (Art. 54, loi du 28
avril 1816.)

Seront également justiciables des Cours prévôtales les Préposés des douanes prévenus de forfaiture, comme ayant fait eux-mêmes la contrebande,
ou s'étant laissé corrompre pour la favoriser ; et il
ne sera pas besoin alors de l'autorisation du Gouvernement pour leur mise en jugement. (Art. 55.)

Hors le cas de flagrant délit et celui de forfaiture
prévu par l'article 55, l'autorisation de mise en
jugement est nécessaire.

Les crimes prévus par les deux articles précédens seront poursuivis, jugés et *punis*, ainsi que
le prescrit la loi du 20 décembre 1815, et il sera
en même temps statué sur les condamnations civiles
en résultant, telles que confiscation, amende,
dommages et intérêts. (Art. 56.)

J'ai souligné le mot *punis*, parce que la loi du
20 décembre, qui institue les Cours prévôtales,
règle la manière de poursuivre et de juger les crimes
et délits attribués à ces juridictions, mais ne pro-

nonce aucune peine contre ces mêmes crimes et délits. Elle dit seulement, art. 44 : « Les Cours prévôtales ne peuvent infliger d'autres peines que celles portées par les lois. »

La loi du 13 floréal an 11 détermine particulièrement les caractères de la contrebande avec attroupement et port d'armes.

Sont marchandises de contrebande celles dont l'exportation ou l'importation est prohibée, ou celles qui, étant assujéties aux droits, et ne pouvant circuler dans l'étendue du territoire soumis à la police des douanes, sans quittances, acquits-à-caution ou passavans, y sont transportées et saisies sans ces expéditions. (Art. 2, loi du 13 floréal.)

La contrebande est avec attroupement et port d'armes, lorsqu'elle est faite par trois personnes ou plus, et que, dans le nombre, une ou plusieurs sont porteurs d'armes en évidence ou cachées, telles que fusils, pistolets et autres armes à feu, sabres, épées, poignards, massues, et généralement de tous instrumens tranchans, perçans ou contondans.

Ne sont réputés armes les cannes ordinaires sans dards ni ferremens, ni les couteaux fermans et servant habituellement aux usages ordinaires de la vie. (Art. 3, même loi.)

Tout Préposé des douanes qui recevrait des dons ou présens, ou même qui agréerait des offres ou promesses pour faire un acte de son emploi, même juste, mais non sujet à salaire, sera puni du carcan, et condamné à une amende double de la valeur des promesses agréées ou des choses reçues, sans que ladite amende puisse être inférieure à 200 fr. Il encourra les mêmes peines, s'il s'est abstenu de faire un acte qui entrait dans l'ordre de ses devoirs. (Art. 177 du Code pénal.)

Dans le cas où la corruption aurait pour objet un fait criminel emportant une peine plus forte que celle du carcan, cette peine plus forte sera appliquée aux coupables. (Art. 178.)

Ainsi, les Préposés qui se seraient rendus coupables au point d'avoir protégé la contrebande avec attroupement et port d'armes, seraient punis des mêmes peines que les contrebandiers eux-mêmes.

Hors les cas où la loi règle spécialement les peines encourues pour crimes ou délits commis par les fonctionnaires ou officiers publics, ceux d'entre eux qui auraient participé à d'autres crimes ou délits qu'ils étaient chargés de surveiller ou de réprimer, seront punis comme il suit :

S'il s'agit d'un délit de police correctionnelle, ils subiront toujours le *maximum* de la peine attachée à l'espèce de délit ;

Et s'il s'agit de crimes emportant peine afflictive, ils seront condamnés, savoir :

A la réclusion, si le crime emporte, contre tout autre coupable, la peine du bannissement ou du carcan ;

Aux travaux forcés à temps, si le crime emporte, contre tout autre coupable la peine de la réclusion ;

Et aux travaux forcés à perpétuité, lorsque le crime emportera contre tout autre coupable la peine de la déportation ou celle des travaux forcés à temps.

Au-delà des cas ci-dessus, la peine commune sera appliquée sans aggravation. (Art. 198.)

L'art. 209 a prévu les cas d'attaque, voies de fait, résistance ou violence, contre les Préposés des douanes ; et les articles 210, 211, 212, 213, 214, 215, 216, 217, 218, ont édicté des peines graduées d'après la gravité des circonstances. (Voir ces articles au Code.)

Le seul fait de la contrebande armée constituant par lui-même un délit, il s'ensuit qu'en cas de meurtre commis par un contrebandier faisant partie d'une réunion armée, il y a lieu à l'application de l'art. 304 du Code pénal, qui veut que le meurtre soit puni de mort. (Instructions de Mgr. le Chancelier, transmises le 21 novembre 1814.)

Ainsi, toutes les fois que de semblables délits auront été commis, les Préposés devront s'attacher à arrêter les prévenus, qui seront immédiatement livrés à M. le procureur du Roi de l'arrondissement, qui les fera constituer prisonniers, et remplira contr'eux les fonctions de son ministère. Les Receveurs devront également s'empresser de remettre à ce magistrat l'original du procès-verbal ; et si, par des circonstances extraordinaires, il n'en avait pas été rédigé, ces Employés informeront sans délai leur Directeur de toutes les circonstances qui auraient précédé, accompagné et suivi le crime ou délit, afin que ce chef puisse donner lui-même à M. le Prévôt, par forme de dénonciation et de plainte, connaissance des faits qui auraient eu lieu. (Circulaire du 20 décembre 1814, timbrée : *Contentieux.*)

L'art. 56 de la loi du 28 avril, donnant aux Cours prévôtales la faculté de statuer sur les condamnations civiles, il ne doit, dans les affaires de cette espèce, *être rédigé qu'un seul rapport*, lequel renfermera toujours les conclusions aux peines civiles et autres déterminées par les lois, ainsi qu'il a été expliqué dans les chapitres précédens.

Dès lors il sera nécessaire d'intervenir pardevant la Cour spéciale, pour requérir ces condamnations au profit de l'Administration. (Même circulaire.)

Le modèle de procès-verbal que j'ai donné à la section première du présent chapitre, pourra servir de guide dans la rédaction des rapports de saisies pour contrebande à main armée, en faisant dans le corps du rapport le détail des incidens qui sont survenus, en spécifiant les armes dont les contrebandiers étaient porteurs, la résistance ou l'attaque qui a été faite, etc-, etc.

La loi du 28 avril 1816 n'a rien innové à ce qui avait été prescrit par l'art. 2, titre IV, de celle du 4 germinal an 2 ; ce dernier article aura toujours son exécution, lorsqu'il s'agira d'injures ou d'opposition à l'exercice des Préposés ; c'est-à-dire, qu'on requerrait alors l'amende de 500 francs, et qu'on en poursuivrait la condamnation devant le juge de paix ; mais l'intention de M. le Directeur-général est que, lorsqu'il n'aura été proféré que de simples injures, les Préposés les punissent par le mépris plutôt que par des poursuites, dont l'effet souvent est d'indisposer de plus en plus les esprits, et de préparer ainsi de nouvelles injures. (Même circulaire du 20 décembre 1814.)

SECTION III.

De la Procédure devant les Cours prévôtales.

Les procès-verbaux réguliers des Employés des douanes auront foi obligée devant ces Cours, comme devant les autres Tribunaux, à moins qu'il n'y ait inscription en faux déclarée et suivie, dans les formes et délais voulus par le Code d'instruction criminelle. Hors ce cas et celui des injures et voies de fait, nulle preuve testimoniale ne sera admise contre les procès-verbaux des Employés. (Art. 49, loi du 28 avril 1816.)

Dans le cas néanmoins où les individus désignés comme prévenus auxdits procès-verbaux, n'auraient pu être arrêtés, ces procès-verbaux ne feront plus foi que pour faire prononcer la confiscation avec amende, et, en ce qui touche les autres condamnations, ils ne seront considérés que comme simple plainte, sur laquelle le Prévôt fera toutes recherches et informations nécessaires. (Art. 50.)

Le Prévôt sera tenu de faire, d'office, toutes les poursuites nécessaires pour découvrir les entrepreneurs, assureurs, et généralement tous les intéressés à la contrebande, dont la connaissance est attribuée aux Cours prévôtales. (Art. 52.)

De l'Instruction et du Jugement.

Les crimes dont la connaissance est attribuée aux Cours prévôtales seront poursuivis d'office par les procureurs du Roi près des lieux où siége la cour d'assises, sous la surveillance des procureurs-généraux. (Loi du 20 décembre 1815, article 30.)

Les plaintes et dénonciations pourront être reçues par tous les officiers de police judiciaire, qui les adresseront, en ce cas, dans les vingt-quatre heures, au procureur du Roi près le Tribunal du chef-lieu du département. (Art. 31.)

A l'instant même de la capture, le prévenu sera traduit dans les prisons les plus prochaines, et transféré, sans délai, dans celle de la Cour prévôtale. (Art. 32.)

Dans les vingt-quatre heures de l'arrivée du prévenu dans les prisons de la Cour, le Prévôt procédera à son interrogatoire, et, dans le plus court délai, à l'audition des témoins.

Il sera assisté de son assesseur, et, en cas d'empêchement, d'un juge désigné par le président de la Cour; l'assesseur signera l'interrogatoire et le procès-verbal d'audition des témoins, le tout à peine de nullité. L'assesseur pourra requérir le Prévôt de faire à l'accusé telle question qu'il jugera nécessaire à l'éclaircissement de l'affaire. (Art. 33.)

Dans le cours de l'interrogatoire, le prévenu sera averti qu'il sera jugé prévôtalement, en dernier ressort et sans recours en cassation; il sera sommé de proposer ses exceptions contre la compétence, s'il en a à présenter. Il sera fait mention, dans le procès-verbal, de ladite sommation et des réponses du prévenu; il lui sera demandé s'il a fait choix d'un Conseil, et s'il ne l'a pas fait, le Prévôt lui en nommera un d'office : le tout à peine de nullité. (Art. 34.)

Sur le vu des pièces communiquées au ministère public, la Cour jugera sa compétence. (Article 35.)

Les jugemens de compétence seront rendus en la chambre du conseil, et hors la présence de l'accusé, sur le rapport du Prévôt ou du juge qui l'aura assisté, et sur les conclusions écrites du ministère public. (Art. 36.)

Ce jugement sera signifié dans les vingt-quatre heures à l'accusé. (Art. 37.)

Dans le cas où la Cour prévôtale se déclarerait incompétente, elle renverra l'accusé et les pièces devant qui de droit. Le ministère public pourra, dans les dix jours de ce jugement, se pourvoir contre pardevant la Cour royale du ressort, chambre d'accusation. Si cette dernière Cour réforme le jugement, elle renverra la cause et les parties à une autre Cour prévôtale de son ressort, qui procédera immédiatement au jugement définitif. (Art. 38.)

Dans le cas où la Cour prévôtale se déclarerait

compétente, elle prononcera, s'il y a lieu, la mise en accusation, et décernera l'ordonnance de prise de corps : le jugement de compétence sera envoyé immédiatement au procureur-général, qui sera tenu, toute affaire cessante, de le soumettre à la délibération de la chambre d'accusation de la Cour royale, pour qu'elle statue définitivement, sans recours en cassation. (Art. 39.)

L'instruction sur le fond du procès ne sera pas suspendue par l'envoi du jugement de compétence à la Cour royale; mais il sera sursis aux débats et au jugement définitif, jusqu'à ce qu'il ait été prononcé par ladite Cour sur ce jugement de compétence. (Art. 40.)

La Cour prévôtale saisie d'une affaire par le renvoi que lui en aura fait une Cour royale, procédera au jugement définitif, sans jugement préalable, sur sa compétence. (Art. 41.)

L'acte d'accusation sera dressé par le ministère public. (Art. 42.)

Les Cours prévôtales se conformeront, en tout ce qui concerne la recherche des prévenus, l'audition des témoins, les récusations des juges, l'examen, la défense de l'accusé, la police de l'audience, le jugement et l'exécution, aux formes établies par le Code d'instruction criminelle pour les Cours spéciales, sauf les modifications prescrites par ladite loi du 20 décembre (Art. 43.)

Les Cours prévôtales ne peuvent infliger d'autres peines que celles portées par les lois. (Art. 44.)

Les arrêts des Cours prévôtales seront rendus en dernier ressort, et sans recours en cassation. (Article 45.)

Ils seront exécutés dans les vingt-quatre-heures, à moins que la Cour prévôtale n'ait usé de la faculté accordée par l'art. 595 du Code d'instruction criminelle, pour recommander le condamné à la commisération du Roi. (Art. 46.)

Lorsque le prévenu n'aura pu être saisi, ou qu'après avoir été saisi il s'évadera, il sera procédé contre lui par contumace. (Art. 47.)

La Cour jugera sa compétence, et après avoir pris connaissance de la procédure et de l'acte d'accusation, elle prononcera sur le procès principal. (Art. 48.)

Les effets de la contumace demeurent au surplus tels qu'ils sont réglés par le Code d'instruction criminelle. (Art. 49.)

L'Agent qui interviendra, au nom de l'Administration des douanes, pour requérir la confiscation des marchandises saisies, et l'amende édictée par l'article 51 de la loi du 28 avril, suppliera la Cour de lui donner acte de la nomination qu'il fait, dès à présent, au nom de la douane, du sieur........, expert, pour procéder à l'estimation des marchandises saisies; d'ordonner que, dans les trois jours, la partie adverse sera tenue d'en nommer un autre; sinon et faute par elle de le faire, qu'il sera passé outre à ladite estimation par l'expert de l'Administration, et par tel autre qu'il plaira à la Cour indiquer d'office par le jugement à intervenir.

CHAPITRE X.

Des inscriptions de faux, fausses expéditions, faux plombs ; et peines prononcées contre les faussaires.

SECTION PREMIÈRE.

Inscription de faux, mise en jugement des Préposés, et peines applicables aux faussaires.

Dans toutes les affaires du ressort dès Cours prévôtales, les inscriptions de faux seront déclarées et suivies dans les formes et délais voulus par le Code d'instruction criminelle. (Art. 49, loi du 28 avril 1816.) Consulter au Code les 17 articles du chapitre 1er., titre IV.

L'inscription de faux contre les procès-verbaux portés devant les juges de paix et les Tribunaux correctionnels, sera déclarée dans les formes prescrites par la loi du 9 floréal an 7, ainsi qu'il suit :

Celui qui voudra s'inscrire en faux contre un rapport des Préposés des douanes, sera tenu d'en faire la déclaration par écrit, en personne ou par un fondé de pouvoir spécial, passé devant notaire, au plus tard à l'audience indiquée par la sommation de comparaître devant le Tribunal qui doit connaître de la contravention ; il devra, dans les trois jours suivans, faire au greffe dudit Tribunal le dépôt des moyens de faux, et des noms et qualités des témoins qu'il voudra faire entendre : le tout à peine de déchéance de l'inscription de faux. Cette déclaration sera reçue et signée par le juge et le greffier, dans le cas où le déclarant ne saurait écrire ni signer. (Loi du 9 floréal an 7, titre IV, art. 12.)

Si l'inscription est faite dans le délai, et suivant la forme prescrite par l'article 12 ci-dessus, et en supposant que les moyens de faux, s'ils étaient prouvés, détruisissent l'existence de la fraude à l'égard de l'inscrivant, le procureur du Roi près le Tribunal saisi de l'affaire, fera les diligences convenables pour y faire statuer sans délai. (Arrêté du 4°. jour complémentaire an 11 , art. 9.)

Il sera sursis, conformément à l'article 460 du Code d'instruction criminelle, au jugement de la contravention, jusqu'après le jugement de l'inscription de faux, si le procès est engagé au civil.

S'il s'agit de crimes, délits ou contraventions, la Cour ou le Tribunal saisi est tenu de décider préalablement, et après avoir entendu l'officier chargé du ministère public. (Même art. 460.)

Lorsque l'inscription n'aura pas été faite dans le délai, et suivant les formes déterminées par la loi du 9 floréal, *hors l'exception portée en l'article* 49 *de la loi du* 28 *avril*, il sera, sans avoir aucun égard, passé outre à l'instruction et au jugement de l'affaire. (Art. 10, arrêté du 4°. jour complémentaire an 11.)

« Quand une contravention de douanes est constatée par un rapport, et portée devant un Tribunal, si ce procès-verbal est argué de faux, le Tribunal commence par examiner la valeur des imputations de faux ; s'il reconnaît que ces imputations portent sur le fond de la contravention, et qu'en les supposant fondées, elles détruisent les caractères du délit, il s'abstient de prononcer sur la contravention, et renvoie la dénonciation devant le procureur-général près la Cour royale : celui-ci fait ou fait faire des informations, et adresse ensuite les pièces de la procédure au Ministre de la justice, qui les transmet à M. le Directeur-général des douanes, pour qu'il examine, conformément à l'arrêté du 29 thermidor an 11, s'il y a lieu, ou non, d'accorder l'autorisation de mise en jugement contre les Préposés dénoncés. Si M. le Directeur-général refuse l'autorisation, ou si le Tribunal devant lequel est porté le procès-verbal de contravention, reconnaît lui-même que la dénonciation ou inscription de faux est illusoire, mal fondée, et ne porte point sur le corps ou sur les caractères du délit, ce Tribunal prononce de suite sur la contravention, sans avoir égard aux moyens de faux argués par les contrevenans. » (Instructions du Ministre de la justice.)

Si M. le Directeur - général accorde l'autorisation de mise en jugement contre les Préposés dénoncés, ils seront jugés par les Cours prévôtales, conformément au mode indiqué au chapitre précédent.

Aujourd'hui, lorsque M. le Directeur - général refuse l'autorisation de mise en jugement, l'affaire est portée *au Conseil du contentieux du Roi*, qui accorde ou refuse définitivement cette autorisation.

L'autorisation du Gouvernement n'est pas nécessaire pour la mise en jugement des Préposés prévenus de forfaiture, comme ayant fait eux-mêmes la contrebande, ou s'étant laissé corrompre pour la favoriser. (Art. 55, loi du 28 avril.)

Les Préposés des douanes qui auraient commis un faux dans un procès-verbal de saisie, seraient punis des travaux forcés à perpétuité, conformément à l'article 145 du Code pénal.

Seraient également punis des travaux forcés à perpétuité ceux desdits Employés qui, dans l'exercice de leurs fonctions, auraient commis un faux, soit pas fausses signatures, soit par altération des actes, écritures ou signatures, soit par supposition de personnes, soit par des écritures faites ou intercalés sur des registres ou d'autres actes publics, depuis leur confection ou clôture. (Même article.)

SECTION II.

Fausses expéditions de Douanes, faux plombs ; et peines applicables aux faussaires.

Si les Préposés reconnaissent que les expéditions qui leur sont représentées sont fausses, altérées ou surchargées, ils le constateront de la manière indiquée au §. 2, section 1re. du chapitre 1er., conformément à l'art. 4, titre IV, de la loi du 9 floréal.

Si la preuve du faux est évidente et matérielle, et que l'auteur soit connu, ils devront l'arrêter, et le remettre entre les mains de M. le procureur du Roi, avec l'original du rapport dûment enregistré et affirmé : ce rapport contiendra également les conclusions aux condamnations civiles prononcées par les lois, et les Agens de l'Administration se borneront à requérir l'application de ces condamnations; le reste appartient au ministère public.

Seront punies des travaux forcés à temps toutes autres personnes (*que les fonctionnaires*) qui auront commis un faux en écriture authentique et publique, ou en écriture de commerce ou de banque :

Soit par contrefaçon ou altération d'écritures ou de signatures ;

Soit par fabrication de conventions, dispositions, obligations *ou décharges*, ou *par leur insertion après coup dans ces actes* ;

Soit par addition ou altération de clauses, de *déclarations* ou de faits que ces actes avaient pour objet de recevoir et de constater. (Art. 147 du Code pénal.)

Ceux qui auront fait usage des actes faux, seront punis des travaux forcés à temps. (Art. 148.)

Ceux qui auront contrefait les marques (*telles que plombs*, etc.) destinées à être apposées, au nom du Gouvernement, sur les diverses espèces de denrées ou de marchandises, ou qui auront fait usage de ces fausses marques, seront punies de la réclusion. (Art. 142.)

CHAPITRE XI ET SPÉCIAL.

Des Tabacs et des Cartes à jouer (1).

SECTION PREMIÈRE.

Des Tabacs.

§. Ier. *Circulation.*

Les tabacs en feuilles ne pourront circuler sans acquit-à-caution (*de la Régie des impôts indirects*) si ce n'est pour être transportés du domicile du cultivateur au magasin de réception de la Régie; et, en ce cas, ils seront accompagnés d'un passavant.

Les tabacs fabriqués ne pourront circuler sans acquit-à-caution, toutes les fois qu'ils excéderont la quantité de 10 kilogrammes; les quantités d'un kilogramme à 10 devront être accompagnées d'un *laissez-passer*, à moins qu'elles ne soient revêtues des marques et vignettes de la Régie. (Art. 215, titre V, loi du 28 avril 1816.)

______

(1) J'aurais pu classer ce qui concerne les tabacs et les cartes à jouer, suivant l'ordre établi dans cet Ouvrage; mais j'ai pensé qu'il était plus avantageux pour les Employés de trouver réuni dans un seul et même chapitre tout ce qui a rapport à cette matière.

Les tabacs circulant en contravention de l'article précédent, seront saisis et confisqués, ainsi que les chevaux, voitures, bateaux, et autres objets servant au transport.

Les délinquans seront condamnés, en outre, à une amende qui ne pourra être moindre de 100 fr., ni excéder 1000 francs.

Tout individu convaincu d'avoir fourni le tabac saisi en fraude, sera passible de cette dernière amende. (Art. 216.)

Nul ne peut avoir en sa possession des tabacs en feuilles, s'il n'est cultivateur dûment autorisé.

Nul particulier ne pourra avoir en provision des tabacs fabriqués, autres que ceux des manufactures royales; et cette provision ne pourra excéder 10 kilogrammes, à moins qu'ils ne soient revêtus des marques et vignettes desdites manufactures. (Article 217.)

Les contraventions à l'article précédent seront punies par la confiscation, et, en outre, par une amende de 10 francs par chaque kilogramme de tabac saisi, sans pouvoir excéder la somme de 3,000 fr., ni être au-dessous de 100 fr. (Art. 218.)

Les tabacs vendus par la Régie, comme tabacs de *cantine*, seront saisis, comme étant en fraude, lorsqu'ils seront trouvés dans les lieux où la vente n'en sera pas autorisée; et les détenteurs seront passibles de l'amende portée en l'article précédent. (Art. 219.)

Tout particulier qui aura chez lui des ustensiles de

fabrication, tels que moulins, râpe, hache-tabac, presse à carotte et autres, de quelque forme qu'ils puissent être, sera tenu d'en faire, dans les quinze jours, à compter de la publication de la loi du 28 avril, la déclaration au bureau de la Régie le plus voisin de son domicile, pour être lesdits ustensiles mis sous le scellé.

Tous ces ustensiles de fabrication, qui, passé ledit délai, seront découverts, seront saisis et confisqués. (Art. 220.)

Seront considérés et punis comme fabricans frauduleux les particuliers chez lesquels il sera trouvé à la fois, et des instrumens propres à la fabrication ou pulvérisation, et des tabacs en feuilles ou en préparation, qu'elle qu'en soit la quantité, ou plus de dix kilogrammes de tabac fabriqué non revêtu des marques de la Régie.

En ce cas, les tabacs et ustensiles de fabrication, trouvés en fraude, seront saisis et confisqués, et les contrevenans condamnés, en outre, à une amende de mille à trois mille francs.

En cas de récidive, l'amende sera double. (Article 221.)

Ceux qui seront trouvés vendant en fraude du tabac à leur domicile, ou ceux qui en colporteront, qu'ils soient ou non surpris à le vendre, seront arrêtés et constitués prisonniers, et condamnés à une amende de trois cents à mille francs, indépendamment de la confiscation des tabacs saisis, de

celle des moyens de transport, conformément à
l'art. 216. (Art. 222.)

Les Employés des impositions indirectes *et des
douanes*, les gendarmes, les préposés forestiers,
les gardes-champêtres, et généralement tout Employé assermenté, pourront constater la vente frauduleuse des tabacs, le colportage, les circulations
illégales, et généralement les fraudes sur le tabac;
procéder à la saisie des tabacs, ustensiles et mécaniques prohibés par la présente loi, à celle des chevaux, voitures, bateaux, et autres objets servant au
transport, et constituer prisonniers les fraudeurs
et colporteurs, dans le cas prévu par l'article précédent. (Art. 223.)

*Lorsque, conformément aux art. 222 et 223, les
Employés auront arrêté un colporteur ou fraudeur de
tabac, ils seront tenus de le conduire sur le champ
devant un officier de police judiciaire, ou de le remettre à la force armée, qui le conduira devant le
juge compétent, lequel statuera de suite, par une
décision motivée, sur son emprisonnement ou sa mise
en liberté.*

Néanmoins, si le prévenu offre bonne et suffisante caution de se présenter en justice, et d'acquitter l'amende encourue, ou s'il consigne lui-
même le montant de ladite amende, il sera mis en
liberté, s'il n'existe aucune autre charge contre lui.
(Art. 224.)

Tout individu condamné pour fait de contrebande en tabac, sera détenu jusqu'à ce qu'il ait ac-

quitté le montant des condamnations prononcées contre lui : cependant le temps de la détention ne pourra excéder six mois, sauf le cas de récidive, où ce terme pourra durer un an. (Art. 225.)

La contrebande en tabac, avec attroupement et port d'armes, sera poursuivie et punie comme celle en matière de douane. (Art. 226.)

D'après l'article 223 ci-dessus, les Employés des douanes sont autorisés à constater la fraude et le colportage des tabacs; mais, dans ce cas, les contraventions qu'ils auront reconnues, seront poursuivies par la Régie des impositions indirectes, suivant la législation qui lui est spéciale. Les rapports seront rédigés à la requête de cette Régie, et les tabacs déposés *provisoirement* dans le bureau des douanes le plus prochain du lieu de la saisie. Le Receveur en fera ensuite opérer le transport dans le magasin du Directeur des impôts indirects de l'arrondissement, en se servant de l'intermédiaire de son Receveur principal, à moins que les localités ne soient un obstacle. Ce transport doit être fait sous passavant, dans les trois jours de la rédaction du rapport, outre un jour par trois myriamètres de distance entre la direction et le bureau où le dépôt aura été effectué.

La remise du procès-verbal original devra avoir lieu en même temps, et plus tôt, s'il est possible, entre les mains du même Directeur; mais le Receveur des douanes devra s'assurer préalablement si toutes les formalités exigées ont été exactement remplies, c'est-à-dire, si le rapport a été affirmé et enregistré dans les trois jours de sa date.

La circulaire n°. 244 ordonne aux Employés des douanes de remettre les tabacs saisis, autrement qu'à l'importation, entre les mains des Préposés de la Régie des contributions indirectes en même temps que les procès-verbaux.

Dans le cas où une saisie, ainsi opérée à la requête de l'Administration des impôts indirects, présenterait, par les circonstances qui l'auraient accompagnée, des difficultés qu'on ne peut prévoir, les Préposés des douanes, saisissans, pourront s'adresser avec confiance aux Employés de cette Administration, qui s'empresseront toujours de les diriger dans la rédaction des procès-verbaux, dans lesquels il est d'ailleurs défendu à ces Employés de figurer, à moins qu'ils n'aient coopéré eux-mêmes directement à la saisie.

Les Agens des impôts indirects n'ont rien à prétendre dans la répartition du produit de la saisie et de l'amende, lors même qu'ils auraient concouru à cette saisie, s'ils avaient été requis seulement de prêter main-forte, ou si leur intervention n'avait été réclamée que pour la rédaction du procès-verbal, et qu'enfin la découverte de la fraude ne leur fût pas due. (Circul. de l'Administration des contributions indirectes, du 3 janvier 1816.) La même circulaire prescrit aux Directeurs de cette Régie la marche à suivre pour le paiement de la prime au moment même du dépôt, et pour la prompte répartition de la valeur des tabacs saisis.

Les tabacs confisqués seront évalués, et le prix en sera réparti d'après le mode établi pour le partage du produit des saisies.

M. le Directeur-général des douanes a donné, le 20 septembre 1815, dans sa circulaire n°. 72, pour le concours des douanes à la répression de la fraude sur les tabacs, des instructions très-détaillées, que les Employés doivent consulter, et dont il leur sera aisé de faire le rapprochement au titre V de la loi du 28 avril 1816.

Modèle de procès-verbal de saisie de Tabacs transportés en fraude, et d'arrestation des contrevenans.

L'an mil huit cent........, le...... (*la date en toutes lettres*), à..... heures avant. (*ou après*) midi, à la requête de M. le Directeur-général de la Régie des impôts indirects, dont le bureau est à Paris, rue Sainte-Avoie, poursuite et diligence de M. (*nom et prénoms du Directeur de l'arrondissement*), Directeur de la même Régie dans l'arrondissement d...., résidant à...., qui élit domicile, pour la suite du présent, en son bureau situé à....., et en vertu de l'article 223 de la loi du 28 avril 1816; nous soussignés (*noms, prénoms, qualités et demeures des Préposés saisissans*), ayant serment en justice, et porteurs de nos commissions, certifions qu'étant en surveillance à..... (*donner les indications les plus précises*), nous avons rencontré deux individus suivant un sentier qui conduit de......... à......., et chargés chacun d'un sac que nous avons soupçonné contenir du tabac. (*Si les individus étaient montés ou conduisaient des chevaux, il en serait fait mention.*) Après leur avoir fait connaître nos qualités, nous les avons interpellés de nous déclarer quels objets renfermaient les sacs dont ils étaient porteurs, et de nous en justifier ; à quoi ayant répondu (*relater leur réponse, ou, s'ils refusent de répondre, ou font quelque résistance, consigner au procès-verbal tous les incidens et circonstances qui pourraient survenir, et qu'il est impossible de prévoir*), nous nous sommes emparés desdits sacs, les avons ouverts, et avons reconnu qu'ils contenaient, l'un du tabac en poudre, et l'autre du tabac en rôles à fumer ; le tout dépourvu des marques de nationalité. (*Distinguer si les tabacs sont en feuilles ou fabriqués, et désigner exactement les·espèces.*) Avons trouvé également dans les sacs deux balances avec quatre poids (*désigner les poids*), servant à la vente frauduleuse desdits tabacs. Interpellés s'ils avaient à nous représenter des acquits-à-caution pour le transport desdits tabacs, ont dit n'en point avoir. Sommés encore de nous déclarer leurs noms, professions et domiciles, d'où provenaient les tabacs dont ils étaient porteurs, et où ils avaient dessein de les transporter, et pourquoi ils avaient ces poids et balances, ont dit : (*Consigner leurs réponses sur chaque question.*)

Attendu leur contravention manifeste à l'art. 215 de la loi du 28 avril 1816, nous avons déclaré auxdits (*insérer ici les noms des contrevenans*) procès-verbal, ensemble la saisie desdits tabacs et des ustensiles servant à la vente. (*Si le transport s'est fait avec chevaux et voitures, on ajoutera : ainsi que des chevaux, harnois et voitures ayant servi au transport*), en conformité de l'article 222 de ladite loi, qui prononce en outre une amende de 300 fr. à 1000 fr. ; leur avons de plus déclaré qu'en exécution des articles 222 et 224 de la même loi, nous allions, jusqu'à ce qu'ils eussent fourni bonnes et valables cautions, nous assurer de leurs personnes, et les remettre entre les mains de la force armée, pour être conduits devant le juge compétent, qui statuera de suite, par une décision motivée, sur leur emprisonnnement ou leur mise en liberté. Attendu l'impossibilité de rédiger notre procès-verbal sur le lieu , nous nous sommes retirés , accompagnés desdits...... , au bureau de M........ , Receveur des douanes (*ou de la Régie des impôts indirects*) , situé à............ , où étant, nous avons , tant en sa présence qu'en celle desdits...,......, procédé à la reconnaissance et à la pesée desdits tabacs , qui se sont trouvés être , savoir : (*énoncer ici le détail des objets saisis, en spécifiant que les tabacs sont dépourvus des marques et vignettes de la Régie , si ce sont des tabacs fabriqués ; et si ce sont des feuilles , faire observer qu'il n'a point été représenté d'acquit-à-caution*); ce que nous avons fait reconnaître à M........ , Receveur, et auxdits....... Après avoir remis lesdits tabacs et ustensiles saisis dans les deux sacs , que nous avons refermés et scellés du cachet dudit Receveur, dont l'empreinte est en marge du présent, seulement, lesdits........ sommés d'y apposer le leur , ayant dit n'en point avoir, nous les avons laissés à la garde dudit sieur....., Receveur , qui s'en est chargé , comme dépositaire de justice, sous l'obligation de les représenter à toute réquisition. (*Relater ici que les chevaux ont été mis en fourrière , et chez quel aubergiste ; faire l'évaluation des chevaux , voitures et harnois.*) Avons ensuite , toujours audit bureau , procédé à la rédaction de notre procès-verbal, tant en présence de M........ , Receveur, qu'en celle desdits....... ; et après en avoir donné lecture à tous (*désigner les noms des contrevenans , du Receveur et de l'aubergiste*) , nous les avons sommés de le signer avec nous ; ce que M........ , Receveur, et le sieur.........., aubergiste, ont promis, et lesdits........ ont réfusé de faire (*ou promis*). Avons clos le présent au susdit bureau , à...... heures du......, les jour, mois et an que dessus, toujours en présence de M......, Receveur , du sieur.........; aubergiste, et desdits........ , et en avons laissé copie à chacun de ces derniers , après avoir signé.

Et de suite avons requis l'assistance des gendarmes de service à..........., auxquels nous avons remis les prévenus,
pour être par eux conduits devant l'autorité compétente
(*M. le procureur du Roi, ou son substitut, ou l'officier
de police judiciaire le plus voisin*) ; et ont, lesdits sieurs.......
gendarmes, signé avec nous pour leur charge et garde, les
mois, an et jour susdits.

On donnera une copie du procès-verbal aux
gendarmes, entre les mains desquels on aura remis
les prévenus.

En cas de saisie de tabacs abandonnés, il ne faut
pas moins en rédiger procès-verbal régulier, à
l'effet de pouvoir obtenir la confiscation de ces
tabacs.

§. II. *Importation.*

Les tabacs fabriqués à l'étranger, de quelque
pays qu'ils proviennent, sont prohibés à l'entrée
du royaume, à moins qu'ils ne soient achetés pour
le compte de la Régie. (Art. 173, titre V, loi du
28 avril 1816.)

Les tabacs en feuilles étrangers ne peuvent être
introduits que pour le compte de la Régie. Ceux
qu'elle importera seront exempts des droits de
douane, même de celui de balance. La Régie devra
les faire présenter au premier bureau d'entrée, qui
en assurera le transport aux fabriques royales, par
la formalité de l'acquit-à-caution et sous plomb.
(Décision du 20 août 1811.)

Les Préposés des douanes continueront à constater le poids des tabacs introduits pour la Régie,

et à l'indiquer, ainsi que l'origine, dans les tableaux d'importation. (Circul. du 24 août 1811.)

Lorsque des tabacs sont saisis à l'introduction, il y a contravention aux lois sur les douanes, et le rapport doit être rédigé au nom de l'Administration des douanes, en concluant aux peines édictées par les art. 41 ou 51 de la loi du 28 avril 1816, ou de l'article 15 de la loi du 17 décembre 1814, suivant le cas. (Voir la sect. 2, page 109, si la fraude est faite par mer; si elle est commise par terre, voir les sect. 1res., pages 144 et 166.)

Les saisies faites *à l'importation* étant les seules qui puissent concerner l'Administration des douanes, on ne doit verbaliser, à sa requête, que dans le cas, très-rare, où on aurait vu la fraude pénétrer de l'étranger sur le territoire français : toutes les autres saisies de tabacs, soit à la circulation, soit à domicile, doivent être faites à la requête de la Régie des contributions indirectes. (Circ. du 31 janvier 1816, no. 103.)

Les tabacs, de quelque qualité qu'ils soient, doivent être livrés à la Régie immédiatement après la saisie. On ne peut, sous aucun prétexte, leur donner une autre destination, ni jamais en accorder la remise aux prévenus, ni les rendre, *même à charge de réexportation.* (Circul. no. 103.)

L'Agent de l'Administration des contributions indirectes comptera immédiatement au Receveur des douanes la valeur des tabacs saisis. (Circulaire du 3 janvier 1816.)

§. III. *Exportation.*

La Régie (des impôts indirects) pourra vendre les tabacs, soit en feuilles, soit fabriqués, avec condition de les exporter, aux prix qui seront déterminés par le Ministre des finances. (Loi du 28 avril 1816, titre V, art. 179.)

M. le Conseiller d'État, Directeur-général des contributions indirectes, a, par lettre du 25 janvier 1815, donné l'ordre de laisser sortir de France les tabacs en feuilles, accompagnés d'un acquit-à-caution, portant que ces tabacs sont de la dernière récolte, et qu'ils sont de qualité non marchande, ou qu'ils ont été récoltés dans un arrondissement où la culture de cette plante était interdite : dans ce dernier cas, l'exportation est permise, quelle que soit la qualité des feuilles.

Il est expressément recommandé aux Employés des douanes de vérifier scrupuleusement l'identité des tabacs qui leur sont représentés, avec les quantités et qualités de feuilles portées dans les acquits-à-caution.

§. IV. *Prime et Gratification.*

Il est accordé aux Employés des douanes, gendarmes, préposés forestiers, gardes-champêtres et préposés des octrois, qui ont opéré des saisies de tabac, une prime de 20 centimes par kilogramme de feuilles, et de 30 centimes par kilogramme de tabac fabriqué, sans égard à la qualité : laquelle prime leur sera payée comptant, *au moment du dépôt des tabacs au contrôle d'arrondissement*, indépendamment des répartitions auxquelles ils ont droit.

Il leur sera aussi accordé 6 fr. par individu pour chaque contrebandier ou colporteur qu'ils auraient arrêté et constitué prisonnier. Les procès-verbaux seront rédigés dans les formes propres à l'Administration à laquelle appartient chaque Préposé. (Ordonnance du 20 septembre 1815, art. 1er.)

Les débitans de tabac, les préposés étrangers à l'Administration des contributions indirectes, et de même tous individus qui faciliteront l'arrestation des colporteurs et contrebandiers de tabacs, ou qui concourront à la saisie des tabacs prohibés, auront droit aux primes accordées par l'article précédent. (Art. 2.)

Les paiemens qui auront été faits à titre de primes, depuis la loi du 24 décembre 1814, dans des circonstances analogues à celles prévues ci-dessus, et conformément aux anciens réglemens, seront alloués aux comptables. (Art. 3.)

Les primes doivent être payées, soit que les tabacs aient été saisis à l'importation, soit qu'ils l'aient été circulant à l'intérieur. (Circulaire dn Directeur-général des contributions indirectes, du 3 janvier 1816.)

La circulaire n°. 190 a fixé le mode de paiement

des primes dues aux Préposés des douanes pour les saisies de tabacs.

SECTION II.

Cartes à jouer.

§. 1er. *Circulation des Cartes à jouer.*

Les Préposés des douanes doivent encore apporter leur surveillance sur la circulation des cartes.

La circulation des tarots et cartes à portraits étrangers est libre toutes les fois que ces cartes portent la légende : « *France,* » et le nom du fabricant sur toutes celles à figures. (Art. 4 du décret du 16 juin 1808.)

Ces mêmes cartes, destinées à l'exportation, ne peuvent circuler que sous plomb et acquit-à-caution. (Art. 5 du même décret.)

Celles usitées en France ne peuvent circuler qu'autant qu'il en a été fait déclaration préalable au bureau des impôts indirects du lieu de l'expédition, et qu'elles sont accompagnées d'un congé portant le nom de l'expéditeur, le lieu de la destination, et le nom de celui à qui elles sont destinées. (Art. 6 du même décret.)

La recoupe des cartes est interdite aux fabricans, ainsi que la vente, entrepôt et colportage, sous bande et sans bande, des cartes recoupées ou réassorties. (Art. 10 du décret du 9 février 1810.)

Ainsi, chaque fois qu'il y aura lieu de procéder à une saisie de cartes, les Préposés déclareront la contravention à l'un des articles ci-dessus, et que le contrevenant est, dès lors, passible de l'amende de 1000 fr., prononcée par l'article 1er. du décret du 4 prairial an 13.

§. II. *De la Fraude et de la Contrebande sur les Cartes à jouer.*

Tout individu qui fabriquera des cartes à jouer, ou qui en introduira dans le royaume, ou qui en distribuera, vendra ou colportera sans y être autorisé par la Régie des impositions indirectes, sera puni de la confiscation des objets de fraude, d'une amende de 1000 à 3000 fr. et d'un mois d'emprisonnement. En cas de récidive, l'amende sera toujours de 3000 fr. (Loi du 28 avril 1816, titre III, art. 166.)

Les mêmes peines seront appliquées à ceux qui tiennent des cafés, des auberges, des débits de boissons, et, en général, des établissemens où le public est admis, s'ils permettent que l'on se serve chez eux de cartes prohibées, lors même qu'elles auraient été apportées par les joueurs. Les personnes désignées au présent article seront tenues de souffrir les visites des Préposés de la Régie. (Art. 167.)

Ceux qui auront contrefait ou imité les moules, timbres et marques employés par la Régie pour distinguer les cartes légalement fabriquées, et ceux qui se serviront des véritables moules, timbres ou marques, en les employant d'une manière nuisible aux intérêts de l'État, seront punis, indépendamment de l'amende fixée par l'article 166, des peines portées par les articles 142 et 143 du Code pénal. (Art. 168.)

Les dispositions des articles 223, 224, 225 et 226 de la même loi, seront applicables à la fraude et à la contrebande sur les cartes à jouer. (Art. 169.) — Voir ces articles au §. 1er. de la section précédente.

Le modèle de *procès-verbal de saisie de tabacs* pourra servir à guider les Employés des douanes, qui auront occasion de constater des contraventions à l'art. 166 ci-dessus.

CHAPITRE XII.

De quelques dispositions qui concernent spécialement les Préposés des Directions maritimes.

§. 1er. *Des Relâches forcées.*

Les capitaines et maîtres des navires, barques et autres bâtimens, qui auront été forcés de relâcher par fortune de mer, poursuite d'ennemis ou autres cas fortuits, seront tenus, dans les vingt-quatre heures de leur abord, de justifier, par un rapport, des causes de la relâche, et de se conformer à ce qui est prescrit par l'article 4 du titre II de la loi du 22 août 1791. (Art. 1er., titre VI, loi du 22 août.) — Voir les dispositions de l'art. 4, page 29.

Si un bâtiment entre, par détresse, dans un port qui n'est pas celui de sa destination, le Préposé de la douane permettra le déchargement du bâtiment, la vente des objets de nature périssable, ou qu'il sera nécessaire de vendre pour payer les frais de radoub, conformément aux lois et tarifs : le surplus pourra être rechargé, et le bâtiment partir pour le port de sa destination, en payant le droit de tonnage, et un demi pour cent de la valeur des objets non vendus, pour frais de magasin. (Art. 6, titre II, loi du 4 germinal an 2.)

Les marchandises étant à bord des navires, dont la relâche sera valablement justifiée, seront, après la déclaration, déchargées et mises sous la clef des Préposés de l'Administration, aux frais des capitaines et maîtres de bâtimens, jusqu'au moment de leur départ pour l'étranger. A défaut de déclaration dans les vingt-quatre heures, lesdites marchandises seront saisies et confisquées, avec amende de 500 francs, pour sûreté de laquelle le bâtiment sera retenu jusqu'au paiement de ladite amende, ou jusqu'à ce qu'il ait été donné bonne et suffisante caution. (Article 3, titre VI, loi du 22 août.)

Sont exempts des droits de navigation les bâtimens pêcheurs étrangers, qui entrent dans les

ports français par relâche forcée, n'y séjournent
que le temps nécessaire pour remettre à la voile,
qui ne font ni chargement ni déchargement, et ne
reçoivent point de réparations. (Décision ministérielle du 8 avril 1816.)

§. II. *Des Marchandises sauvées des naufrages.*

Les Préposés des douanes se transporteront sans
délai sur les lieux où sont survenus les naufrages,
et en préviendront en même temps les officiers
chargés d'y pourvoir. Les marchandises qui en
seront sauvées, seront mises en dépôt; et s'il s'agit
de marchandises étrangères, les Préposés des
douanes les garderont, de concert avec ceux qui
seront commis à cet effet par lesdits officiers. (Loi
du 22 août 1791, titre VII, art. 1er.)

Suivant l'art. 1er. de l'arrêté du 17 fructidor an 9, c'est
le commissaire des classes du quartier où l'événement a eu
lieu, qui, à défaut des armateurs, propriétaires, subrécargues
ou correspondans, dirige les opérations du sauvetage, quelle
que soit l'origine du navire.

Les consuls prussiens sont chargés de ces opérations pour
les bâtimens de leur nation. (Circ. n°. 219.)

Les commissaires de police, ou ceux qui en font les fonctions, sont au nombre de ceux qui doivent être prévenus des
échouemens. (Décret du 30 mars 1808.)

Après la décharge totale du bâtiment naufragé,
et le dépôt provisoire des marchandises sauvées
dans le lieu le plus prochain du naufrage, s'il est
établi un nouveau magasin, lesdites marchandises
devront y être conduites par les Préposés des

douanes. Il leur sera donné une clef du nouveau magasin; ils assisteront aux procès-verbaux de reconnaissance et de description des effets sauvés, et ils signeront ces actes, qui seront rédigés par les officiers compétens, et dont il leur sera délivré des expéditions, qui seront taxées avec les frais du sauvetage. (Article 2, même titre, loi du 22 août.) (1).

Si tout ou partie des marchandises est dans le cas d'être bénéficié avant ou pendant le séjour dans le dépôt provisoire, ou dans le second magasin, le bénéficiement ne pourra avoir lieu qu'en présence des Préposés des douanes, qui seront tenus d'y assister, à la première réquisition qui leur en sera faite, à peine de demeurer responsables des événemens. Après le bénéficiement, les marchandises seront rétablies dans lesdits magasins. (Art. 3.)

Lorsque les marchandises devront être vendues, celui qui sera chargé d'en poursuivre la vente, fera signifier aux Préposés des douanes, au plus prochain bureau du lieu du naufrage, le jour de cette vente, avec fixation d'un délai suffisant pour qu'ils puissent y assister, le tout à peine, par ledit officier, d'être responsable des droits sur la totalité des marchandises portées au procès - verbal de reconnaissance et description. Les Préposés des

____

(1) Les Préposés des douanes reçoivent aussi le rapport des événemens de mer et d'avarie qu'ont éprouvés les navires naufragés : ces rapports sont faits par le capitaine, ou par le consul prussien s'il s'agit d'un bâtiment de cette nation.

douanes seront présens à ladite vente; ils veilleront à ce que les adjudicataires des marchandises
observent les formalités prescrites pour les déclarations, visites et acquit des droits. (Art. 4.)

Le produit de la vente est déposé dans la caisse des invalides de la
marine. (Art. 3, arrêté du 17 floréal an 9)

Les marchandises prohibées à l'entrée ne seront
vendues ou remises à ceux qui les auront récla-
mées, qu'à la charge du renvoi à l'étranger. Elles
seront transportées, sous la conduite des Préposés
des douanes, et aux frais du réclamateur ou de
l'adjudicataire, au port le plus voisin, où elles
seront mises en entrepôt, sous la clef des Préposés
à la perception, au bureau dudit port, jusqu'à
l'exportation. Ladite exportation ne pourra être
différée au-delà du délai de trois mois, à compter
du jour de la remise qui aura été faite des marchandises aux propriétaires ou adjudicataires, à
peine de confiscation desdites marchandises. Il est
défendu aux juges d'en faire la remise pure et
simple auxdits propriétaires ou adjudicataires, à
peine de condamnation, qui serait contr'eux prononcée, de la valeur desdites marchandises, et de
l'amende de 500 francs. Dans le cas néanmoins
où les marchandises prohibées, sauvées du naufrage, seraient tellement avariées qu'elles ne pourraient pas être exportées sans le risque d'une
perte totale, les propriétaires ou adjudicataires
desdites marchandises auraient la faculté de les
faire vendre publiquement, à la charge de payer,
après la vente, entre les mains desdits Préposés

à la perception, le droit de quinze pour cent sur le produit de ladite vente, pour le montant de ce droit être remis au Receveur le plus prochain des invalides de la marine. (Art. 6.)

Ceux qui seront trouvés par les Préposés des douanes saisis de marchandises naufragées, enlevées, sans être porteurs d'une permission, seront par eux arrêtés et conduits à la maison d'arrestation, et lesdits Préposés remettront, dans le jour, leur procès-verbal au juge de paix le plus prochain, sans que les frais, en aucun cas, puissent être à la charge de l'Administration ; et seront lesdites marchandises remises dans un dépôt ou magasin, pour être statué sur la propriété de ceux qui les réclameront, et en être usé comme pour le surplus du chargement, (Art. 7.)

Lorsqu'en vertu de l'article précédent les Préposés auront arrêté un ou plusieurs individus saisis de marchandises naufragées, sans être porteurs d'une permission, ils en rédigeront leur rapport, en mentionnant ces particularités, et en spécifiant celles qui leur ont fait reconnaître les objets enlevés pour appartenir à *tel* échouement. Ils décriront lesdites marchandises, et désigneront le lieu où ils les auront déposées. Ils diront, en outre, qu'en vertu de l'article 7, titre VII, de la loi du 22 août 1791, ils ont conduit lesdits individus dans la maison d'arrêt, où ils ont été écroués, en vertu du mandat du juge de paix, auquel ils remettront dans le jour leur rapport.

Si, en cas d'éloignement de la maison d'arrêt, les Préposés n'y conduisaient point les prévenus, ils diraient qu'ils les ont remis à M. le juge de paix, ou à la gendarmerie, qui s'en est chargée, et feraient certifier cette remise sur l'original du rapport.

Disposition commune aux deux précédens paragraphes.

Les marchandises naufragées ou chargées sur des bâtimens en relâche forcée et constatée par les Préposés des douanes, pourront être importées, ou devront être renvoyées à l'étranger, conformément aux lois et tarifs des douanes, ou concernant leurs différentes espèces. (Art. 11, titre II, loi du 4 germinal an 2.)

§. III. *Vivres et Provisions des Navires.*

Les vivres et provisions d'un bâtiment venant de l'étranger, seront soumis aux lois et tarifs d'entrée pour toute quantité qui excédera *le nécessaire.* (Art. 12, titre II, loi du 4 germinal an 2.)

Ils seront, à l'arrivée des navires, déclarés dans le même délai et dans les mêmes formes que les marchandises composant les chargemens. (Art. 1er., titre VIII, loi du 22 août 1791.)

Les vivres et provisions embarqués sur bâtimens expédiés pour l'étranger, seront soumis aux lois et tarifs de sortie pour toute quantité qui excédera *le nécessaire.* En cas de contestations, elles seront jugées dans les formes prescrites par la loi du 4 germinal an 2. (Article 13, titre II, loi du 4 germinal.)

C'est donc par les juges de paix que ces contestations doivent être jugées. (Voir le chapitre V, section *De la procédure.*)

D'après les articles 12 et 13 ci-dessus, *le nécessaire*, c'est-à-dire les vivres et provisions uniquement destinés à la nourriture des équipages et passagers, jouit de l'exemption de tous droits.

Pour jouir de ladite exemption, les armateurs ou capitaines des bâtimens seront tenus de faire leur déclaration au bureau de la douane, du nombre d'hommes qui composeront leurs équipages, et de celui des passagers; de déclarer aussi les quantités et espèces de vivres et provisions qu'ils voudront embarquer. Si les quantités paraissent trop fortes, relativement au nombre d'hommes qui devront être à bord du bâtiment, et à la durée présumée du voyage, les Préposés des douanes pourront demander que les armateurs ou capitaines des bâtimens fassent régler ces quantités par l'autorité compétente, et qu'ils justifient de la fixation qui en sera faite au pied d'une expédition de la déclaration. Dans tous les cas, le nombre d'hommes composant les équipages, celui des passagers, les quantités et les espèces de vivres embarqués, seront portés sur le permis d'embarquement, qui devra être visé par les Employés des douanes. (Loi du 22 août, titre VIII, art. 3.)

14

Les vivres qui seront embarqués dans un port autre que celui du départ, seront chargés sur le permis d'embarquement, sauf, en cas de difficulté sur les quantités, à se conformer à l'article précédent. (Art. 4.)

Au retour, le capitaine représentera le permis d'embarquement qu'il aura pris au départ, les vivres et provisions restans (*sur le nécessaire reconnu à la sortie*) seront déchargés en exemption de tous droits, après que la déclaration en aura été faite à la douane. (Art. 5.)

Les vivres et provisions que le capitaine d'un bâtiment français , en retour d'une navigation étrangère, aurait pris à l'étranger , ne pourront être déchargés dans les ports du royaume qu'après déclaration , et en acquittant les droits d'entrée. (Art. 6.)

§. IV. *De la réduction des droits en cas d'avaries.*

Aucune réduction de droits ne sera accordée pour cause d'avaries, que dans le cas d'échouement ou autres accidens de mer, constatés suivant les formes prescrites, et qui emporteraient droit de recours contre les assureurs. (Loi du 8 floréal an II , titre VIII , art. 79.)

Ces accidens doivent être spécifiés dans le rapport du capitaine , énoncés dans ses déclarations , et vérifiés dans les vingt-quatre heures. (Circ. nᵒ. 23.)

Les experts, pour faire l'estimation de ces avaries,

seront nommés par le Directeur ou le Receveur des douanes; ils y procéderont dans les vingt-quatre heures de la déclaration d'avaries; ils établiront, par leur rapport, la valeur primitive des marchandises au cours du jour, et la perte résultant de l'avarie. (Art. 80.)

C'est dans les vingt-quatre heures de la déclaration d'avarie, faite par le négociant, que l'expertise doit être faite; mais cette déclaration n'est admissible qu'autant que le capitaine, dans son rapport de mer, aura également annoncé qu'il a éprouvé des avaries. (Circ. n°. 175.)

Ledit rapport sera communiqué aux parties intéressées ou à leurs représentans, qui, dans le délai de vingt-quatre heures, pourront donner eux-mêmes aux marchandises une estimation supérieure à celle des experts. Les Préposés des douanes ne pourront user du droit de préemption qu'à l'expiration de ce délai, et seulement d'après la nouvelle valeur, s'il en a été donné une par les parties intéressées ou leurs représentans, sinon que d'après la valeur résultant du rapport des experts. (Art. 81.)

Si les Préposés des douanes reconnaissent que les experts ont donné aux marchandises dont les droits se payent au poids, une estimation supérieure à leur valeur primitive avant qu'elles eussent été avariées, le paiement des droits et la remise des marchandises entre les mains du propriétaire ou consignataire seront suspendus. Des échantillons seront levés, mis sous le cachet des experts et du Receveur, et adressés au Directeur-général des douanes, qui les soumettra à l'examen du Ministre de l'intérieur. Cependant, si le propriétaire ou consignataire désire avoir la libre disposition des marchandises, elles pourront lui être remises, sous soumission valablement cautionnée de payer les droits, conformément à la décision du Ministre de l'intérieur. (Art. 82, loi du 8 floréal.)

Les échantillons doivent être envoyés en double.

M. le Directeur-général des douanes, en se réservant de statuer sur les réductions de droits en cas d'avaries, a ordonné, dans sa circulaire n°. 129, qu'un chef de service assiste exactement aux vérifications des experts, qu'il constate sa présence en signant au rapport, et rende au Directeur un compte particulier, où il consignera son opinion motivée sur les résultats des opérations. — *Voir les circ. n°. 23 et 129.*

Les procès-verbaux d'expertise énonceront exactement le poids des marchandises avariées, et le degré de dépréciation qu'elles ont éprouvé soit un sixième, un huitième, etc. Un certificat particulier des Employés qui auront assisté aux vérifications, présentera en outre la liquidation des droits qu'auraient acquittés ces marchandises en bon état, ainsi que celle de leur réduction d'après le degré d'avarie constaté. (Circ. n°. 189.)

Lorsqu'un bâtiment *chargé de sel* sera en déclaration d'avarie, *dans un bureau subordonné*, le Contrôleur de brigade, ou le Lieutenant d'ordre, certifiera sur le procès-verbal qui aura été dressé, s'il a été reconnu un déficit de nature à entraîner une réfaction de droits; qu'il a assisté au déchargement, et confirmera, s'il y a lieu, les détails donnés par ce même procès-verbal. Cette pièce sera transcrite par ordre de numéros sur un registre particulier. Il en est de même des déclarations d'avaries, reçues préalablement : un registre leur sera aussi spécialement affecté. (Circ. n°. 241.)

§. V. *De la surveillance des Préposés des Adminis-trations des douanes et des droits-réunis, des déclarations, congés et acquits-à-caution concer-nant les Sels.*

La surveillance des Préposés des douanes et des droits-réunis ne s'exercera, pour la perception de la taxe sur les sels, que jusqu'à la distance de trois lieues des marais salans, fabriques ou salines, situés sur les côtes et frontières, et dans les trois lieues de rayon des fabriques et salines de l'intérieur. La ligne de démarcation sera déterminée comme celle des douanes. (Décret du 11 juin 1806, art. 1er.)

Nul enlèvement de sels dans les limites déter-minées par l'article précédent, ne pourra être fait sans une déclaration préalable au bureau le plus prochain du lieu de l'extraction, et sans avoir pris un congé ou un acquit-à-caution, que les conducteurs seront tenus de représenter aux Pré-posés, à toute réquisition, dans les trois lieues des côtes et frontières ou des fabriques et salines de l'intérieur. (Art. 2.)

Les déclarations contiendront le nom du ven-deur, celui de l'acheteur, la quantité de sel vendue, le nom du voiturier ou du maître du bateau ou barque qui devra faire le transport, le lieu de la destination et la route à tenir. (Art. 3.)

Si les droits ont été payés au moment de la déclaration, il sera délivré un congé qui en fera mention. (Art. 4.)

Il sera délivré un acquit-à-caution, lorsque la déclaration n'aura pas donné lieu à l'acquit des droits. (Art. 5.)

Aucun enlèvement de sels ne pourra être fait avant le lever du soleil ou après son coucher, et qu'en suivant la route indiquée par le congé ou acquit-à-caution. Ces expéditions indiqueront le délai après lequel elles ne seront plus valables. (Art. 6.)

Les sels transportés dans l'étendue des trois lieues soumises à la surveillance des Préposés, sans être accompagnés d'un acquit-à-caution, seront saisis et confisqués. Les sels qui circuleraient dans la même étendue du territoire avant le lever ou après le coucher du soleil, seront soumis aux mêmes peines, si le congé ou acquit-à-caution ne porte une permission expresse de transport pendant la nuit. (Art. 7.)

Les Préposés des douanes sont autorisés à se transporter en tout temps dans l'enceinte des marais salans, dans les salines et lieux de dépôt, pour y exercer leur surveillance. Les Préposés des droits-réunis visiteront et tiendront en exercice les salines et fabriques de l'intérieur. (Art. 8.) *Voir l'article 32 de la loi du 17 décembre, page 34.*

Les sels transportés par mer pourront être expédiés sous acquit-à-caution; le droit sera perçu

au moment du débarquement sur les sels conduits
dans les ports qui ne jouiront pas de l'entrepôt.
(Art. 9.)

Les sels arrivant, pour la consommation , dans les ports
non désignés en l'article 21 *cité au §. 6 ci-après.*, doivent
être immédiatement soumis à l'impôt. (Circ. n°. 241.)

Si les sels sont transportés dans un des ports
où l'entrepôt sera permis, ils pourront être entreposés sous une double clef, dont l'une restera
entre les mains du Receveur de la douane, et n'acquitter les droits que lorsqu'ils en seront tirés pour
la consommation. (Art. 10, décret du 11 juin.)

Cette faveur n'a lieu que dans les trente-six ports dénommés en l'art. 21, page 220.

Si les sels entrent dans les rivières pour remonter
dans l'intérieur , les droits seront perçus au bureau
des douanes le plus avancé en rivière , à moins
qu'ils ne soient destinés pour l'un des grands entrepôts de l'intérieur, établis *par l'art. 24 ci-après.*
(Art. 11.)

Il sera accordé à tous ceux qui enlèveront des
sels des lieux de fabrication, soit qu'ils soient destinés pour les entrepôts ou pour la consommation
cinq pour cent pour tout déchet; de manière
que, déduction faite de cette seule quantité, le
droit sera dû sur la totalité des sels compris dans
les déclarations et acquits-à-caution. (Art. 12.)

Le *boni* résultant du déchet de 5 pour 100 sur les sels entreposés, ne doit être mis à la disposition du propriétaire,
qu'avec la quantité qui solde l'entrepôt , et dans la propor-

tion des quantités réellement soumises aux droits. (Circ. n°. 199.)

Les propriétaires pourront demander la vérification des chargemens au moment de l'arrivée des bâtimens qui auront fait le transport par mer, si ces bâtimens ont éprouvé des avaries légalement constatées ; et le droit ne sera perçu que sur la quantité reconnue par le résultat de la vérification. (Art. 13.) *Voir, pour les formalités à observer, le §. 4, page 212.*

Les sauniers ou paludiers qui voudraient enlever des sels des marais salans pour les transporter à dos de chevaux et de mulets, et les vendre dans l'intérieur, ne payeront les droits qu'au retour de chaque voyage, s'ils fournissent caution pour le montant desdits droits. Il ne leur sera accordé un second crédit que lorsque le premier aura été acquitté. (Art. 14.)

La déclaration prescrite par l'art. 51 de la loi du 24 avril 1806, avant l'établissement d'aucune fabrique particulière de sel à la chaudière, sera faite au bureau le plus prochain des douanes pour celles qu'on voudra établir dans les trois lieues des côtes et dans les quatre lieues des frontières de terre, et au bureau le plus prochain des droits-réunis pour celles qui seront établies dans l'intérieur, sous les peines portées par ledit article. (Art. 15.)

Ces peines sont la confiscation des ustensiles propres à la fabrication, et une amende de cent francs.

Toutes les saisies qui donneront lieu à la confis-

cation des sels, emporteront aussi celle des chevaux,
ânes, mulets, voitures, bateaux et autres embarcations, employés au transport. (Art. 16.)

Toute saisie de sel faite *à l'importation*, sur un ou deux porteurs, donnera lieu à une gratification, pour les saisissans, de 10 cent. par kilog. de sel. (Circ. no. 52.)

Pour faciliter la vérification des quantités de sel au moment de l'extraction et de l'embarquement, on pourra, à l'égard de celle excédant un quintal, employer le mesurage, après avoir constaté, pour chaque expédition, la quantité de kilogrammes de sel que contiendra la mesure employée. (Art. 17.)

La mesure uniforme dont M. le Directeur général a prescrit l'emploi, dans toutes les douanes, pour la vérification des chargemens de sel, tant au départ qu'à l'arrivée, est *le demi-hectolitre de forme conique tronquée*.

Toutes les fabrications de sels par l'action du feu seront tenues en exercice par les Préposés des douanes ou des droits-réunis, suivant le lieu où elles seront situées. (Art. 18.)

Il sera tenu par les fabricans et Préposés des registres en double, sur lesquels seront portées les quantités de sel fabriquées, celles en magasin et celles vendues. (Art. 19.)

Ils ne pourront laisser sortir de leurs magasins aucune quantité de sel, que sur la représentation du permis que l'acheteur aura levé au bureau des douanes ou des droits réunis. Ceux qui contreviendront à la présente disposition, seront condamnés au paiement du double droit des sels qu'ils auront vendus. (Art. 20.)

La circ. n°. 197 a tracé et détaillé avec soin les mesures à prendre pour améliorer le mode d'expédition et de vérification des chargemens de sels destinés pour les ports de France.

Les précautions à prendre pour ce qui concerne l'expédition consistent :

1°. A énoncer sur les acquits-à-caution qui sont délivrés pour assurer le transport des sels, outre le poids de la denrée, le nombre de demi-hectolitres et le poids commun de la mesure, afin d'offrir au bureau d'arrivée un double moyen de vérification et de contrôle ;

2°. A faire indiquer au départ, sur ces mêmes acquits, par le Vérificateur ou les Employés qui auront fait le chargement, le tonnage du bâtiment, son tirant d'eau, sa hauteur hors de l'eau, et l'étendue des vides que présentera la cargaison. Au moyen de cette précaution, le Vérificateur au port de destination reconnaîtra si, dans le cours de la traversée, la cargaison n'a souffert aucune altération ; il fera note des différentes observations sur son pontatif, avant de commencer le déchargement, et les réitérera à la fin de chaque vacation. S'il s'apercevait d'une différence entre le dernier recensement et celui qu'il obtiendrait au commencement d'une nouvelle séance, il en rendrait compte au Chef de service, pour que l'on pût immédiatement se livrer à la recherche des causes ;

5°. A procéder sur tous les points indistinctement où pourrait relâcher, ou seulement mouiller un bâtiment chargé de sel, avant d'atteindre le port de destination, à la reconnaissance des renseignemens donnés par l'acquit-à-caution, à charge, par les Préposés, de faire mention dans le *visa* qu'ils seront tenus d'apposer au dos de cette même expédition, de l'exactitude ou de la différence de ces renseignemens, afin que, dans ce dernier cas, il en soit rendu compte à M. le Directeur-général, pour qu'il puisse parvenir à savoir où, quand, de combien, dans quelle étendue de côte ou de penthière, et même sous la garde de qui le chargement s'est effectué ;

4°. A faire connaître encore sur l'acquit-à-caution si le bâtiment, avant de prendre charge, était net de toute vase ; parce que, sans cette précaution, une fausse déclaration d'avaries pourrait se trouver légitimée au lieu d'arrivée, par la présence de cette vase, et couvrir ainsi un versement frauduleux dans le transport ;

5°. A indiquer sur ce même acquit-à-caution la température sous laquelle le chargement aura été effectué, afin qu'à l'arrivée on puisse, en faisant la même observation, juger si l'excédant ou le déficit reconnu doit être attribué aux variations de l'atmosphère.

Outre l'uniformité dans la mesure, il a été adopté, pour la vérification des chargemens de sels, un appareil composé de 5o plaques de fer-blanc, marquées et numérotées par dixaines, et dont l'emploi est prescrit avec détail dans les instructions placées en tête des nouveaux carnets qui doivent être tenus par le Vérificateur et le Préposé, cotés à l'opération, et dont les modèles sont joints à la circ. n°. 197.

'La circulaire n°. 196 a ordonné que tout chargement de sel acquitté, à destination d'un port de France, soit spécialement placé sous la responsabilité des chefs locaux, et que ceux-ci s'assurent qu'il n'a été furtivement débarqué aucune partie de sel chargé sur le navire, en le faisant garder par deux Préposés de brigades depuis le moment de la vérification jusqu'à celui du départ. Les Directeurs auront soin de signaler le bâtiment lors de sa sortie, sur toute la ligne de leur service, afin de fixer les regards des Chefs et Préposés sur ses mouvemens ultérieurs ; et si ce bâtiment était destiné pour un port situé hors de leurs directions, ils devraient en informer immédiatement celui de leurs collègues que cet avis pourrait concerner, afin qu'il donnât lui-même des instructions pour que le navire chargé de sel fût, à l'arrivée, l'objet d'une attention particulière.

Les acquits-à-caution relatifs *au sel acquitté* seront retenus jusqu'à décision. (Circ. n°. 274.)

§. VI. *Des Entrepôts de Sels dans les ports.*

Les sels provenant des marais salans ou salines jouiront de la faculté de l'entrepôt dans les villes de Dunkerque, Calais, Boulogne, Etaples, Saint-Valery-sur-Somme, Abbeville, Dieppe, Le Havre, Rouen, Honfleur, Caen, Cherbourg, Granville, Marans, Saint-Malo, Le Legué, Morlaix, Brest, Lorient, Quimper, Vannes, Redon, Nantes, La Rochelle, Les Sables, Rochefort, Charente, Bordeaux, *Libourne*, Bayonne, Cette, Agde, Narbonne, Toulon, Marseille et Arles. (Décret du 11 juin 1806, art. 21.)

L'entrepôt des sels sera réel, et soumis à toutes les conditions et formalités prescrites pour les entrepôts des douanes. (Art. 22.)

Les sels entreposés dans les ports qui ont cette faculté, pourront être expédiés par mer, à destination des autres ports de France, sous la formalité de l'acquit-à-caution. Si la destination est pour l'un des ports qui ont la faculté de l'entrepôt, lesdits sels pourront y être de nouveau entreposés; dans le cas contraire, ils payeront les droits au moment du débarquement. (Art. 23.) *V. pag.* 218 *et* 219, *pour les formalités de l'acquit-à-caution.*

Il y aura entrepôt réel des sels dans les villes de Paris, Lyon, Toulouse et Orléans : il sera soumis à toutes les formalités prescrites pour les entrepôts des douanes. (Art. 24.)

Les sels destinés pour ces entrepôts seront expédiés par rivière, sous la formalité d'acquit-à-caution des douanes. (Art. 25.)

L'Administration des douanes sera chargée de la surveillance desdits entrepôts, et de la perception du droit sur les sels qui y seront déposés, lorsqu'ils entreront dans la consommation. (Article 26.)

Il n'y a d'*entrepôt général* d'où les sels peuvent, pendant le délai de 18 mois, être expédiés, comme des marais salans, à toutes destinations, pour la consommation, la pêche, l'approvisionnement des navires qui font la pêche de la morue, et les ateliers où se préparent les salaisons destinées pour la marine et les colonies, que dans les ports désignés en l'article 21 *ci-dessus*. Les sels expédiés pour *la troque* sont seuls exceptés. La troque n'est en usage que dans les directions de Nantes et de Lorient. On appelle ainsi le commerce d'échange que font les saulniers et paludiers, dans les communes de l'intérieur, des sels qu'ils enlèvent directement des marais salans, sous la formalité de l'acquit-à-caution portant obligation du paiement des droits au retour du voyage, contre les grains nécessaires à la subsistance d'eux et de leur famille, le pays qu'ils habitent n'en produisant point. (Circ. n°s. 223 et 241.)

Les sels destinés à approvisionner les entrepôts intérieurs désignés par l'art. 24, sont directement expédiés par rivière, sous la formalité de l'acquit-à-caution, soit des lieux de fabrication, soit des *entrepôts généraux* placés dans les ports qu'ils empruntent, et où le défaut de moyens de navigation intérieure a pu forcer les propriétaires de les déposer provisoirement : comme l'entrepôt de Nantes pour les sels dirigés sur Orléans ; le même entrepôt ou celui de Rouen, pour les sels envoyés à l'entrepôt de Paris, etc. ; car la faculté d'expédier des *entrepôts généraux* pour ceux de l'intérieur, n'a jamais été et ne peut point encore être entendue dans un sens absolu. Ainsi, une expédition par simple mutation d'*entrepôt général* sur un entrepôt intérieur, ne pourrait s'effectuer, si M. le Directeur-général n'en avait préalablement donné l'autorisation spéciale. Les différens Chefs de service près des entrepôts généraux doivent veiller au maintien de ce principe.

Les sels arrivés dans les entrepôts de l'intérieur ne peuvent plus en sortir que de deux manières : pour la consommation, et pour les fabriques de soude; ils peuvent néanmoins recevoir ces deux destinations immédiatement après leur arrivée, et sans toucher à l'entrepôt, pourvu qu'ils aient été préalablement vérifiés avec soin. (Circ. n°. 223.)

Les instructions relatives à l'emploi des impressions affectées au service des entrepôts de sel, sont détaillées dans la même circulaire.

Toute demande de prolongation d'entrepôt de sel doit parvenir à M. le Directeur-général par l'intermédiaire des Directeurs. (Circ. n°. 195.)

§. VII. *Des Salaisons.*

Des Sels employés à la pêche maritime, ou pour les salaisons destinées aux approvisionnemens de la marine et des colonies.

Les sels destinés à la pêche maritime jouiront, dans tous les ports où il y a un bureau de douane, d'un entrepôt d'une année, en quantité proportionnée au nombre et au tonnage des bâtimens employés à la pêche, sous toutes les conditions et formalités prescrites par les lois pour les marchandises admises en entrepôt réel. (Art. 27, décret du 11 juin 1806.)

Les quantités tirées de l'entrepôt pour la pêche seront exactement vérifiées, et portées sur un registre particulier, qui servira de contrôle à celui de mise en entrepôt. (Art. 28.)

Les propriétaires des sels déclarés pour la pêche, pourront les tirer de l'entrepôt pour la consommation, en payant les droits. (Art. 29.)

Les sels seront réputés devoir entrer dans la consommation, et, comme tels, soumis au paiement du droit, s'ils n'ont été employés à la première ou à la seconde pêche, depuis leur mise en entrepôt. (Art. 30.)

Les sels expédiés pour les salaisons en mer, qui n'y auront point été employés, pourront, à leur retour, être établis dans l'entrepôt, après vérification exacte des quantités, et y rester jusqu'aux expéditions pour la pêche de l'année suivante.

Les sels qui, à cette époque, ne seront pas réexpédiés pour la pêche, acquitteront les droits. (Art. 31.)— *Voyez à la page suivante les dispositions de la circulaire n°. 223.*

Les sels employés pour les salaisons destinées aux approvisionnemens des colonies et de la marine, seront déposés dans des magasins fermés à deux clefs, dont l'une restera entre les mains des Préposés des douanes, qui enregistreront les quantités entreposées, et en surveilleront l'emploi. (Article 32.)

On ne pourra employer pour les salaisons faites en mer ou à terre, que la quantité de sel nécessaire à la conservation du poisson. (Art. 33.)

Les barils de poissons salés seront ouverts ; et s'ils contiennent du sel superflu, il sera jeté comme immonde. (Art. 34.)

Les mêmes vérifications auront lieu pour les poissons salés qui seront apportés de l'étranger. (Art. 35.)

De l'ensemble des impressions adoptées pour régulariser le service des sels, et dont le tableau est annexé à la circulaire n°. 223, il résulte qu'il n'est plus admis que deux sortes d'entrepôts dans les ports : l'un, *spécial*, d'où les sels ne peuvent sortir qu'à la destination de la *pêche maritime*, ou pour les salaisons en atelier, pendant le cours d'une année, passé lequel temps le propriétaire doit acquitter les droits sur ceux qui n'ont reçu ni l'une ni l'autre de ces destinations privilégiées ; le second, *général*, d'où les sels peuvent sortir pour toutes les destinations, la troque exceptée, *ainsi qu'il est dit au paragraphe précédent.* Le premier de ces entrepôts est placé dans les ports non compris en l'art. 21 du décret du 11 juin ; et le second, au contraire, dans les ports que désigne ce même article. (Circ. n°. 223.)

L'entrepôt spécial n'a été établi que dans la seule vue de favoriser la pêche maritime, et la préparation de ces produits en atelier. Ainsi, *l'entrepôt spécial* ne peut recevoir que les sels qui ont l'une ou l'autre de ces deux destinations, sauf, après le délai d'un an dont il doit jouir, à exiger que les sels non ainsi employés, acquittent les droits dont ils sont passibles. Les sels arrivant dans ces ports, pour la consommation, doivent être immédiatement soumis à l'impôt : les admettre en entrepôt, jusqu'à ce qu'il convienne au commerçant d'en acquitter les droits, ce serait faire d'un entrepôt *spécial* un entrepôt *général*; ce serait enfreindre le réglement, qui ne fait explicitement jouir. de ce droit que les trente-six ports principaux du royaume. (Circ. n°. 241.)

L'art. 27, *ci-dessus*, appelle *pêche maritime* celle qui se fait sur nos côtes ou dans le voisinage; il suit de là que les sels placés dans les *entrepôts spéciaux* ne peuvent en être retirés pour la pêche de la morue : les sels qui ont cette destination doivent être chargés immédiatement aux marais, ou sortir *des entrepôts généraux*. (Même circulaire.)

Les salaisons de viande pour les approvisionnemens de la marine et des colonies sont réservées aux ports qui ont un *entrepôt général* : elles ne peuvent être faites, d'après une circulaire du 14 octobre 1808, que sous les yeux des Employés des douanes, afin de constater les quantités de sel qui y sont réellement entrées. (Circ. n°. 223.)

Il n'est point exigé de soumission relativement aux sels livrés à la marine ou au commerce, pour les préparations de viandes, comme on le fait à l'égard de ceux destinés aux salaisons de poisson en atelier ; mais on aperçoit la raison de cette différence : c'est que les premiers ne cessent pas d'être sous la main ou la surveillance de la douane, tandis que les autres sont à la disposition du saleur, qui les emploie à volonté, et hors de la présence des Préposés. (Même circulaire.)

Les sels servant à la préparation des viandes embarquées pour *la nourriture des équipages*, sur les navires *français* destinés à faire des voyages de *long cours* à l'étranger, sont affranchis du droit de consommation, par une décision du ministre des finances, du 3 mars 1817. (Circ. n°. 256.)

§. VIII. *De la pêche des sardines, maquereaux et autres poissons dont les salaisons se font à terre, ou qui sont salés en mer pour être consommés en vert.*

Aucun atelier de salaison de sardines et autres

poissons qui se renferment et se pressent dans des barriques ou barils, ne pourra être établi sans une déclaration préalable au bureau des douanes le plus prochain. (Art. 36, décret du 11 juin 1806.)

Tout propriétaire des ateliers actuellement existans sera tenu d'en faire la déclaration audit bureau. (Art. 37.)

Cette déclaration faite, il pourra lever aux marais salans, sous acquits-à-caution suffisamment garantis, le sel dont il présumera avoir besoin pour les salaisons. (Art. 38.)

A l'arrivée au bureau de destination, après vérifications et soumissions faites et cautionnées, il sera tenu de justifier de l'emploi du sel en salaisons dans les proportions qui seront déterminées, ou de payer le droit de deux décimes par kilogramme; il lui sera permis d'entreposer ce sel dans son magasin particulier. (Art. 39.) *Cet article et le suivant sont modifiés par les articles 5 et 6 de l'ordonnance du 30 octobre, rapportée ci-après.*

Tous ceux qui, sans déclaration préalable, emploieront du sel en salaisons de poissons, ou qui en auront en dépôt dans les lieux où se font lesdites salaisons, devront justifier qu'ils ont acquitté ou soumissionné le droit; et, à défaut de cette preuve, ils encourront la saisie et confiscation du sel et des salaisons trouvés chez eux, avec amende du double des droits fraudés. (Art. 40.)

Les propriétaires ou locataires d'ateliers seront tenus de les ouvrir, ainsi que leurs magasins de

sel, à toute réquisition des Préposés des douanes ,
afin qu'ils puissent reconnaître les quantités de
salaisons faites et celles des sels non employés.
(Art. 41.)

Afin de prévenir les doubles emplois qui pourraient être faits de barriques ou de barils de poisson
pressé ou anchoité, ils seront marqués aux deux
bouts et sur le bouge. (Art. 42.)

S'il résulte de la vérification que la quantité de
poisson pressé n'est pas proportionnée à la quantité de sel prétendue consommée, le saleur sera
condamné à payer une amende de cent francs,
et, en outre, le double des droits fraudés. (Art. 43.)

Si à l'expiration de la saison où se fait la pêche,
des sels restent en magasin, le propriétaire pourra
les réserver pour l'année suivante, en fournissant
une nouvelle soumission pour la quantité non employée. (Art. 44.)

Cette disposition, source d'abus préjudiciables aux
intérêts du trésor, a été rapportée par l'art. 5 de l'or-
donnance du 30 octobre. Les sels non employés doivent
être réintégrés dans le dépôt spécial, ou soumis im-
médiatement aux droits.

Ceux qui recevront dans leurs magasins ou ateliers des sels dont les droits n'auraient pas été
acquittés ou soumissionnés, seront condamnés à
payer une amende de cent francs, et le triple des
droits fraudés ; en cas de récidive, ceux qui auront
été pris en contravention, outre les peines ci-dessus

portées, seront privés de la franchise accordée pour les salaisons. (Art. 45.)

Les peines portées en l'article précédent seront prononcées contre ceux qui, pour masquer la fraude, supposeront des salaisons qu'ils n'ont pas faites, ou substitueront dans des barriques ou barils à poissons pressés toutes autres matières. (Art. 46.)

Tout propriétaire ou maître de chasse-marée ou chaloupe qui voudra faire salaison et commerce de sardines, merluches ou tout autre poisson qui se sale en mer, et qui est destiné à être consommé en vert, devra se faire inscrire au bureau des douanes le plus prochain. Le certificat de cette inscription lui sera délivré à ses frais, qui seront ceux du timbre seulement. (Art. 47.)

Sur la représentation de ce certificat, par le maître, aux Préposés des douanes établis près les marais salans ou entrepôts, ils lui délivreront un permis pour lever le sel qu'il jugera lui être nécessaire, et qui ne pourra cependant excéder la quantité de cent cinquante kilogrammes par tonneau de contenance de son embarcation, soumission préalablement faite de justifier de l'emploi de ce sel en salaison de poisson. (Art. 48.)

Lorsqu'après avoir pris son chargement de poisson et l'avoir salé, il abordera dans un port pour le vendre, il sera tenu, avant de commencer son déchargement, de fournir à la douane une déclaration de la quantité de poissons salés qu'il apporte,

du sel neuf qui lui reste, et de représenter l'acquit-
à-caution qui lui aura été délivré à son départ
pour la pêche. (Art. 49.) *Voir ci-après, page 236,
pour le concours d'exécution.*

Si, à son arrivée, il n'était pas porteur d'un
acquit-à-caution, pour justifier que le sel qui a
été employé à des salaisons, a été levé aux marais
salans de France, et que les droits en ont été préalablement assurés, les salaisons et le sel qui se
trouveront à son bord seront confisqués, avec
amende de cent francs. (Art. 50.)

Il encourra les mêmes peines, s'il est rencontré
en mer, par une embarcation des douanes, sans
être muni d'expédition qui justifie l'origine du sel,
et que les droits en ont été cautionnés. (Art. 51.)

Lorsque la déclaration prescrite par l'art. 49
aura été faite, il lui sera délivré un permis de déchargement en présence des Préposés, qui vérifie-
ront les quantités de poissons et de sel existantes.
(Art. 52.)

Si la quantité de poisson salé représentée n'était
pas proportionnée à la quantité de sel consommée,
il payera une amende de cent francs, et, en outre,
le triple du droit dont le sel non représenté aurait
été susceptible. (Art. 53.)

Il encourra la même peine, s'il se trouvait à son
bord du sel neuf dont il n'aurait pas fait la déclaration, et, en outre, la confiscation du sel seulement.
Dans l'un et l'autre cas, son bâtiment pourra être
retenu pour sûreté de l'amende. (Art. 54.)

Si, ayant du sel à son bord, il déclare ne point vouloir continuer la pêche, il pourra vendre son sel pour la consommation, en acquittant les droits (Art. 55.)

Il sera accordé pour les salaisons ci-dessus désignées, qui se feront, soit à terre, soit en mer, une quantité de sel proportionnée à celle des poissons salés qui seront représentés, suivant l'espèce du poisson et l'usage constamment suivi dans les lieux où se feront lesdites salaisons. (Art. 56.)

Une ordonnance royale du 30 octobre 1816 a prescrit de nouvelles mesures concernant les salaisons, et fixé les quantités de sel accordées en franchise pour la préparation des différentes espèces de poisson. Voici ses dispositions :

L'administration des douanes est autorisée à délivrer en franchise les quantités de sel nécessaires aux salaisons des divers poissons provenant des pêches françaises, dans les proportions déterminées par le tableau *ci-après*. (Art. 1er.)

Pour la salaison du hareng, il ne sera plus délivré de sel en franchise après le 15 janvier. (Art. 2.)

L'emploi du sel alloué en franchise sera surveillé par les Agens des douanes. (Art. 3.)

Les salaisons, quelle que soit l'espèce de poisson qu'elles auront pour objet, devront être complétées dans le même port, et il ne sera point accordé de sel en franchise dans celui où l'on transporterait des salaisons commencées dans un autre. (Art. 4.)

Aucun atelier de salaison ne pourra être établi ou conservé dans une commune où il n'existerait pas un bureau des douanes; et les sels destinés aux préparations qui y auront lieu, ne pourront être tirés que des dépôts spéciaux autorisés par l'article 27 du réglement du 11 juin 1806, dans chaque port où il existe aussi un bureau des douanes. Les saleurs seront tenus de représenter lesdits sels, soit en salaison de poissons, soit en nature, et les sels non employés seront réintégrés dans le dépôt, ou soumis aux droits. Chaque atelier sera clos de telle manière qu'il n'ait qu'une seule issue, et tous les bâtimens compris dans ce même enclos seront sujets à la visite des Préposés des douanes. (Art. 5.)

Les propriétaires d'ateliers de salaisons ne pourront avoir, dans l'enceinte où se trouvent lesdits ateliers, que les sels spécialement destinés à la préparation du poisson. Toute vente desdits sels est formellement interdite pendant la durée des salaisons, et même après, s'il n'était point suffisamment prouvé qu'ils ont acquitté les droits, sous les peines portées contre les saleurs trouvés en contravention. (Art. 6.)

Aucun magasin en gros, aucune vente en détail de sel ayant acquitté les droits, ne pourront être établis à moins de 25 mètres de distance d'un atelier de salaison, sous les peines portées en l'article précédent. S'il en existait aujourd'hui à une moindre distance, ils seraient transférés à la distance présente, dans le délai d'un an. (Art. 7.)

Les comptes des saleurs devant être établis suivant la quantité au net des poissons salés représentés, lesdits saleurs sont tenus de marquer en chiffres, d'une manière évidente, sur les barils, tonneaux ou barriques qu'ils emploient, le poids de chacun de ces barils, tonneaux ou barriques vides, sauf aux Employés des douanes à en vérifier l'exactitude. (Art. 8.)

Les quantités de poissons salés qui se consomment dans l'intérieur des villes où se fait la salaison pendant la durée de la pêche, ne seront pas prises en compte par les Préposés des douanes, pour le réglement du compte des saleurs, relatif à l'emploi du sel en franchise. (Art. 9.)

Il sera également accordé du sel en franchise pour la confection des viandes que l'on embarquera pour la nourriture des équipages des navires français allant à la grande pêche. L'emploi desdits sels aura lieu sous les yeux des Préposés des douanes, qui en constateront les quantités. (Art. 11.)

Les sels immondes, connus sous le nom de *resels* et de *saumure*, provenant de la salaison de poissons, seront, immédiatement après la saison de la pêche, submergés par les soins et sous les yeux des Préposés des douanes, sans que les sels et saumures considérés comme déchets soient pris en compte à décharge. Les saleurs qui s'y refuseraient, ou qui seraient convaincus d'avoir soustrait quelques parties de resels ou de saumure, seront condamnés aux peines portées par l'article 45 du réglement du 11 juin 1806. En cas de récidive, ils seront privés de la franchise accordée pour les salaisons. Les sels neufs, mélangés de sels immondes, en quelque proportion que ce soit, et le résidu des salaisons de viande, sont assujétis à la même règle. (Art. 12.)

Tout saleur qui ferait de cette profession un moyen de fraude ou de spéculation illicite, outre les peines de droit, sera privé de la franchise accordée pour les salaisons, pour un espace de temps qui ne pourra être moindre de deux ans, ni supérieur à quatre; en cas de récidive, il en sera privé pour toujours. (Art. 13.)

Toutes les dispositions des décrets du 11 juin 1806 et du 8 octobre 1810, non contraires à cette ordonnance, sont maintenues, et continueront à être exécutées.

Tableau pour la fixation des quantités de sels accordées en franchise pour chaque espèce de poisson. (Art. 1er. de l'ordonnance du 30 octobre 1816.)

	kil. de sel.
Pour 100 kilogrammes de harengs blancs.	27
Pour 12,240 harengs saurs.	155
Pour 12,240 harengs bouffis ou craquelotés.	75
Pour 100 kilogrammes net de harengs blancs, destinés pour les colonies (1). . . .	40

(1) Les barils de harengs ainsi préparés seront mis en cu-

kil. de sel.

Pour le paquage de cette dernière espèce
de hareng. 15

Pour 100 kilogrammes net de harengs
salés, destinés à servir d'appât. 20

Pour 100 kilogrammes net de maque-
reaux salés à terre. 40

Pour le paquage de cette même quan-
tité (1). 10

Pour 100 kilogrammes net de maque-
reaux salés en mer. 48

Pour le paquage de cette même quan-
tité. 15

Pour 100 kilogrammes net de rogues de
maquereaux, destinés à servir d'appât (2). 40

Pour 100 kilogrammes net de maquereaux marinés dans les ports de la Méditerranée. 25

Pour 100 kilogrammes net de sardines
salées et pressées en barils, et de celles

---

trepôt réel jusqu'à leur envoi dans les colonies. Si, avant
l'expiration d'une année, le propriétaire désire les retirer,
il sera tenu d'acquitter les droits sur la portion de sel excédant la quantité allouée pour les harengs destinés à la consommation intérieure.

(1) Ce supplément de sel ne sera pas accordé pour le maquereau expédié en paniers.

(2) Ces fixations pour le maquereau concernent uniquement
les ports de l'Océan.

kil. de sel.

salées en mer dans les ports de l'Océan (1).   75

Pour 100 kilogrammes net des mêmes poissons, préparés de la même manière dans les ports de la Méditerranée. 48

Pour 100 kilogrammes net de sprats salés pour servir d'appât à la pêche de la sardine. 40

Pour 100 kilogrammes net de sprats destinés à la consommation, et d'anchois préparés comme la sardine dans les ports de l'Océan. 75

Pour 100 kilogrammes net des mêmes poissons, préparés de même dans les ports de la Méditerranée. 48

Pour 100 kilogrammes net de raies salées à terre dans les ports de l'Océan. 40

Pour 100 kilogrammes net de gros poissons, tels que lieux, merluches, juliennes, congres, roussettes, chiens de mer, salés en sec dans les ports de l'Océan. 37

Pour 100 kilogrammes net des mêmes poissons salés en vert, et représentés en barils dans les ports de l'Océan. 75

Pour 100 kilogrammes net de thons salés en barils dans les ports de la Méditerranée. 36

---

(1) Il pourra être alloué du sel en franchise pour les préparations des sardines, autres que celles mentionnées ci-dessus : mais l'emploi devra en être fait sous les yeux des Préposés, qui constateront les quantités ainsi consommées.

kil. de sel.

Pour 100 kilogrammes net de thons marinés dans les mêmes ports.   25

Pour 100 kilogrammes net d'anguilles sa-
lées, du 1er. octobre au 30 avril, dans les
ports de la Méditerranée (1).   50

Pour 100 kilogrammes net de mêmes
poissons salés, du 1er. mai au 30 septembre,
dans les mêmes ports.   75

La destination de l'acquit-à-caution délivré pour la *pêche
maritime*, dont parle l'article 49 du réglement du 11 juin,
est exclusivement bornée au port où la barque rapporte
le poisson salé, soit que le sel ait été ou non entièrement
consommé. Dans ce dernier cas, si le sel reste à bord de
la barque pour continuer la pêche, un nouvel acquit-à-
caution est délivré, tant pour ce sel que pour celui qui a
pu y être ajouté, en ayant soin d'en faire la distinction;
et l'on ouvre un second compte au maître de barque sur
le registre n°. 33. Le premier acquit-à-caution est ensuite
renvoyé au bureau de départ, si la barque n'y effectue pas
son retour, et l'on y décharge le compte qui se rapporte
à ce même acquit-à-caution, d'après le certificat délivré au
port d'arrivée. On continue à opérer de la même manière
dans les autres ports où la barque peut aborder encore pendant la saison de la pêche. Le tableau des renseignemens
nécessaires à opérer la décharge des comptes ouverts tenus
par les maîtres de barques, doit être exactement rempli au
dos de l'acquit-à-caution. (Circ. n°. 223.)

Les salaisons de poisson, qui sont les seules que l'on

---

(1) Toutefois, ces quantités ne seront allouées en compte
aux saleurs d'anguilles, qu'autant que l'emploi aura lieu en
présence des Préposés.

puisse faire dans les ports où il n'y a pas *d'entrepôt géné-*
ral, ne doivent rester dans les ateliers du saleur, quand
elles ne sont pas destinées à être immédiatement expédiées
pour l'intérieur, pour un autre port de France ou pour les
colonies, que jusqu'au moment où les Préposés des douanes
en font la reconnaissance, à l'effet d'apposer sur les barils
la marque prescrite par l'art. 42 du réglement. Alors les
salaisons sont déposées dans un magasin à deux clefs, celles
de la douane et du saleur, et y demeurent jusqu'à ce qu'elles
reçoivent l'une des destinations ci-dessus, ou que, conformément à l'art. 5 du décret du 8 octobre 1810, on en dis-
pose, après la saison de la pêche, pour la consommation
locale. (Même circulaire.)

Le compte ouvert du saleur doit être déchargé des quantités de poisson retirées des ateliers ou des magasins à double
clef, sur la production de certificats attestant l'embarquement ou la sortie par terre de ces mêmes quantités. (Même
circulaire)

§. IX. *Péche de la Morue.*

Il est permis d'embarquer à bord d'un navire
allant à la pêche de la morue telle quantité de
sel que l'armateur jugera nécessaire. Au retour,
les capitaines seront tenus de déclarer à la douane,
sous les peines portées par les lois et réglemens
en vigueur, les quantités de sel qu'ils auront
employées à la salaison du poisson qui se trouvera
à leur bord, de même que celles qu'ils rapporteront en nature. Celles-ci seront, après vérification, rétablies en entrepôt. Il pourra être accordé,
également en exemption des droits, du sel neuf
pour le repaquage de la morue, mais seulement
sur l'exhibition d'un certificat de la police muni-
cipale, attestant qu'elle peut être livrée à la con-

sommation, sans danger pour la santé publique. L'emploi de ce sel neuf aura lieu en présence des Préposés des douanes, qui le constateront. (Ordonnancé du 30 octobre, art. 10.)

Pour qu'on n'abuse point de ces facilités, M. le Directeur-général a prescrit, dans sa circulaire n°. 89, d'établir une surveillance toute spéciale et très-active sur les bâtimens qui font la pêche de la morue, avant leur départ, et aussitôt leur retour, jusqu'à leur entier déchargement.

Les capitaines desdits navires ne sont tenus de faire la déclaration en détail du sel neuf qu'ils auront rapporté, que lorsque la quantité en a été vérifiée. (Circ. n°. 135.)

Cependant, s'il arrivait qu'un capitaine, à son retour, représentât une quantité de morue évidemment inférieure à celle qu'il devait rapporter, eu-égard à la quantité de sel employée, il serait tenu, sous les peines de droit, de justifier par son livre de bord, ou toutes autres pièces authentiques, des avaries qui auraient occasionné la perte du sel approximativement manquant, ou des cessions, ventes, etc. qu'il aurait pu faire de la denrée au lieu de la pêche; opérations qui ne sauraient lui être interdites, puisqu'elles ne peuvent en aucune manière tourner au détriment de l'impôt. (Même circulaire.)

Une décision du 17 mai 1814 a fixé la quantité de sel accordée en franchise pour les salaisons de morues, à 6,000 kilogrammes par millier de morues.

C'est à cette fixation qu'il faut recourir, en tant qu'il ne s'agit de l'invoquer que comme point de comparaison et pour arriver à connaître s'il a été fait abus de la denrée; mais jamais le résultat ainsi obtenu ne peut suffire pour attacher aux produits de la pêche le soupçon d'une origine étrangère. Si le sel employé est inférieur aux proportions d'usage, ou n'en peut rien conclure, sinon que la nature du poisson ou celle de la préparation qu'il a reçue, a exigé ce ménagement de sel. Dans le cas contraire, c'est-à-dire, où le sel consommé dépasse d'une manière sensible ces mêmes proportions, le capitaine doit être tenu de justifier de l'absence du sel non rapporté, ainsi que le dit la circulaire nº. 135. (Circ. nº. 225.)

On ne doit pas compter les morues pièce par pièce pour en connaître le nombre; il suffit d'en réunir de toutes les dimensions pour en faire deux ou trois pesées, et de prendre le nombre commun de celle-ci : on obtiendra ensuite le nombre total par une règle de proportion, après qu'on aura constaté le poids total du chargement. (Circ. nº. 225.)

Les sels destinés pour la pêche de la morue doivent être accompagnés d'acquits-à-caution. (Circ. nº. 147.)

§. X. *Pêche du Saumon.*

Les réglemens sur les sels, concernant la pêche de la morue, sont de *tous points* applicables aux armemens destinés à la pêche du saumon. (Décision ministérielle du 7 avril 1817, Circulaire nº. 273.)

§. XI. *Jauge des bâtimens de mer.*

La loi du 12 nivôse an 2 ordonne de calculer le tonnage des bâtimens de la manière suivante :

« Ajouter la longueur du pont, prise de tête en tête, à celle de l'étrave à l'étambord ; déduire la moitié du produit ; multiplier le reste par la plus grande largeur du navire ou maître-bau ; multiplier encore le produit par la hauteur de la cale et de l'entrepont, et diviser par 94.

Si le bâtiment n'a qu'un pont, prendre la plus grande longueur du bâtiment; multiplier par la plus grande largeur du navire ou maître-bau, et le produit par la plus grande hauteur ; puis, diviser par 94. »

Pour les bâtimens non pontés, on doit prendre

la plus grande longueur, et opérer comme pour les navires à un pont.

Toutes les dimensions doivent être prises de dedans en dedans, parce que le droit de tonnage est imposé sur la contenance, et non sur le volume du navire : elles donneraient un résultat exagéré, si elles s'étendaient à l'épaisseur des planches.

D'après une décision du 19 floréal an 2, la longueur de l'étrave à l'étambord doit être prise sur la quille.

Il n'y a point d'uniformité dans la manière de mesurer la largeur et la hauteur. On peut prendre la première de ces dimensions sous le barreau du maître-bau, ou contre le bordage au milieu de la grande écoutille. (Code de navigation.)

Déclaration du tonnage.

Le nom des capitaines, celui des navires et leur tonnage doivent être déclarés dans chaque port où ils abordent. Si, dans la vérification, le nombre des tonneaux d'un navire se trouve excéder de plus du dixième la contenance déclarée, l'excédant total sera assujéti au paiement du double droit de tonnage, conformément à l'article 18, titre II, de la loi du 22 août 1791. (Décision du 6 vendémiaire an 8.)

Pour la perception du droit de tonnage et du demi-droit, ainsi que pour tout ce qui a rapport à la navigation, voir le Code de navigation par M. DEVAUX.

SECONDE PARTIE.

TRAITÉ

SUR LES

ACQUITS-A-CAUTION ET LE TRANSIT.

SECTION PREMIÈRE.

Acquits-à-Caution.

§. Ier. *Du cabotage et de l'emprunt du territoire étranger.*

LES marchandises expédiées par mer, d'un port à un autre de France, ne seront sujettes à aucun droit d'entrée et de sortie; il en sera de même de celles qui seront transportées directement par terre d'un lieu à un autre de France, en empruntant le territoire étranger; mais, dans ces deux cas, elles seront soumises aux formalités ci-après indiquées. (Loi du 22 août 1791 , tit. III, art. 1er.)

Les marchandises sujettes à des droits de sortie, et celles dont la sortie est prohibée, seront expé-

16

diées par acquit-à-caution (articles 2 et 4); il en sera de même de celles dont l'exportation est défendue ou assujéties à des droits, qui seront transportées par allége d'un lieu où il y a un bureau, dans un autre lieu où il y a également un bureau. (Titre XIII, art. 11.)

Les marchandises prohibées, dont la consommation est défendue, et provenant de prises ou de saisie, seront soumises à la formalité de l'acquit-à-caution, afin d'assurer leur réexportation à l'étranger.

Celles qui transitent, doivent être expédiées également par acquit-à-caution, comme nous le verrons ci-après.

La circulaire n°. 202 a signalé les abus existans dans le cabotage, et prescrit des mesures pour les réprimer.

Grains.

Le cabotage des grains reste assujéti au permis du Ministre de l'intérieur, quand il y a prohibition. (Circulaire n°. 40.) On ne peut délivrer aucun acquit-à-caution pour transporter aux colonies françaises des grains, farines et légumes secs, sans une autorisation émanée du Ministre, et notifiée au Directeur des douanes qu'elle concerne, par M. le Directeur-général. (Circulaire n°. 60.)

Les délais pour le transport des grains, farines et légumes secs, expédiés par cabotage, sont désormais réglés dans tous les bureaux maritimes, ainsi qu'il suit :

D'un port à un autre, dans la même direction de douanes, ou d'une direction à la direction voisine, six semaines;

Entre les directions plus éloignées, sur la même mer, deux mois;

Pour le grand cabotage de l'Océan à la Méditerranée, et vice versâ, trois mois.

On ajoutera uniformément à ces délais celui de vingt jours, pour le rapport des acquits-à-caution déchargés.

Le Ministre de l'intérieur considérant ces termes comme le *maximum* de ceux qui doivent être accordés, les Receveurs pourront les réduire pour les plus faibles distances. (Circ. n°. 106.)

Dès que l'exportation des grains est prohibée, leur transport par mer, d'un port à l'autre du royaume, doit être l'objet d'une surveillance très-exacte de la part des Employés.

Pour donner une garantie entière de la régularité des vérifications de grains expédiés par acquit-à-caution, les blés seront mesurés avec attention, tant au départ qu'à l'arrivée. On appellera à cette opération le commissaire de police, qui signera l'acquit-à-caution, ainsi que le certificat de décharge.

Dans tous les ports où il n'existe pas de commissaire de police, ses fonctions sont attribuées au maire ou adjoint. L'un ou l'autre de ces fonctionnaires sera toujours averti à l'avance par les Employés du bureau ou ceux de la brigade, de tout embarquement ou débarquement de grains; on le requerra d'y assister, afin de reconnaître l'exacte conformité des quantités expédiées ou arrivées, avec l'acquit-à-caution, et de la certifier, en signant ou cet acquit ou le certificat de décharge.

S'il y avait impossibilité ou refus de la part de quelque commissaire de police, maire ou adjoint, de déférer à cette réquisition des Employés, ceux-ci en feraient mention sur l'expédition.

Tout acquit-à-caution ou certificat de décharge délivré pour des grains, sera signé par le Visiteur et le Préposé, coté à l'embarquement ou au débarquement, et, dans tous les cas, par le Receveur ou le Sous-Inspecteur sédentaire, et par l'un des Chefs du service actif du port, qui certifiéront ainsi l'exactitude de la vérification, et en seront responsables. (Circ. n°. 218.)

Voir, pour le concours d'exécution, le §. Grains, page 250.

§. II. *Obligations de l'Expéditeur.*

Celui qui veut expédier des marchandises doit en faire la déclaration, et les soumettre à la vérification. (Loi du 22 août, titre III, art. 2.)

S'il s'agit d'expédition par mer, la déclaration à la douane d'enlèvement énoncera la valeur. (Loi du 8 floréal an 11, art. 74.)

Il doit fournir soumission de rapporter, dans le délai fixé, à raison de la distance des lieux (1) (*sous les peines énoncées aux paragraphes 9 et 10 ci-après*), le certificat de l'arrivée ou du passage des marchandises au bureau désigné, et donner caution solvable, laquelle s'oblige, solidairement avec lui, au rapport du certificat, à moins qu'il ne préfère de consigner le simple droit, lorsqu'il s'agit de marchandises imposées au tarif, ou le montant des condamnations qu'il pourrait encourir, s'il est question de marchandises prohibées : dans ce cas, le registre de déclaration et l'acquit-à-caution portent reconnaissance de la somme consignée. (Loi du 22 août, titre III, art. 2.)

Le capitaine d'un bâtiment, chargé d'approvisionner une escadre en biscuit, etc., doit se soumettre à rapporter certificat de réception du Commandant de l'escadre.

§. III. *Fausses déclarations.*

Si, lors de la vérification au départ, les Préposés reconnaissent que la quantité est inférieure à celle portée sur la déclaration, et que le déficit excède le vingtième des marchandises ou denrées déclarées, la valeur des quantités manquantes sera

---

(1) Pour le transport par terre, on ne doit accorder qu'un jour pour six lieues en été, et pour cinq lieues en hiver; pour les distances moins éloignées, deux heures par lieue.

réglée suivant le prix courant du commerce au moment de l'expédition, et le déclarant obligé de payer, à titre de confiscation, la somme ainsi réglée, et de plus l'amende de 500 fr. (Loi du 8 floréal an 11, titre VIII, art. 74.)

Si les marchandises se trouvent être d'espèces différentes de celles déclarées, elles seront saisies et confisquées, et le déclarant sera condamné à payer, à titre de confiscation, une somme égale à la valeur des objets portés dans la déclaration, suivant le prix courant du commerce, et une amende de 500 fr. (Art. 75.)

§. IV. *Devoirs des Employés.*

Ils doivent refuser l'expédition, quand le transport peut s'effectuer directement sur les terres du royaume. (Arrêté du 5 prairial an 5, titre III, art. 1er.)

Si l'emprunt du territoire étranger est indispensable, l'acquit-à-caution indiquera le bureau auquel les objets devront être représentés. (Art. 2.)

Si les marchandises sont prohibées à la sortie, l'estimation en doit être énoncée dans la soumission. (Loi du 22 août, titre III, art. 4.)

Il en est de même pour celles provenant de prises ou de saisies, dont l'importation et la consommation sont défendues : on doit, pour celles-ci, exiger la soumission de payer, à défaut de rapport du certificat de décharge, la valeur desdites marchandises, et l'amende édictée contre les objets prohibés.

A défaut de caution ou de consignation, l'acquit doit être refusé.

Les juges ne peuvent en délivrer, ni rendre de jugement pour en tenir lieu. (Loi du 22 août, titre XI, art. 2.)

§. V. *Du Plombage.*

S'il s'agit de marchandises dont la sortie de France est défendue, ou d'étoffes, toilerie, passementerie, quincaillerie, ou d'autres marchandises dont les droits d'entrée, si elles venaient de l'étranger, seraient au moins de dix pour cent de la valeur, les caisses, balles ou ballots qui les contiendront, seront cordés et plombés.

Seront néanmoins dispensés du plombage les vins, eaux-de-vie et autres liquides, ainsi que les métaux non ouvrés. (Loi du 22 août.)

Les marchandises dont l'importation est prohibée, sont sujettes au plombage. (Circulaire du 20 avril 1792.)

Les liquides ne sont exceptés de cette formalité, que lorsqu'ils sont en futailles ; ceux en bouteilles, dans des caisses ou paniers, doivent être plombés. (Circulaire du 20 décembre 1791.)

Le plombage ne doit point être exigé arbitrairement, et n'a lieu que pour les expéditions sujettes à la formalité de l'acquit-à-caution, sauf encore les exceptions autorisées relativement à certaines marchandises. L'administration ne le permet, sur la demande du commerce, que pour celles qu'on expédierait d'un bureau principal à la destination de l'étranger, afin d'éviter la visite dans le reste du rayon des douanes qu'elles auraient à parcourir. (Circ. du 1ᵉʳ. avril 1815 , n°. 4.)

L'ordonnance du 8 janvier 1817, relative au plombage, n'ayant pas encore été transmise par M. le Directeur-général aux Directeurs des départemens, je ne puis me permettre d'en rapporter ici les dispositions.

§. VI. *De l'obtention du certificat de décharge.*

Les maîtres et capitaines de bâtimens et les voituriers seront tenus de présenter les marchandises dont ils seront chargés; savoir : celles expédiées par mer, au bureau de leur destination ; et celles expédiées par terre, aux bureaux de leur passage, en même qualité et quantité que celles énoncées dans l'acquit-à-caution dont ils seront porteurs. Cet acquit ne pourra être déchargé qu'après vérification faite de l'état des cordes et plombs et des marchandises y contenues.

Il ne sera rien payé pour les certificats de décharge qui devront être inscrits au dos des acquits-à caution, et signés au moins de deux Commis, dans les bureaux où il y en aura plusieurs. Il est défendu auxdits Commis, à peine de tous dépens, dommages et intérêts, de différer la remise desdits certificats, lorsque les formalités prescrites par les acquits-à-caution auront été remplies, ou qu'il sera rapporté des procès-verbaux dans la forme

indiquée par l'article 8 ci-après ; et pour justifier
du refus, le conducteur des marchandises sera tenu
d'en faire rédiger acte, qui sera signifié sur le
champ au Receveur du bureau, et aucune preuve
par témoins ne sera admise à cet égard. (Loi du 22
août, titre III, art. 6.)

On ne doit expédier le certificat de décharge que
dans le bureau indiqué par l'acquit. (Article 2 de
l'arrêté du 5 prairial an 5.)

Les certificats de décharge doivent être refusés,
quand la marchandise est présentée au bureau de
destination ou de passage, après le temps fixé par
l'acquit-à-caution. (Même titre III, loi du 22 août,
art. 7.)

Les capitaines et maîtres de bâtimens seront admis à justifier qu'ils auront été retardés par des cas
fortuits, comme fortune de mer, poursuites d'ennemis et autres accidens, et ce, par des procès-verbaux rédigés à bord, et signés des principaux de
l'équipage, ou par des rapports faits aux juges du
lieu de destination, ou aux officiers de la mairie,
à défaut desdits juges ; et les procès-verbaux ou
rapports seront affirmés devant ces juges. Les marchands et conducteurs des marchandises transportées par terre, seront également admis à justifier
des retardemens qu'ils auront éprouvés pendant la
route, en rapportant au bureau de la Régie des
procès-verbaux en bonne forme, faits par les juges
des lieux où ils auront été retenus, et, à défaut
d'établissement d'aucune juridiction, par les offi-

ciers municipaux desdits lieux, lesquels procès-verbaux feront mention des circonstances et des causes du retard. Dans ces cas, les acquits-à-caution auront leur effet, et les certificats de décharge seront délivrés par les Préposés de la Régie. Il ne peut être suppléé par la preuve testimoniale au défaut desdits rapports ou procès-verbaux, qui ne seront admis qu'autant qu'ils auront été déposés au bureau de destination ou de passage, en même temps que les marchandises y auront été représentées. (Art. 8, même titre III.)

Le certificat d'un notaire serait insuffisant.

Ces certificats ne peuvent être expédiés par les juges ni par leurs greffiers, et aucun jugement n'en peut tenir lieu. (Titre XI, art. 2.)

Grains.

Lorsque la prohibition des grains existe, on ne saurait prendre trop de précautions pour prévenir les abus dans le cabotage des subsistances, ni user de trop de sévérité dans l'exécution de la circulaire du 5 décembre 1812, qui a établi un mode de vérification des certificats de décharge relatifs au cabotage des grains, et dont il résulte qu'aucune soumission ne peut être annullée sans une autorisation spéciale de M. le Directeur-général. Les Employés doivent surveiller avec la plus scrupuleuse attention les opérations qui précèdent la délivrance des certificats de décharge, qui ne sera accordée qu'autant que l'exécution des formalités prescrites aura été constatée par des enregistre-mens réguliers, et par la signature de tous les Employés qui concourent à cette exécution. (Circ. n°. 82.)

Les acquits-à-caution pour les grains conti-nueront de pouvoir être déchargés après les délais, lorsque le retard proviendra de force majeure dûment justifiée; mais les Receveurs prendront, dans ce cas, l'autorisation des Directeurs, qui réfé-reront eux-mêmes au Directeur-général de toutes les affaires où les délais seraient expirés depuis plus d'un mois. (Circulaire n°. 106.)

Renvoyé au §. 1er., pages 243 et 244 pour les formalités relatives au débarquement des grains, et à la délivrance des certificats de décharge.

§. VII. *Marchandises représentées au bureau de des-tination ou de passage, après le délai fixé, ou trouvées différentes.*

Les Préposés des douanes ne pourront délivrer de certificats de décharge pour les marchandises qui seront représentées au bureau de la destination ou du passage, après le temps fixé par l'acquit-à-caution.

Et, s'il s'agit de marchandises expédiées par terre ou par mer, en empruntant le territoire étranger, elles acquitteront, au bureau où elles seront pré-sentées après ledit délai, les droits d'entrée, comme si elles venaient de l'étranger, sans préjudice du double droit de sortie, dans le cas où il en sera dû, et dont le paiement sera poursuivi, au lieu du départ, contre les soumissionnaires. (Loi du 22 août, titre V, art. 7.)

Dans le cas où, lors de la visite au bureau de destination ou de passage, les marchandises mentionnées dans l'acquit-à-caution se trouveront différentes dans l'espèce, elles seront saisies, et la confiscation en sera prononcée contre les conducteurs, avec amende de 100 fr., sauf leur recours contre les expéditionnaires. Si la quantité est inférieure à celle portée dans l'acquit-à-caution, il ne sera déchargé que pour la quantité représentée ; en cas d'excédant, il sera soumis au double droit. Si les marchandises représentées sont prohibées à l'entrée, elles seront confisquées, avec amende de 500 fr.

Le tout indépendamment des condamnations qui seront poursuivies au bureau du départ, contre les soumissionnaires et leurs cautions, et d'après leurs soumissions. (Art. 9.)

L'amende est toujours de 500 fr., soit que la contravention soit constatée dans un bureau de terre, ou dans une douane maritime.

Il y a une disposition particulière, relativement à ce qui arrive d'un port de France dans un autre : dans le cas où les Préposés du port de destination reconnaissent une quantité de marchandises plus considérable que celle énoncée dans l'acquit-à-caution, cet excédant est saisi, et la confiscation en est prononcée, avec amende de 500 francs. Cependant, si l'excédant n'est que du 20ᵉ. de la quantité portée sur l'expédition, il n'y a lieu qu'à la perception des droits imposés sur les marchandises ou denrées de même nature, venant de l'étranger. (Loi du 8 floréal an 11, art. 76.)

§. VIII. *Certificat de décharge rapporté dans les délais.*

Les soumissionnaires qui rapporteront dans les délais les acquits-à-caution déchargés, certifieront au dos desdites expéditions la remise qu'ils en feront ; ils seront tenus de déclarer le nom, la demeure et la profession de celui qui leur aura remis le certificat de décharge, pour être procédé, s'il y a lieu, comme à l'égard des falsifications ou altérations de tous genres d'expéditions, soit contre les soumissionnaires ou porteurs des expéditions ; dans ce dernier cas, lesdits soumissionnaires et leurs cautions ne seront tenus que des condamnations purement civiles, conformément à leurs soumissions. Le délai, pour s'assurer de la vérité du certificat de décharge, et pour intenter l'action, sera de quatre mois ; après ce délai, la Régie sera non-recevable à former aucune demande. (Art. 10, titre III, loi du 22 août.)

Le délai de quatre mois est seulement pour s'assurer de la vérité du certificat de décharge. Il est d'un an pour réclamer le paiement des droits, et pour décerner contrainte. (Titre XIII, art. 23.)

Ce délai de quatre mois est de six mois pour le

commerce d'Europe; de dix pour les Indes-Occidentales et de l'Afrique, jusqu'au cap de Bonne-Espérance, et pour les grandes Indes. Après ces délais, les contraintes seront décernées. (Loi du 4 germinal an 2, titre VII, art. 3 et 4.)

Les droits consignés seront rendus aux marchands, et les soumissions qu'eux et leurs cautions auront faites, seront annullées en leur présence et sans frais, sur le registre, en rapportant par eux les acquits-à-caution revêtus des certificats de décharge en bonne forme, sauf le cas prévu par l'article 10. (Art. 11, titre III, loi du 22 août.)

§. IX. *Certificat de décharge rapporté après les délais.*

Si les soumissionnaires rapportent, dans le terme de six mois, après l'expiration du délai fixé par l'acquit-à-caution, les certificats de décharge en bonne forme, et délivrés en temps utile, ou les procès-verbaux du refus des Préposés, les droits, amendes ou autres sommes qu'ils auront payées, leur seront remis; ils seront néanmoins tenus des frais faits par l'Administration, jusqu'au jour du rapport desdites pièces. Après ledit délai de six mois, aucunes réclamations relatives auxdites sommes consignées ou payées, ne seront admises, et il en sera compté au trésor public. (Art. 14, même titre, même loi.)

L'article 58 du titre VI de l'ordonnance de la marine voulant que les assureurs soient tenus de payer l'assurance d'un navire, si, après l'an expiré du jour de son départ, on n'en a aucune nouvelle, la soumission souscrite doit être annullée, si l'expéditionnaire justifie du paiement de l'assurance. (Décision du Ministre du 25 mai 1792.)

Il en est de même, s'il justifie de la prise du navire.

La preuve que les scellés ont été apposés sur les papiers du correspondant chargé du renvoi de l'acquit déchargé, est encore un motif de justification.

§. X. *Certificat de décharge non rapporté.*

Si le certificat de décharge d'une marchandise expédiée d'un port français à un autre port français, n'est pas rapporté au bureau du départ dans le délai fixé par l'acquit-à-caution, et qu'il ne soit pas justifié des causes forcées du retard, les Préposés des douanes doivent décerner contrainte contre les soumissionnaires et cautions, pour amende de 600 fr. et la valeur des marchandises. (Loi du 4 germinal an 2, titre VII.) — Renvoyé, pour le concours d'exécution, à la section 3, *Des Contraintes*, ci-après.

Si les marchandises sont expédiées par terre, et qu'il n'y ait pas eu consignation du simple droit de sortie à l'égard de celles qui y sont soumises, la contrainte sera décernée pour le paiement du double droit. (Loi du 22 août, titre III, art. 12.)

Si ces marchandises sont prohibées à la sortie, la contrainte doit être décernée pour la valeur et l'amende prononcée contre la contrebande; il en sera de même, si ce sont des marchandises provenant de prises ou de saisies, dont l'acquit-à-caution, délivré pour assurer leur réexportation à l'étranger, ne serait point rapporté.

S'il s'agit de marchandises de prises expédiées en transit, admissibles en payant les droits d'entrée, c'est le quadruple droit qu'on réclamera, conformément à l'art. 54 de la loi du 8 floréal an 11.

Enfin, lorsqu'il s'agit d'une marchandise prohibée; soit qu'elle soit soumise au régime général ou à un régime spécial, comme les grains et farines, etc., on doit toujours requérir dans la contrainte l'application des peines prononcées par les lois contre la sortie frauduleuse desdites marchandises.

SECTION II.

Du Transit.

Je ne puis mieux développer ce qui a rapport au transit, qu'en rapportant textuellement le titre II de la loi du 17 décembre 1814, et en y joignant les instructions données par M. le Directeur-général, dans sa circulaire du 20 décembre, timbrée : *Division des Colonies et Entrepôts.*

Art. 4.

Les marchandises étrangères, dénommées à la

suite du présent article, seront admises au transit dans le royaume, en exemption de tout droit, autre que celui de balance du commerce, en les expédiant des ports qui jouissent d'un entrepôt réel, conformément à la loi du 8 floréal an 11 ; ceux de Calais et de Dieppe qui jouiront aussi dudit entrepôt réel, sous les conditions et formalités ci-après, savoir :

Café, sucre brut, sucre tête et terré, cacao, casse ou canéfice, indigo, rocou, coton en laine, cuirs de bœufs secs en poil, poivre et piment, thé, cannelle, girofle, quinquina, rhubarbe, toutes les drogueries propres à la médecine, à la parfumerie et à la teinture, et rangées dans la classe des drogueries et épiceries, par le tarif de 1664, en excluant néanmoins du transit les huiles et essences, et les objets du commerce d'épiceries non dénommés dans le présent état; bois d'acajou en poutres ou madriers, bois de teinture en bûches, baleines en fanons, dents d'éléphans, écaille ou caret, alun ordinaire, avelanède, azur en pierre ou smalt, azur en poudre, brais secs ou gras, goudron, poix blanche ou noire et galipot, cire jaune ou blanche non ouvrée, colle de poisson, crin, cornes à lanternes et à faire des peignes, étain en baguettes, fromages, fruits secs, oranges, citrons et limons, gaude, laines (1) et poils non filés, liége en

____

(1) Le Ministre a décidé le 25 octobre 1816 que le transit

planches, orseille non apprêtée, peaux de cerfs, daims, chevreuils et chèvres, non apprêtées; peaux de lièvres et de lapins non apprêtées, potasses, perlasses et cendres gravelées, riz, soude, soufre brut et en canons, sumac, quercitron, plomb en saumons.

Observations.

Les peaux et les pelleteries de toutes sortes sont ajoutées à la liste des marchandises comprises en l'art. 4 de la loi du 17 décembre (loi du 27 mars 1817, art. 17.)

La faculté du transit, accordée par l'article 4 ci-dessus, est applicable, sous les mêmes conditions et formalités, aux mêmes espèces de denrées coloniales *françaises*, importées par navires *français*, dans tous les ports où elles seront admissibles à l'entrepôt fictif. (Loi du 7 décembre 1815, art. 3; circulaire du 18 décembre, n°. 94.)

Les ports qui jouissent de l'entrepôt fictif, sont

---

des laines continuerait d'être accordé, suivant la loi du 17 décembre, à charge d'en constater l'espèce et la qualité, balle par balle, à l'entrée; de les faire plomber et de les expédier par acquits-à-caution, après le paiement du droit de balance; mais que le délai à fixer dans les acquits-à-caution, pour consommer ce transit, serait désormais de six mois, *sans distinction des distances.* M. le Directeur-général est autorisé à faire retirer et annuller ces acquits-à-caution, sous la seule condition de payer le droit d'entrée toutes les fois qu'il sera offert avant l'expiration des six mois.(Circ. n°. 216.)

ceux de Toulon, Rochefort, Brest, S.-Brieuc, le Legué, Vannes, Granville, Fécamp, et tous les ports d'entrepôt réel désignés plus bas.

D'après la nomenclature qui précède, on voit qu'aucune marchandise prohibée à l'entrée, aucun objet manufacturé, ne sont admis à la faveur du transit, à cause des inconvéniens qui pourraient en résulter au détriment des manufactures et du commerce de France.

Pour ménager tous nos avantages dans le transit, la loi nouvelle ne l'accorde qu'aux importations par mer, en indiquant les bureaux d'entrée et de sortie.

Les bureaux d'entrée, d'où les marchandises indiquées *nominativement* seront expédiées en transit, sont ceux de Dunkerque, Rouen, le Havre, Honfleur, Cherbourg, St.-Malo, Lorient, Nantes, La Rochelle, Bordeaux, Bayonne, Cette et Marseille, qui ont des entrepôts réels établis par l'art. 23 de la loi du 8 floréal; ceux de Calais et de Dieppe, auxquels il en est accordé par l'article 4 ci-dessus; ceux de Morlaix, Caen et Saint-Valery-sur-Somme, qui en jouissent d'après l'art. 24 de la loi du 28 avril; et celui de Boulogne, auquel l'art. 10 de la loi du 27 mars 1817 accorde aussi un entrepôt réel.

(*Voir l'art. 11 ci-après, pour la désignation des bureaux de sortie, page 271.*)

Il est bon de faire remarquer ici que, par une distinction établie en l'article 11 ci-après, le transit des drogueries indiquées *collectivement* n'est permis que par les ports de Dunkerque, Rouen, le Havre, Nantes, Bordeaux et Marseille. (Circul. de M. le Directeur-général , du 20 décembre , division des Colonies et Entrepôts.)

Le droit de balance , imposé par l'article 4 précédent sur les objets admis au transit, et pareillement ordonné par le titre VI de la loi du 8 floréal , au lieu d'être payé à l'entrée en entrepôt, ne sera plus acquitté qu'à la sortie, et seulement sur les quantités déclarées pour la réexportation par mer. ou pour le transit. (Loi du 7 décembre 1815, art. 4.)

Les soies grèges et ouvrées du Piémont et de l'Italie jouiront du transit dans le royaume, sous la condition de les introduire par le bureau de Pont-de Beauvoisin , d'où elles seront expédiées par acquit-à-caution, et sous plomb , pour l'entrepôt de Lyon. (Ordonnance royale du 11 juin 1816, art. 1ᵉʳ.)

Il sera accordé, à compter du jour de la réception des soies dans cet entrepôt, un délai de dix-huit mois, soit pour les mettre en consommation, en payant les droits d'entrée, soit pour les réexpédier en transit, sous les conditions résultant des articles 5, 6, 7, 8, 9 et 12 de la loi du 17 décembre 1814.

Dans ce dernier cas, les soies ne seront assujéties qu'au droit de balance du commerce, payable à la sortie de l'entrepôt de Lyon, et elles ne pourront être réexportées que par un des bureaux de Châtillon-de-Michaille, Verrières-de-Joux, Saint-Louis, Strasbourg, Calais et le Havre. (Art. 2.)

Voir la Circulaire n°. 169, *relative à l'entrepôt de Lyon et au transit des soies.*

Aʀᴛ. 5.

Ceux qui voudront jouir de ce transit, soit à l'arrivée des marchandises, soit en les retirant des entrepôts réels, seront tenus d'en déclarer à la douane les quantités, espèces et qualités, et de les y faire vérifier, plomber et expédier par acquit-à-caution.

Ils fourniront en conséquence, au même bureau, leur soumission cautionnée de faire sortir lesdites marchandises du royaume, et d'en justifier, en rapportant l'acquit-à-caution, dûment revêtu du certificat de décharge et de sortie, sous les peines prononcées par l'article 54 de la loi du 8 floréal an 11.

Les acquits-à-caution et soumissions indiqueront le bureau de sortie, limiteront, suivant la distance, le délai dans lequel les marchandises devront y être conduites et exportées à l'étranger. On ajoutera à ce délai celui de vingt jours pour le rapport des acquits-à-caution déchargés.

Observations.

Les peines prononcées par l'art. 54 de la loi du 8 floréal, ci-dessus cité, sont le paiement du quadruple droit d'entrée, et une amende de 500 fr.

Le délai dans lequel les marchandises devront être conduites à l'étranger, par le bureau choisi par le négociant, parmi ceux désignés par l'article 11 ci-après, sera fixé à raison d'un jour par deux myriamètres et demi, en l'augmentant de ce qu'il sera reconnu nécessaire pour les stations forcées de la navigation intérieure et du roulage.

Les Receveurs sont expressément chargés de s'assurer de la solvabilité des soumissionnaires et des cautions. Ils ne pourront accorder le transit aux mêmes personnes, que dans la proportion de leurs facultés connues, distinction faite des acquits-à-caution qui auront été rapportés dûment déchargés, et de ceux dont l'objet ne sera pas encore rempli.

Tous les acquits-à-caution et soumissions présenteront la liquidation du quadruple droit et de l'amende. (Circulaire du 20 décembre 1814.)

M. le Directeur-général recommande à MM. les Directeurs d'établir, relativement à la vérification, à l'enregistrement de ses résultats, et à la conformité des espèces et quantités de marchandises qui seront portées sur les acquits-à-caution, l'ordre du service le plus régulier et le plus sévère. Ces opérations seront mises spécialement sous la surveillance des Inspecteurs sédentaires et des Contrôleurs aux visites. (Même circulaire.)

Renvoyé à l'article 12 pour la validité des actes de décharge.

Art. 6.

Les fausses déclarations faites au bureau d'entrée pour obtenir irrégulièrement le transit, entraîne-ront, suivant leur espèce, l'application des peines portées par les articles 18, 20, 21 et 22 du réglement général du 22 août 1791, comme si les mar-chandises faussement déclarées étaient destinées pour la consommation intérieure.

Observations.

Si les marchandises représentées excèdent le poids, le nombre ou la mesure déclarés, l'excé-dant sera assujéti au paiement du double droit; ce qui cependant n'aura pas lieu, si l'excédant n'est que du vingtième, pour les métaux, et du dixième, pour les autres marchandises ordinaires; l'excédant, dans ces cas, ainsi que les quantités déclarées, n'ac-quitteront ensemble que le simple droit. (Art. 18 du réglement du 22 août.)

Tout excédant quant au nombre de balles, ballots, caisses, tonneaux et futailles déclarés, sera saisi, pour la confiscation en être prononcée, avec amende de 100 francs. (Art. 20 du même réglement.)

Si la déclaration se trouve fausse dans la qualité ou l'espèce de marchandises, et si le droit auquel on se soustrairait par cette fausse déclaration (*si les marchandises étaient déclarées pour la consom-*

mation), s'élève à douze francs et au-dessus, les marchandises faussement déclarées seront confis-quées, et celui qui aura fait la fausse déclaration sera condamné à une amende de 100 francs. Si le droit était au-dessous de 12 francs, il n'y aurait pas lieu à la confiscation, mais seulement à la condamnation à l'amende de 100 francs, pour sûreté de laquelle les marchandises seront retenues. (Art. 21.)

Dans le cas où, lors de la visite, les colis se trouveraient en moindre nombre que celui porté en la déclaration, les maîtres de bâtimens, voi-turiers, et ceux qui auront fait les déclarations, seront condamnés solidairement en 300 francs d'a-mende pour chaque colis manquant; pour sûreté de laquelle amende les moyens de transport seront retenus. (Art. 22.)

Les peines prononcées par l'article 6 que je viens de rapporter ci-dessus, sont différentes de celles qu'ordonnaient les articles 57 et 61 de la loi du 8 floréal an 11. Dans le cas de fausse dé-claration dans l'espèce, les contrevenans étaient alors condamnés à payer la valeur des marchan-dises déclarées, et une amende de 500 francs; et l'art. 61 ordonnait, en outre, la confiscation des marchandises.

On a vu que si les marchandises étaient sous-traites, l'art. 54, maintenu par l'art. 5 de la nouvelle loi, édictait le paiement du quadruple droit et une amende de 500 francs.

Art. 7.

Les Préposés du bureau d'entrée exigeront, avant l'expédition, la réparation des futailles, caisses et emballages défectueux, ou qui seraient propres à favoriser des soustractions malgré le plombage.

Ils auront la faculté de faire constater le poids net effectif, en même temps que le poids brut, pour prévenir les discussions au bureau de sortie, sur la quantité réelle des marchandises et leur tare.

Les marchandises non susceptibles d'être plombées, telles que les cuirs et peaux, plombs en saumons, les bois d'acajou et ceux de teinture en bûches, seront déclarées, vérifiées et énoncées dans les acquits-à-caution, par pièces, poids et valeur.

On constatera en outre la dimension des pièces de bois d'acajou.

Observations.

Les Employés auront soin de constater le poids net effectif, ainsi que le poids brut, soit que la tare fixée par la loi paraisse beaucoup trop forte, à raison de la légèreté des emballages ou du bois des caisses et futailles, soit qu'elle paraisse trop faible; les soustractions devenant praticables, dans le premier cas, par les moyens qu'on peut employer pour augmenter la tare, et le négociant, dans

le second cas, étant intéressé à prévenir les difficultés qu'il éprouverait au bureau de sortie.

Les acquits-à-caution indiqueront donc, lorsqu'il y aura lieu, le poids brut et le poids net
effectif. Quand on ne verra point d'utilité à constater ce dernier, ils énonceront que la tare légale
est approximativement exacte. Les acquits-à-caution indiqueront en outre le poids, colis par colis,
avec désignation des marques et numéros.

La régularité du plombage est le complément
de ces mesures. (Circ. du 20 décembre 1814.)

Art. 8.

Le transit sera entièrement aux risques des soumissionnaires, sans qu'ils puissent être exemptés
du paiement des droits, en alléguant la perte totale
ou partielle des marchandises. Seulement, dans le
cas de perte justifiée par un procès-verbal du juge
ou d'un officier public, rédigé sur les lieux, et
rapporté en temps utile avec l'acquit-à-caution, la
douane ne pourra exiger que le paiement du simple
droit d'entrée.

Les déficits reconnus à la sortie sur le poids des
caisses, ballots et futailles, et qui ne seront pas au-
dessus du dixième du poids énoncé dans les acquits-
à-caution, ne seront également assujétis qu'au paiement du simple droit.

Observations.

Tous les déficits reconnus à la sortie, sur le poids

des colis, seront constatés dans les certificats de décharge; ce qui entraînera le recouvrement des condamnations encourues d'après l'art. 54 de la loi du 8 floréal an 11, si le déficit est au-dessus du dixième du poids énoncé dans l'acquit-à-caution; et la perception du simple droit seulement, si le déficit n'est que du dixième et au-dessous. (Circ. du 20 décembre 1814.)

Aʀᴛ. 9.

Les marchandises expédiées en transit seront réputées d'une qualité saine , si le propriétaire n'a pas fait constater qu'elles étaient avariées, et indiquer dans l'acquit-à-caution le degré de l'avarie. A défaut de cette formalité, les marchandises qui seront présentées au bureau de sortie avariées , perdront la faculté du transit. L'acquit-à-caution pourra néanmoins être déchargé , en payant immédiatement à ce bureau le simple droit d'entrée sur lesdites marchandises ; ce qui laissera aux propriétaires la faculté d'en disposer dans l'intérieur. Sont exceptées de ces dispositions les avaries qui n'excéderont pas deux pour cent de la valeur.

Observations.

On ne pourra mentionner dans les acquits-à-caution que les marchandises sont avariées, sans qu'au préalable l'avarie ait été réellement reconnue et évaluée *dans les formes ordinaires*, auxquelles on ajoutera l'intervention des Vérificateurs, assistés du Contrôleur aux visites. (Circ. du 20 décembre 1814.)

Voici les formes à suivre pour constater les avaries ; elles sont tracées par les articles 80, 81 et 82 de la loi du 8 floréal an 11, copiés textuellement sur les articles 2, 3 et 4 de l'arrêté des consuls, du 2 thermidor an 10, spécial à l'objet :

« Les experts, pour faire l'estimation de ces avaries, seront nommés par le Directeur ou par le Receveur des douanes ; ils y procéderont dans les vingt-quatre heures de la déclaration d'avaries ; ils établiront, par leur rapport, la valeur primitive des marchandises au cours du jour, et la perte résultant de l'avarie.

» Ce rapport sera communiqué aux parties intéressées, ou à leurs représentans, qui, dans le délai de vingt-quatre heures, pourront donner eux-mêmes aux marchandises une estimation supérieure à celle des experts. Si les Préposés des douanes reconnaissent que les experts ont donné aux marchandises dont les droits se payent au poids, une estimation supérieure à leur valeur primitive avant qu'elles eussent été avariées, l'*expédition des marchandises pour le transit* sera suspendue. Des échantillons seront levés, mis sous le cachet des experts et du Receveur, et adressés à M. le Directeur-général des douanes, qui les soumettra à l'examen du Ministre de l'intérieur. »

Voir le §. 4, *des Avaries, p.* 210.

Art. 10.

Lorsque le transit sera accordé pour un trajet de plus de dix myriamètres (*quel que soit le trajet*), les acquits-à-caution indiqueront *un bureau intérieur des contributions indirectes* (*le premier bureau de 2e. ligne des douanes*) où ils devront être visés après représentation des marchandises et vérification des cordes et plombs, sous peine, contre les soumissionnaires et autres intéressés, de ne plus être admis à faire sortir lesdites marchandises du royaume, qu'en payant les droits d'entrée, si elles sont d'ailleurs conduites en temps utile, et sans autre contravention, au bureau de sortie.

Les Préposés du bureau intérieur indiqué pour le *visa* desdits acquits-à-caution, ne pourront exiger l'ouverture des balles, caisses ou futailles, que lorsque les plombs seront rompus ou altérés. Ils seront autorisés, dans ce cas, à constater les soustractions et substitutions qui entraîneraient l'application des peines portées par l'art. 54 de la loi du 8 floréal an 11.

Observations.

La formalité du *visa* des acquits-à-caution de transit, prescrite par l'art. 10 de la loi du 17 décembre 1814, n'aura plus lieu dans les bureaux des contributions indirectes : elle sera remplie, sous les conditions exprimées par la loi, au premier bureau de deuxième ligne des douanes, quel que soit le trajet par lequel on aura accordé le transit. (Ordonnance royale du 3 juillet 1816.)

En délivrant les acquits-à-caution de transit, on appellera particulièrement l'attention des soumissionnaires sur la condition prescrite par l'article ci-dessus ; elle y sera exprimée en outre formellement, avec l'indication de la peine.

L'article 10 pourvoit en même temps à ce que la formalité du *visa* n'occasionne pas inutilement des frais ou des retards au commerce ; les Employés de ce bureau n'ayant le droit de faire ouvrir les colis que lorsque les plombs seront *rompus* ou *altérés*.

Les instructions qui concernaient les devoirs des Employés des impositions indirectes du bureau intermédiaire, s'appliquent naturellement à ceux que les Préposés des douanes du premier bureau de deuxième ligne ont désormais à remplir.

Le déficit d'un ou de plusieurs colis sur le nombre énoncé par l'acquit-à-caution, n'empêche point que cette expédition ne puisse être visée, si le voiturier le requiert. Les Préposés indiqueront seulement ce déficit dans leur *visa*.

Lorsqu'il y aura lieu à l'ouverture des colis, on constatera de même, purement et simplement par le *visa*, le résultat de la visite en détail, soit qu'elle n'ait fait reconnaître aucune contravention, soit qu'on ne trouve qu'un déficit sur le poids des marchandises, sans que l'espèce ait été changée.

Les déficits sur le nombre des colis ou sur le poids, continueront d'être constatés définitivement

aux bureaux de sortie, par les certificats de décharge; et ce sera au bureau où l'acquit-à-caution
aura été levé, à poursuivre contre les soumissionnaires le recouvrement du quadruple droit et de
l'amende, s'il y a lieu.

Lorsque la visite, provoquée par la rupture ou
l'altération des plombs, fera reconnaître que les
marchandises expédiées en transit ont été soustraites,
et qu'on leur en a substitué d'autres d'une espèce
différente, ou des objets de remplissage, les Préposés sont autorisés à saisir les objets substitués qui
auront quelque valeur.

Les Préposés se conformeront, pour la rédaction
des rapports de cette espèce, aux formalités que
j'ai indiquées au chapitre 1er. de la première partie.
Les modèles que j'ai donnés pourront leur servir
de guide, en changeant les circonstances; ils requerront la confiscation des marchandises saisies,
et le quadruple droit de consommation, en vertu
des articles 54 et 61 de la loi du 8 floréal an 11,
et de l'article 10 ci-dessus.

Les formalités pour l'affirmation et l'enregistrement des rapports, indiquées à la page 7 seront
remplies.

ART. 11.

Les drogueries propres à la médecine, à la parfumerie, à la teinture, y compris les bois, racines,
écorces, et non dénommées particulièrement dans
l'article 4 ci-dessus, ne jouiront du transit qu'en

entrant par un des ports de Dunkerque, le Havre, Rouen, Nantes, Bordeaux et Marseille, et à condition que chaque espèce sera séparée, et formera seule le contenu d'une balle, caisse ou futaille. Les acquits-à-caution de transit ne pourront désigner, pour la sortie des mêmes objets, que l'un des bureaux de *Halluin, Baisieux*, Valenciennes, Thionville, *Sierk*, Strasbourg, Saint-Louis, Delle, Verrières-de-Joux, Jougne, *les Rousses*, *Châtillon-de-Michaille*, *Pont-de-Beauvoisin*, *Chapareillan* et Béhobie.

Toutes les marchandises dont le transit est permis, sortiront, soit par les mêmes bureaux frontières, soit par un de ceux ci-après désignés, suivant le choix fait par le soumissionnaire, et exprimé dans les acquits-à-caution ; savoir : Givet, *Givonne*, *Forbach*, *Seyssel*, Saint-Laurent-du-Var et Ainhoa.

Observations.

La nouvelle démarcation de nos frontières a entraîné les changemens opérés dans la nomenclature des bureaux de sortie désignés par la loi du 17 décembre. Ces changemens (indiqués par des lettres *italiques*) sont conformes à la décision du Ministre des finances, du 20 février 1816.

Voir les observations sur l'article 4, pour le concours d'exécution.

Art. 12.

Les Préposés du bureau de sortie n'accorderont

les certificats de décharge des acquits-à-caution de transit, qu'après une vérification exacte de l'état des plombs, de l'espèce, de la qualité, du nombre et du poids des marchandises. Ils exigeront en outre, avant la décharge, que les marchandises soient conduites à l'étranger sous l'escorte des Préposés.

Les actes de décharge ne seront valables qu'autant que les opérations successives de la visite, du transport sous escorte et de la sortie, auront été certifiées sur les acquits-à-caution, par les Vérificateurs et les Préposés d'escorte, et que ces actes de décharge seront, en outre, signés du Receveur et d'un autre Employé.

Observations.

Les Préposés des bureaux de sortie ne doivent pas perdre de vue les dispositions des articles précédens, en ce qui les concerne, notamment celle qui révoque la faculté du transit pour les marchandises qu'on présenterait avariées, sans que les acquits-à-caution indiquassent l'avarie. (Circulaire du 20 décembre 1814.)

Les formalités qu'ils sont chargés de remplir pour la validité des actes de décharge, sont tracées d'une manière trop claire et trop précise, pour avoir besoin de commentaire ; mais leur importance exige que les Employés apportent à les remplir le plus grand soin et la plus scrupuleuse attention.

M. le Directeur-général a annoncé, dans la cir-

culaire déjà citée, que l'Administration donnera
des soins particuliers à la composition des bureaux
désignés pour la sortie des marchandises en transit ; que non-seulement elle ne veut y placer que
des Employés suffisamment instruits, mais qu'elle
est déterminée à n'y conserver que ceux qui y donneront des preuves constantes de leur zèle, de leur
activité, et d'une probité ferme, au-dessus de tous
les moyens de séduction.

Les Contrôleurs aux visites, dans ces bureaux,
doivent surveiller personnellement les vérifications,
en y faisant concourir deux Employés au moins.
Ils feront tenir un registre particulier de visite
pour les marchandises en transit, et ils veilleront,
ainsi que les Receveurs, sous leur responsabilité,
à ce qu'aucun acquit-à-caution ne puisse être déchargé, qu'après l'exécution et l'enregistrement
de toutes les formalités prescrites par la loi.

Les Directeurs ne composeront de même les
brigades placées près des bureaux de sortie, pour le
transit, que de Chefs et de Préposés dont ils auront
éprouvé la fidélité. Le Chef tiendra à la disposition du Contrôleur aux visites le nombre d'hommes
nécessaire pour convoyer les marchandises, depuis le bureau jusqu'à l'étranger, en observant que
ce transport ne doit se faire qu'en plein jour, sous
l'escorte de deux Préposés au moins, qui revien-
dront immédiatement certifier leur mission au bureau, et sous la surveillance que pourra établir
particulièrement le Contrôleur de brigades, de

concert avec le Contrôleur aux visites. Le registre de décharge indiquera, pour chaque expédition, les noms des Vérificateurs, l'heure à laquelle les marchandises auront été conduites à l'étranger, les noms des Préposés d'escorte, et ceux des Employés qui auront signé l'acte de décharge.

Quelques-uns des bureaux désignés pour la sortie des marchandises expédiées en transit, n'étant pas placés à l'extrême frontière, il s'est élevé la question de savoir si la vérification de ces marchandises devait avoir lieu dans ces mêmes bureaux, ou dans ceux placés à l'extrême frontière.

M. le Directeur-général, consulté à cet égard, a décidé, le 11 janvier 1815, que les bureaux désignés par la loi étant, par leur organisation, d'un ordre bien supérieur à ceux des autres bureaux qui se trouvent à l'extrême frontière, sur la même route, seront seuls chargés de la vérification des marchandises sortant avec des expéditions de transit ; mais après la visite et le remballage, les marchandises seront conduites, sous l'escorte des Préposés, du lieu de la vérification, jusqu'au dernier bureau de sortie, dont le Receveur devra reconnaître le nombre et l'état des colis. Les Préposés d'escorte resteront présens au passage des marchandises sur le territoire étranger, et le certifieront sur les acquits-à-caution, avec les Employés du bureau frontière et ceux de la brigade qui seront alors de service. Les acquits-à-caution seront ensuite rapportés au bureau principal, pour y être revêtus des certificats de décharge dans la forme prescrite.

Il conviendrait peut-être de remettre les marchandises sous plombs, pour le trajet qu'elles auront à parcourir, après avoir été vérifiées : cependant, en ne permettant le transport qu'en plein jour, sous l'escorte de Préposés choisis, qui rendront compte du temps qu'ils auront employé, et en établissant sur la route un service d'observation, qui y est naturellement bien placé, et qui surveillerait les convois, on pourrait épargner au commerce les frais d'un second plombage, qui n'est pas autorisé par la loi.

M. le Directeur-général maintient toutes les mesures que l'Administration a prises pour exercer elle-même sur toutes les expéditions de transit une surveillance particulière, qui tend à vérifier les actes de décharge, avant que les soumissions puissent être annulées.

Il est défendu, sous peine de destitution, à tout Employé des bureaux qui ne sont pas désignés pour la sortie des marchandises expédiées en transit, de décharger des acquits-à-caution de cette espèce, et aux Préposés de brigades d'y apposer, sans mission spéciale, aucun certificat de sortie de marchandises. Les formalités prescrites ne pourront d'ailleurs être remplies qu'au bureau de sortie indiqué par l'acquit-à-caution même, à moins que M. le Directeur-général n'ait accordé une autori-

sation spéciale pour le changement de bureau.
(Circul. du 7 mai 1815, n°. 21.)

Aʀᴛ. 13.

Les marchandises exemptes des droits d'entrée
du tarif ne seront point assujéties à la formalité
de l'acquit-à-caution pour le transit; mais celles
desdites marchandises qui sont prohibées à la sortie, ou assujéties à un droit autre que celui de balance, seront, après la déclaration exacte des quantités, espèces et qualités, la visite et le plombage
au premier bureau d'entrée, expédiées sous acquit
de paiement du droit de balance du commerce,
indiquant leur destination spéciale pour le transit,
ainsi que le bureau de sortie, et le délai dans lequel
elles pourront être exportées. L'exportation ne sera
permise que dans ce délai, et par la route indiquée,
à la charge, en outre, de faire viser l'acquit de
transit dans tous les bureaux établis sur la route,
et de faire constater l'identité des marchandises au
bureau désigné pour la sortie.

Observations.

Les marchandises dont l'article 4 permet le transit, comprennent des matières premières qui ne
doivent à l'entrée que le droit de balance. Non-seulement elles se distinguent par-là des objets imposés, auxquels se rapportent toutes les précautions
prescrites pour empêcher le versement en fraude;

mais le transit accordé à ces matières premières a l'avantage de les attirer dans le royaume, et elles pourront y rester quand les propriétaires le désireront. L'article 13 les a mises, par ce motif, hors de la classe des marchandises dont le transport à l'étranger doit être assuré par des acquits-à-caution. Cependant le même article prescrit des formalités qui tendent à empêcher les doubles emplois à l'exportation; et les Employés devront également avoir soin de s'assurer si elles ont été remplies. On ajoutera à ces mesures celle de retenir et d'enregistrer au bureau de sortie tous les acquits de transit de cette espèce qui auront eu leur effet .

Art. 14.

Les dispositions des articles 5, 6, 7, 8, 9, 10, 12 et 13 ci-dessus, seront applicables aux divers transits locaux ou spéciaux déjà autorisés par les réglemens des donanes, et à ceux qui pourront être permis à l'avenir.

Observations.

Le danger de la fraude sera prévenu par les précautions auxquelles le transit est assujéti. La loi a réuni et adopté toutes celles que recommandait l'expérience , en considérant que la sévérité de ces précautions n'est pas injuste, parce que le transit ne peut être commandé, mais offert comme une faveur, dont la condition doit être de mettre entièrement à couvert l'intérêt du Trésor et celui des manufactures et du commerce de France.

TRANSIT RÉVERSIBLE DES BUREAUX DE TERRE SUR LES PORTS D'ENTREPÔTS.

Les marchandises dont le transit est autorisé par la loi du 17 décembre 1814, des ports d'entrepôts sur certains bureaux des frontières de terre, pourront être réversiblement expédiées desdits bureaux sur les ports d'entrepôts réels, sauf les restrictions de l'art. 22 de la loi du 28 avril 1816. (Loi du 27 mars 1817, art. 16.)

Ce nouveau transit se trouve ainsi restreint aux espèces de marchandises suivantes :

Casse ou canéfice ;

Cuirs de bœuf, secs, en poils ;

Peaux et pelleteries de toutes sortes ;

Quinquina ;

Rhubarbe.

Toutes les drogueries propres à la médecine, à la parfumerie et à la teinture, et rangées dans la classe des drogueries et épiceries par le tarif de 1664, en maintenant toutefois l'exclus on prononcée par l'article 4, du titre 2 de la loi du 17 décembre 1814, et ajoutant à cette exclusion celle des objets compris dans l'article 22 de la loi du 28 avril 1816.

Baleines en fanons ;

Alun ordinaire ;

Avelanède;

Azúr;

Brais secs ou gras; goudron, poix blanche ou noire et galipot;

Cire jaune ou blanche non ouvrée;

Colle de poisson;

Crin;

Cornes à lanternes et à faire des peignes;

Etain en baguettes;

Fromages;

Fruits secs;

Oranges, citrons et limons;

Gaude;

Laines et poils non filés;

Liége en planches;

Potasse, perlasse et cendres gravelées;

Quercitron;

Riz;

Soude;

Soufre brut et en canons;

Sumac;

Plomb en saumons.

Les attributions pour ce transit sont conférées aux bureaux ouverts à la sortie des marchandises expédiées des ports d'entrepôts. Ces bureaux se divisent en deux classes, suivant la distinction établie par l'article 11 de la loi du 17 décembre 1814.

Première classe : Halluin, Baisieux, Valenciennes, Thionville, Sierck, Strasbourg, Saint-Louis, Delle, Verrières-de-Joux, Jougne, les

Rousses, Châtillon-de-Michaille, Pont-de-Beau-voisin, Chapareillan et Béhobie.

Deuxième classe : Givet, Givonne, Forbach, Seyssel, Saint-Laurent-du-Var et Ainhoa.

Les drogueries propres à la médecine, à la parfumerie, à la teinture, non désignées dans l'article 22 de la loi du 28 avril 1816, et non dénommées dans la nomenclature qui précède, ne jouiront du transit qu'en entrant par les bureaux de première classe, et en sortant par un des ports de Dunkerque, le Havre, Rouen, Nantes, Bordeaux et Marseille, et à la condition que chaque espèce sera séparée, et formera seule le contenu d'une balle, caisse ou futaille.

Les marchandises dénommées ci-dessus seront admises au transit dans les bureaux, soit de première, soit de seconde classe, et pourront, au choix du soumissionnaire, sortir par un des ports de Dunkerque, Calais, Saint-Valery-sur-Somme, Dieppe, le Havre, Rouen, Honfleur, Caen ; Cherbourg, Saint-Malo, Morlaix, Lorient, Nantes, La Rochelle, Bordeaux, Bayonne, Cette, Marseille et Boulogne.

Le mode d'expédition sera celui qui est réglé par les articles 4, 5, 6 et 7 de la loi du 17 décembre 1814. Ainsi, on ne percevra pour le transit que le droit de 15 cent. par cent francs de valeur, ou 51 cent. par quintal métrique. Les marchandises, après avoir été déclarées par quantités, espèces et qualités, seront vérifiées, plombées et expédiées sous acquits-à-caution, par la délivrance desquels les soumissionnaires s'engageront à faire sortir ces marchandises du royaume, et à en justifier, en rapportant l'acquit-à-caution déchargé, sous peine de payer le quadruple droit d'entrée, et une amende de 500 francs, conformément à l'art. 54 de la loi du 8 floréal an 11.

Quoique la loi exige que les marchandises soient dirigées sur les ports d'entrepôts réels, elle ne les admet cependant pas à la faveur de l'entrepôt.

Dans le cas où les moyens de transport pour les exporter par mer ne se trouveraient pas prêts, on se bornera à faire déposer les marchandises dans les magasins de la douane, et à les y conserver sous plombs, jusqu'à ce que l'exportation puisse avoir lieu.

Pour faciliter cette dernière opération, et prévenir les retards que le commerce voudrait y apporter sans nécessité, les Employés des bureaux d'expédition sont autorisés à accorder pour les acquits-à-caution de transit un délai de vingt jours au-delà du temps qui serait strictement nécessaire pour le trajet jusqu'au port d'embarquement. On ne pourra, après ce délai, permettre la sortie des marchandises sans une autorisation spéciale de M. le Directeur-général.

Ce transit sera assujéti aux conditions prescrites par les articles 8 et 9 de la loi du 17 décembre, en cas d'avaries et de perte totale ou partielle des marchandises; mais l'article 10, modifié par l'ordonnance du Roi du 3 juillet 1816, n'y est point applicable.

Enfin, pour remplir le vœu de l'article 12, en ce qui concerne la décharge des acquits-à-caution, elle ne sera accordée que sous les formalités suivantes :

Les marchandises étant arrivées dans le port d'entrepôt réel, d'où elles doivent être exportées, seront soumises à une vérification exacte, dans laquelle on reconnaîtra l'état des cordes et plombs, l'espèce, la qualité, le nombre ou le poids de ces marchandises.

Après cette opération, on délivrera sur l'acquit-à-caution même le permis d'embarquement. Il sera rapporté certifié par les Préposés qui auront été présens à l'embarquement.

La réexportation des marchandises dont le droit d'entrée excède 10 pour cent de la valeur, ne pourra être faite que sur des bâtimens de 60 tonneaux et au-dessus, et on délivrera au bureau de sortie un nouvel acquit-à-caution pour assurer la destination de ces marchandises, suivant l'art. 78 de la loi du 8 floréal an 11.

Les actes de décharge ne seront valables qu'autant que les opérations successives de la visite et de l'embarquement auront été certifiées sur les acquits-à-caution par les Vérificateurs et par les Préposés qui auront vu charger les marchandises à bord. On devra rappeler dans l'acte de décharge le nom et la destination du navire, ainsi que le numéro et la date du nouvel acquit-à-caution, lorsqu'il y aura lieu d'en délivrer un pour l'exportation.

M. le Directeur-général a recommandé tant aux bureaux d'expédition qu'à ceux de sortie, la plus grande régularité dans les opérations de ce transit, qui donnera lieu à la communication journalière des extraits d'acquits-à-caution et à l'envoi des états de mois, suivant le mode prescrit par la circulaire du 28 décembre 1814.

Complément des instructions relatives au Transit.

Pour compléter les développemens sur le transit, je dois rapporter ici la circulaire du 28 décembre 1814, timbrée : *division des Colonies et Entrepôts.*

« Pour juger du haut degré d'intérêt attaché
» à la surveillance des opérations relatives au
» transit, il suffit de remarquer que, dans le
» nombre des marchandises qui jouiront de cette
» faveur, suivant l'article 4 de la loi du 17 dé-
» cembre, se trouvent celles dont l'importation,
» assujétie aux droits, concourt dans la plus forte
» proportion à élever le produit des douanes.

» La loi n'accorde le transit que sous les condi-
» tions les plus propres à empêcher la fraude ou à
» la réprimer; mais le succès qu'obtiendra l'en-
» semble des formalités et précautions prescrites,

» dépend encore entièrement de l'exactitude du
» service.

» La surveillance que M. le Directeur-général
» peut exercer sur le transit est naturellement
» bornée aux résultats. Cependant elle s'étendra
» aux détails, en ce qui concerne la suite des
» acquits-à-caution, où elle a l'avantage de pré-
» venir ou de faire reconnaître les falsifications
» de certificats de décharge, et de provoquer
» les poursuites relativement à toutes les expédi-
» tions dont l'objet n'a pas été régulièrement
» rempli.

» Le mode sur lequel elle est déjà établie,
» ayant en outre l'utilité particulière de mettre le
» bureau d'entrée en communication avec celui de
» sortie, sera conservé sans autres changemens que
» ceux qui peuvent encore l'améliorer.

» D'abord, il est nécessaire que dans chaque bu-
» reau ouvert au transit permis par la loi du
» 17 décembre, on affecte un registre particulier
» à la délivrance des acquits-à-caution qui concer-
» neront ce transit. Le premier registre entamé
» sera épuisé, sans que l'on puisse en employer
» concurremment un autre; et la distribution de
» tous les acquits-à-caution de transit, dans le
» cours de l'année, sera faite sous une seule série
» de numéros, non interrompue par le change-
» ment de registre.

» Le bureau ouvert au transit fournira chaque
» jour au Directeur des extraits des acquits-à-

» caution qui auront été délivrés, et ce dernier les
» adressera immédiatement à M. le Directeur-
» général.

» Ces extraits seront rédigés suivant le modèle
» ci-joint, en observant qu'ils ne doivent remplir
» que les huit premières colonnes, les autres de-
» vant rester en blanc.

» On pourra réunir sur la même feuille les ex-
» traits de tous les acquits-à-caution qui indique-
» ront le même bureau de sortie ; mais lorsque les
» acquits-à-caution porteront des destinations dif-
» férentes, les extraits seront divisés sur autant de
» feuilles qu'ils indiqueront de bureaux de sortie.

» Chaque envoi de ces extraits sera accompagné
» d'une lettre spéciale, qui indiquera au moins le
» bureau dont ils proviendront, ceux de destina-
» tion, le nombre des acquits-à-caution, leurs
» dates et les numéros.

» Au moyen de ce dernier renseignement, et de
» l'ordre qui assujétira chaque bureau d'entrée à
» suivre sans interruption sa série de numéros, il
» n'y aura point de certificats négatifs à fournir
» pour les jours pendant lesquels on n'aura point
» délivré d'acquits-à-caution de transit.

» A l'expiration de chaque mois, les Directeurs
» se feront remettre et adresseront à M. le Di-
» recteur-général l'état récapitulatif de tous les
» acquits-à-caution de transit délivrés dans le
» mois. On se conformera, pour la rédaction de
» ces états, aux modèles d'extraits, à l'exception

» que l'état réunira tous les acquits-à-caution dans
» leur ordre de dates et de numéros, sans que
» les destinations différentes exigent la division. A
» défaut d'expéditions de transit faites pendant le
» mois, les Directeurs fourniront exactement leur
» certificat négatif.

» Les extraits qui seront adressés successivement
» à M. le Directeur-général sont destinés à être
» transmis aux bureaux de sortie, par la corres-
» pondance générale avec le Directeur que le
» transit concernera sous ce rapport.

» Les Directeurs sont invités à en faire l'envoi à
» ces bureaux le plus promptement possible; l'exac-
» titude et la célérité promettant alors, pour le
» plus grand nombre des expéditions de transit,
» l'avantage de prévenir les Chefs du bureau de
» sortie, avant que les marchandises y parviennent,
» et d'appeler toute leur attention sur la régularité
» du service.

» Dans tous les cas, les extraits seront commu-
» niqués aux bureaux de sortie, pour y inscrire,
» en remplissant, s'il y a lieu, les colonnes restées
» en blanc, le résultat de chaque expédition de
» transit.

» Les Directeurs et Contrôleurs aux visites veille-
» ront à ce que les indications demandées par le
» titre des colonnes, soient données conformes
» aux enregistremens tenus dans le bureau. Ils les
» certifieront l'un et l'autre sur chaque feuille d'ex-
» traits, qui sera ensuite renvoyée au Directeur,

» et que ce dernier adressera à M. le Directeur-
» général lorsque tous les acquits-à-caution auront
» été présentés, ou que le délai dans lequel ils
» devaient l'être, sera expiré.

» Les Directeurs ayant recueilli les extraits,
» revêtus des notes du bureau de sortie, pour-
» ront n'en faire le renvoi que par quinzaine,
» en les accompagnant d'une lettre qui indiquera
» le nombre des acquits-à-caution, leurs numéros,
» et les bureaux d'entrée dont ils proviennent.
» Cette lettre désignera en même temps les ex-
» péditions de transit qui n'auront pas été con-
» sommées, ou à l'égard desquelles on aura cons-
» taté des contraventions.

» Le bureau de sortie doit en outre fournir,
» chaque mois, au Directeur, pour être trans-
» mis à M. le Directeur-général, l'état de tous les
» acquits-à-caution de transit qui y auront été dé-
» chargés ; il prendra pour modèle celui de ces
» extraits ; il n'y aura qu'à changer le titre, et à
» remplir toutes les colonnes.

» Après la vérification à laquelle le retour des
» extraits et la réception des états de mois don-
» neront lieu dans les bureaux de l'Administra-
» tion, les dernières pièces y seront conservées,
» et les extraits seront renvoyés aux Directeurs
» qui les auront originairement adressés. Aucun
» certificat de décharge d'acquit-à-caution de tran-
» sit ne pourra être admis, ou la soumission an-
» nulée, avant que M. le Directeur-général en ait
» donné l'ordre.

» Les états de mois fournis par les bureaux
» ouverts au transit, présenteront, à la suite des
» détails relatifs aux acquits-à-caution, l'indication
» et l'extrait des acquits de paiement de balance du
» commerce, délivrés en exécution de l'article 13
» de la loi du 17 décembre, pour le transit des
« marchandises qui ne doivent que ce droit à
» l'entrée.

» On n'adressera partiellement à M. le Directeur-
» général des extraits de ce genre d'expédition, que
» pour le premier transport de marchandises, di-
» rigé sur chaque bureau de sortie; et l'extrait
» devra présenter les signatures des Employés qui
» seront chargés habituellement de délivrer ces
» acquits de paiement pour le transit.

» Réciproquement, les bureaux de sortie par
» lesquels on aura exporté les marchandises ainsi
» expédiées en transit, sous acquits du droit de
» balance du commerce, ajouteront l'indication
» de ces acquits, celle des marchandises et la date
» de l'exportation, à l'état qui leur est demandé
» par mois, relativement à la décharge des ac-
» quits-à-caution.

» Enfin, M. le Directeur-général recommande
» la plus grande régularité dans les envois d'états,
» communications ou retours d'extraits d'expé-
» ditions relatifs au transit. La correspondance sur
» cet objet doit être distinguée par l'indication de
» la division *des Colonies et Entrepôts,* qui a dans
» ses attributions le transit. »

DOUANES.

TRANSIT

Mois de.....

EXTRAIT.... } des acquits-à-caution de transit { le............... }

ÉTAT........ } délivrés à............... , { pendant le mois de.... } au bureau de........

BUREAUX d'où les marchandises ont été expédiées en transit.	NUMÉROS ET DATES des Acquits-à-caution.	NOMS des SOUMISSIONNAIRES.	ESPÈCE ET NOMBRE des colis.	ESPÈCE et POIDS BRUT des marchandises rappelées dans les acquits-à-caution.	DÉLAI accordé pour le transit.	BUREAUX de SORTIE.	BUREAUX désignés pour le VISA des Acquits-à-caution.	DATES DES VISAS au 1er. bureau de 2e. ligne	ESPÈCE et POIDS BRUT des marchandises reconnues au bureau de sortie.	NUMÉROS ET DATES des certificats de décharge.	OBSERVATIONS SUR L'ÉTAT DES MARCHANDISES, les déficits de poids ou de colis, et autres contraventions constatées au bureau de sortie.
				kil.					kil.		

SECTION III.

Des Contraintes.

§. Ier. *Par qui, dans quel cas, contre quelles personnes la contrainte doit être délivrée, et sa forme.*

La contrainte est un acte expédié par un Receveur ou autre Préposé supérieur, pour accélérer le recouvrement des droits, soit vis-à-vis le redevable, soit à l'égard d'un comptable.

La contrainte par corps a lieu, 1°. lorsqu'un jugement a condamné au paiement des droits, ou de la valeur des objets remis provisoirement et confisqués depuis; ou de l'amende, lorsqu'il n'a pas été prononcé de confiscation; ou de la restitution des sommes que la Régie a été forcée de payer. (Loi du 22 août 1791, titre XII, art. 6.)

2°. Contre les cautions, mais seulement pour le prix des choses confisquées. (Même article.)

3°. Contre tout Préposé démissionnaire ou destitué, qui refuse de remettre sa commission ou les registres et effets dont il est chargé, et de rendre ses comptes. (Titre XIII, art. 24.)

4°. Contre tout redevable, en cas de refus ou de retard d'acquitter les droits. (Art. 31.)

5°. Contre les soumissionnaires et leurs cautions, pour le paiement des droits et de l'amende, en cas de non-rapport des certificats de décharge des acquits-à-caution. (Titre III, art. 12 et 13; et loi du 4 germinal an 2, titre VII, art. 4.)

Le Receveur qui décerne une contrainte contre un redevable, doit fournir en tête un extrait du registre contenant sa soumission. (Loi du 22 août, titre XIII, art. 31.)

Modèle de contrainte.

On peut donner aux contraintes la forme suivante :

Extrait des registres d'acquits-à-caution, tenus à la douane de......., pendant l'an.......

(*Rapporter ici la copie littérale de la déclaration ou soumission qui donne lieu à la contrainte; certifier cette copie véritable, et terminer ainsi*) :

Il est dû au Trésor public, par le sieur....., demeurant à....., la somme de......, pour double (*ou quadruple, s'il s'agit du transit*), droit de....., sur les marchandises mentionnées en sa soumission, dont copie est ci-dessus, faute d'avoir rapporté dans le délai fixé par ladite soumission, au dos de l'acquit-à-caution, certificat valable de la décharge desdites marchandises au lieu de la destination; au paiement de laquelle somme de............, ledit sieur...... sera contraint par toutes voies, en vertu de la présente contrainte décernée par nous............, Receveur à la douane de......, pour être mise à exécution par le premier huissier ou autre sur ce requis, nonobstant opposition ou appellation quelconque, sans préjudice d'icelles, et sous les réserves de tous autres droits et actions.

Fait à......., ce........

Les contraintes, après avoir été visées, sont enregistrées et signifiées aux redevables. — Voir le modèle de signification, page 131, et la circ. n°. 251.

Etant exécutoires, il est inutile de solliciter un jugement qui prononce les peines encourues. Il en est autrement dans les cas non prévus par la loi du 22 août 1791 ; par exemple, celui où un particulier est en retard de payer le prix d'objets saisis et confisqués qu'il aurait achetés : il convient alors de suivre les voies ordinaires, et d'obtenir contre lui un jugement, en fixant le Tribunal sur la nature de la créance répétée, à laquelle le fisc se trouve intéressé, et dont le paiement doit dès lors être ordonné comme de deniers publics.

§. II. Visa *des Contraintes.*

Les contraintes doivent être visées sans frais par le juge de paix. (Loi du 22 août, titre XIII, art. 12.)

Cet article désignait l'un des juges du Tribunal de district; mais ce *visa* a dû appartenir au juge de paix, d'après l'attribution qui lui a été déléguée par l'art. 31, titre VI, de la loi du 4 germinal an 2, et l'art. 10 de la loi du 14 fructidor an 3, de toutes contestations concernant le refus de payer les droits et autres affaires relatives aux douanes. (Arrêt de cassation du 7 fructidor an 10.)

Le *visa* par le juge de paix du domicile du contraignable suffit, quoique l'emprisonnement soit fait dans un autre lieu : ainsi décidé par arrêt de cassation du 21 prairial an 13.

S'il s'agit d'acquits-à-caution délivrés pour des

grains, les contraventions à la loi du 26 ventôse an 5 étant du ressort des Tribunaux correctionnels, la contrainte doit être visée par le président du Tribunal chargé de connaître de l'affaire.

Les juges ne peuvent, sous quelque prétexte que ce soit, refuser le *visa* de toutes contraintes qui leur sont présentées, à peine d'être, en leur propre et privé nom, responsables des objets pour lesquels elles auront été décernées. (Loi du 22 août, tit. XIII, art. 32.)

En cas de non rapport de certificat de décharge d'acquits-à-caution délivrés pour la réexportation d'objets prohibés, c'est au juge de paix à viser la contrainte, aux fins du recouvrement immédiat du montant de la soumission. (Circ. nº. 162.)

§. III. *Enregistrement.*

La contrainte doit être enregistrée au bureau de l'enregistrement de la résidence des Préposés instrumentaires, ou de celle de la partie à laquelle elle est notifiée, dans les quatre jours de sa date, sous peine de nullité. (Loi du 22 frimaire an 7, tit. III, art. 20.)

§. IV. *Exécution.*

L'exécution des contraintes ne peut être suspendue par aucune opposition ou autre acte, si ce n'est quant à celles décernées pour défaut de rapport de certificat de décharge des acquits-à-caution, en consignant le simple droit.

Il est défendu à tous juges, sous peine d'être responsables des objets pour lesquels ces contraintes auront été décernées, de donner contre lesdites contraintes aucunes défenses ou surséances, qui seront nulles et de nul effet, sauf les dommages et intérêts de la partie. (Loi du 22 août , tit. XIII, art. 33.)

La consignation dont il s'agit peut seule autoriser à former opposition à l'exécution de la contrainte : l'action s'engage ensuite au Tribunal de paix. A lui seul appartient d'en connaître en première instance. (Arrêt de cassation du 14 vendémiaire an 11 , et article 10 , loi du 14 fructidor an 3.)

Aucune loi ne s'expliquant sur la consignation préalable à l'opposition d'une contrainte, qui a pour objet un non-rapport de certificat de décharge pour les marchandises prohibées, le bon sens et les principes veulent que ce soit la valeur que l'on consigne.

Exécution par corps.

La contrainte, dans les cas ci-dessus exprimés, est exécutoire par toutes voies, même par corps, sous le cautionnement de la Régie. (Loi du 22 août, titre XIII, art. 32.)

L'art. 9 du titre III de la loi du 15 germinal an 6, qui a abrogé les lois qui prononçaient la contrainte en matière civile et de commerce, n'a eu en vue que celles relatives aux conventions civiles ou commerciales des citoyens entre eux; il n'a porté aucune atteinte aux lois qui ont pour objet le recouvrement des sommes dues au Trésor public : ainsi jugé en matière de douanes, par arrêt de la Cour de cassation, du 14 vendémiaire an 11. (Confirmé par avis du Conseil d'état, du 7 fructidor an 12.)

L'arrêt cité a également jugé que l'exercice de cette contrainte n'était assujéti à aucune des formalités prescrites par la loi du 15 germinal; que l'individu contre lequel elle était dirigée, pouvait et devait, après le *visa* de ladite contrainte, être incarcéré purement et simplement par des Préposés, qui, aux termes de l'art. 18 du titre XIII de la loi du 22 août, ont droit de faire, pour raison des droits de douanes, tous actes et exploits du ministère des huissiers.

Les Préposés, après avoir arrêté le prévenu, doivent le conduire immédiatement dans la maison de détention, l'y écrouer eux-mêmes, et relater dans l'écrou leurs noms, qualités et demeures, le jugement en vertu duquel ils agissent, et l'art. 18 cité, qui leur confie le droit de consommer l'arrestation.

FIN.

TABLE DES MATIÈRES,

RÉDIGÉE PAR CHAPITRES.

TRAITÉ SUR LE CONTENTIEUX DES DOUANES.

Pages

TRAITÉ

SUR LES ACQUITS-A-CAUTION ET LE TRANSIT.

TABLE

De quelques objets qui intéressent plus particulièrement les Employés.

FORMALITÉS DES PROCÈS-VERBAUX.

Pages

pour les cas de rébellion, voies de fait, et de contrebande
à main armée.

MODÈLES.

ERRATA.

En tête des pages 2i3 jusqu'à 2i9, *au lieu de :* Réduction
des droits en cas d'avaries, *lisez :* Régime des sels.

Page 220 et 221, *au lieu de :* Réduction des droits en cas
d'avaries, *lisez en titre courant :* Entrepôt des sels.

Page 2o5, ligne 6, *au lieu de :* arrêté du 17 floréal, *lisez :*
arrêté du 17 fructidor an 9.

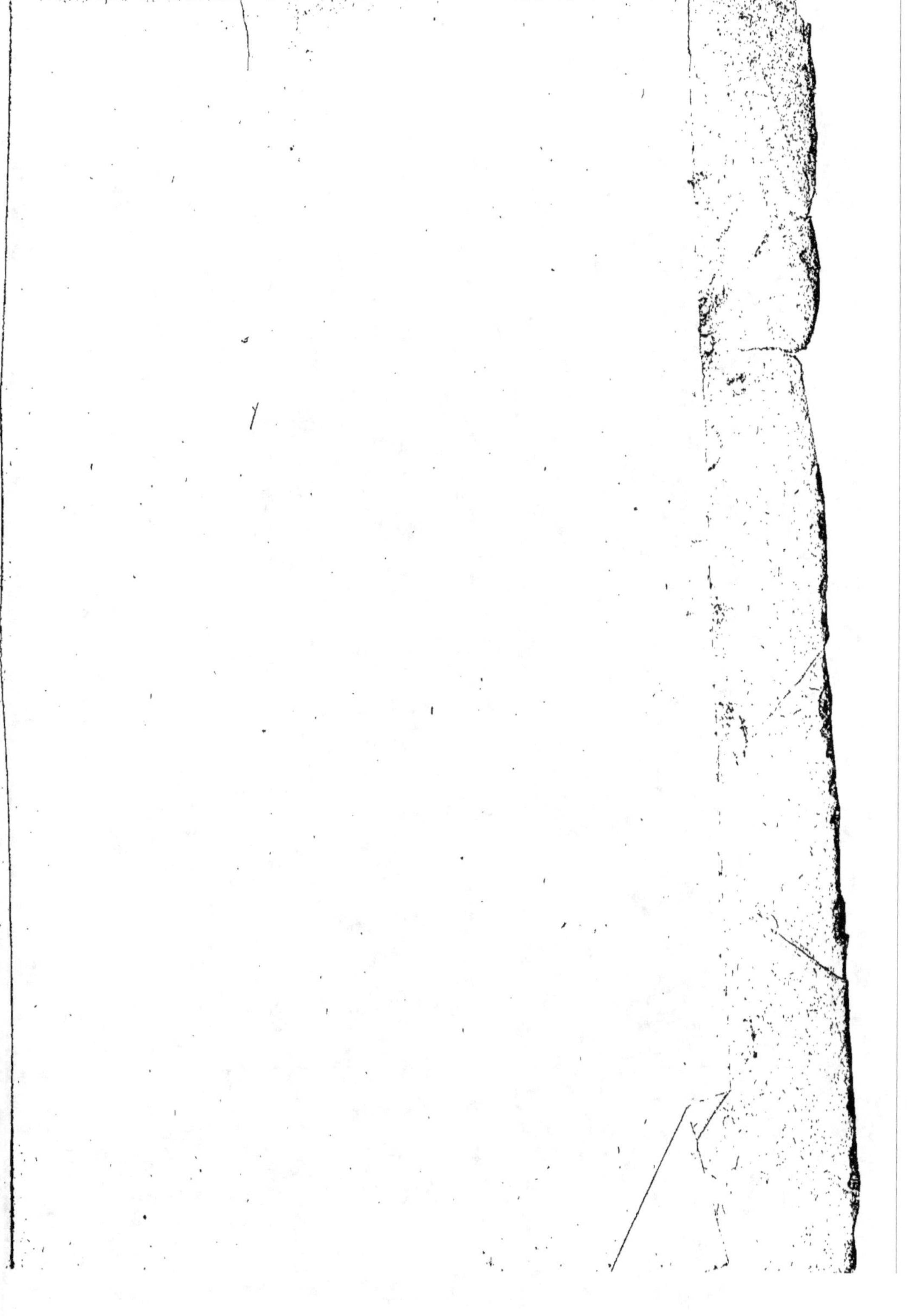

9 782011 339201